旅游资源与旅游业、旅游教学过程与方法论
旅游礼仪理论与认知、团队合作与接团服务训练
旅游接待业客户关系与服务质量管理实践
旅游接待信息系统与风险管理实践

旅游教学实训
与岗位实践研究

王丽萍　张霞　杨旭 ◎著

TOURISM
TEACHING

LÜYOU JIAOXUE SHIXUN
YU GANGWEI SHIJIAN YANJIU

可为相关专业的学者与工作人员提供参考

中国出版集团
中译出版社

图书在版编目（CIP）数据

旅游教学实训与岗位实践研究 / 王丽萍，张霞，杨
旭著. -- 北京 : 中译出版社，2024. 6. -- ISBN 978-7-
5001-7837-8

Ⅰ. F590-05

中国国家版本馆CIP数据核字第2024HT8054号

旅游教学实训与岗位实践研究

LÜYOU JIAOXUE SHIXUN YU GANGWEI SHIJIAN YANJIU

著　　者：王丽萍　张　霞　杨　旭

策划编辑：于　宇

责任编辑：于　宇

文字编辑：田玉肖

营销编辑：马　萱　钟筱童

出版发行：中译出版社

地　　址：北京市西城区新街口外大街28号102号楼4层

电　　话：（010）68002494（编辑部）

由　　编：100088

电子邮箱：book@ctph.com.cn

网　　址：http://www.ctph.com.cn

印　　刷：北京四海锦诚印刷技术有限公司

经　　销：新华书店

规　　格：710 mm×1000 mm　1/16

印　　张：20.75

字　　数：308千字

版　　次：2025年3月第1版

印　　次：2025年3月第1次

ISBN 978-7-5001-7837-8　　　　定价：68.00元

前　言

近年来，我国旅游职业教育快速发展，培养了大批技术技能人才和管理服务人才，为提高旅游从业人员素质、推动旅游经济发展和促进旅游就业发展做出了重要贡献。但是，当前旅游职业教育水平与旅游业发展要求还有一定差距。加快发展现代旅游职业教育对于提升旅游产业发展质量，提高旅游服务水平，更好地发挥旅游产业在扩内需、稳增长、增就业、减贫困、惠民生中的独特作用，实现将旅游业建设成为国民经济的战略性支柱产业和人民群众更加满意的现代服务业两大战略目标等都具有十分重要的意义。为了培养与社会需求相适应的具有全面素养和综合职业能力的技术型、有用型、制造型旅行人才，旅行服务专业应有明确的培养目标，同时要有相应的专业素养要求标准、行之有效的课程结构设置以及科学的教学模式和教学原则。教育教学有了依据，教育成效就会更明显。随着社会主义市场经济的持续发展和劳动力市场的持续变化，以及旅行业的迅猛进展和对旅行服务人才需求的急剧增加，我们有必要确立现代旅行服务专业的培养目标，以便使我们的职业旅行教育能更好地习惯市场需要，习惯旅行业的进展。

本书是旅游教学方向的书籍，主要研究旅游教学实训与岗位实践。本书从旅游活动与旅游者入手，针对旅游资源与旅游业、旅游教学过程与方法论、旅游礼仪理论与认知、团队合作与接团服务训练进行了分析研究；另外对导游促销与才艺展示技巧训练、礼仪实操与训练等做了一定的介绍；还剖析了旅游住宿与餐饮接待业务管理实践及旅游景区、旅行社、会展旅游接待业务管理实践，以及旅游接待业客户关系与服务质量管理实践、旅游接待信息系统与风险管理实践等内容。本书求内容准确，结构合理，条理清晰，对旅游教学实训与岗位实践做了全面讲解，希望可以为相关专业的学者与工作人员提供参考。

在本书写作过程中，笔者参考和借鉴了一些知名学者与专家的观点及论著，在此向他们表示深深的谢意。由于水平和时间所限，书中难免会出现不足之处，希望各位读者和专家能够提出宝贵意见和建议，以待进一步修改，使之更加完善。

作者

2024 年 3 月

目　录

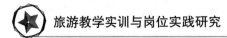

第一章　旅游活动与旅游者

第一节　旅游活动及其本质和特点

一、旅游活动的定义

旅游是历史发展的产物，人类的旅游活动发展到今天，已经积累了丰富的经验，人们对旅游的认识也在不断发展完善，因此，人们对旅游活动的定义也多种多样，比较权威的定义有以下两个。

（一）"艾斯特"（AIEST）定义

"艾斯特"定义是由瑞士学者汉泽克尔（Hunziker）和克拉普夫（Krapf）于1942 年提出的，后来被"旅游科学专家国际联合会"（International Association of Scientific Experts in Tourism，AIEST）所采用[①]。

"艾斯特"定义是："旅游是非定居者的旅行与暂时居留而引起的现象和关系的总和。这些人不会导致长期定居，并且不从事任何赚钱的活动。"

该定义的优点在于指出了旅游的某些基本特征，即旅游的异地性、暂时性、综合性和非就业性等。"非定居者的旅行"指出旅游的异地性特征，是非定居者在异地的活动。"暂时居留"及"这些人不会导致长期定居"指出旅游活动的暂时性特征，旅游是在较短的时间内，由其常住地到旅游目的地观光、游览或休闲度假后，再回常住地的过程。"引起的现象和关系的总和"指出旅游活动的综合性特征，因为人在旅游活动中要产生一系列的食、住、行、游、购、娱等行为现象，同时要和旅游企业、东道主政府及东道居民之间发生各种经济关系和社会关系。"不从事任何赚钱的活动"指出旅游的非就业性特征，到异地旅游不能在当地从事就业赚钱活动，就业不能算作旅游。但该定义在这方面的表述有欠严密，

---

① 王敬武．（2010）．对旅游艾斯特定义的质疑．北京工商大学学报：社会科学版（1），6.

会将现代的商务旅游和会展旅游等排除在外。

仔细分析这一定义可以发现，该定义所界定的对象，是作为旅游学研究对象总称的"旅游"，是因消费者旅游活动的开展"而引起的现象和关系的总和"，该定义所涵盖的范围比"旅游活动"更加广泛。

（二）世界旅游组织的定义

世界旅游组织和联合国统计委员会推荐的旅游定义（以下称WTO1995定义）是："旅游是人们为了休闲、商务或其他目的离开惯常的环境，到某些地方并停留在那里，但连续不超过一年的活动，并且访问的目的不应是通过所从事的活动中从访问地获取报酬。"

与"艾斯特"定义不同，WTO1995定义明确说明旅游包括商务旅游。世界旅游组织的统计手册中指出：旅游者在惯常环境以外进行这种商务旅行"是因为与他的职业或与所工作单位的经济活动有关"，而且对许多商务旅游者来说，其"出行及其出资的决定往往不是本人做出的"。虽然商务旅游本身可能是为了旅游者所在企业的经济利益，即"从事赚钱"，但这与"通过所从事的活动中从访问地获取报酬"的劳工和移民等非旅游者具有明显区别。WTO1995定义将不够确切的"不从事任何赚钱的活动"的提法舍去，以"访问的目的不应是通过所从事的活动中从访问地获取报酬"作为区分旅游者和其他旅行者的标准，在概念上也将商务旅游包容在内。因为商务旅游者虽然也会从本次旅行所从事的商务活动中取得自己应得到的报酬，但这些报酬是因其为所在企业付出劳动而由本企业发给，并不是从访问地获得。

综上所述，本文将旅游的定义归纳为：旅游是人们为了休闲、商务或其他目的，离开常住地前往异地旅行和逗留且不超过连续一年的活动，这种活动不会导致定居和就业。显然，该定义的对象是消费者的"旅游活动"。

二、旅游活动的构成要素

旅游活动的构成要素，是指旅游活动内容的构成要素和旅游活动体系的构成要素，常见的有"六要素"说和"三体"说。

（一）"六要素"说

旅游是以"游"为主，融食、住、行、游、购、娱为一体的综合性的社会活动，因此，就旅游活动所涉及的活动内容而言，旅游活动的构成要素主要包含了食、住、行、游、购、娱六方面，这是旅游活动中最基本的要素，它们之间相互依存。

游，即游览，是旅游的主要目的和内容，是六要素中最主要的环节。人们通过前往异地他乡游览自然山水、欣赏文物古迹、领略风土人情等来完成旅游活动，增长知识、开阔视野，达到积极休息和愉悦身心的目的。

食，即餐饮，是旅游供给中最基本的一项内容。对于旅游者来说，用餐不仅是为了填饱肚子，也是为了追求心理、精神、情感上的满足。美味、卫生的饭菜和安全、干净、轻松、优美的用餐环境是旅游者最基本的要求，而品尝具有当地特色、体现文化传统的饮食则是吸引旅游者来访的重要原因。

住，即住宿，是超过一天的旅游活动得以顺利进行的基本保障。无论旅游者参与何种类型的旅游活动，都需要一定的体力支持。随着旅游业的发展和旅游者需求结构的变化，旅游目的地的住宿设施也不断完善和日趋多样化，以满足不同人群的住宿需求。

行，即旅游交通，是旅游活动开展的必要前提。旅游交通是帮助旅游者实现空间转移的必要手段，既包括旅游者在旅游客源地和旅游目的地之间的往返，也包括在旅游目的地内部不同景点之间的转移过程。快捷、安全和舒适的现代化旅游交通不仅提高了旅游的舒适度，也丰富了旅游活动的内容，为旅游活动的顺利进行增添了许多乐趣。

购，即购物，指旅游者在旅游过程中能够购买到当地特色产品。与在常住地购物相比，异地购物能为旅游者提供更加丰富多彩的文化信息和获得体验的条件，因此，购物是旅游的一大乐趣，也是旅游过程中非常重要的环节之一。

娱，即娱乐，是旅游者在旅游活动中观赏、参与的各类文娱活动。娱乐是旅游者参观游览活动的必要补充，它使旅游活动的内容更加充实、丰富。娱乐是文化传播和交流的手段，更是延长旅游者逗留时间和增加旅游收入的有效手段。

因此，旅游活动是包含了食、住、行、游、购、娱等内容的综合性活动。

（二）"三体"说

旅游活动体系的构成要素包括旅游活动的主体、旅游活动的客体及旅游活动的中介体，三者相互依存，互为制约，共同构成旅游活动的整体。

旅游活动的主体是旅游者。旅游者是离开自己的居住地到旅游目的地做旅游访问的人。旅游的发展历史证明，旅游是先有旅游者的旅游活动，然后才有为旅游者服务的旅游从业队伍。旅游者是旅游活动的主导性因素，他们的数量、需求、消费水平、旅游方式是决定旅游业内部各种比例关系及其相互协调的主要因素。因而旅游者是旅游活动中最活跃的因素，居于主体地位。

旅游活动的客体是旅游资源。旅游资源是指客观存在于自然环境和人文环境中，能对旅游者产生一定吸引力的事物和现象。在旅游活动的各个构成要素中，旅游资源处于客体或对象的地位。当一个人有了足够用于旅游花费的金钱或时间后，从娱乐和求知等旅游目的出发，他首先考虑的必然是去哪一个国家或地区才能满足自己的旅游需求。此时，吸引旅游者的决定因素，就是合乎其口味的旅游资源了。固然，当一个人准备去某国或某地区旅游时，同时也会考虑到那里的生活条件和服务设施，但这只是第二、三位的需要。只有那些具有不同地域特色和民族特色的旅游资源，没有别的办法可以替代，其观感也不是靠别人的介绍或纸上的字画就能真切感受到的，必须旅游者自己亲临其境才能获得真正的精神满足。所以，旅游资源是旅游活动的客观基础，是一个国家、一个地区招徕客源、开拓市场、发展旅游的重要物质基础和条件。

旅游活动的中介体是旅游业。旅游业是以旅游者为对象，为旅游活动创造便利条件并提供其所需商品和服务的综合性产业。旅游业是联系旅游主体和旅游客体之间的媒介体、纽带。在现代旅游活动中，旅游者对旅游服务的需求，主要通过旅游业来提供。在现代大众旅游阶段，几乎没有哪个旅游者不在利用旅游业提供的旅游服务。虽然使用旅游业提供的旅游服务并非旅游者的旅游目的，但旅游业在客源地与目的地之间，以及在旅游动机与旅游目的的实现之间架起了一座便利的桥梁。在已经具备了需求条件的前提下，旅游者不必再为旅游过程中可能遇到的各种困难而担心，他们的旅行及在旅游目的地期间的生活和活动都可以由有关的旅游企业为他们安排。旅游业的这种便利作用对旅游活动的发展无疑也是一个重要刺激，使得旅游活动的规模越来越大，人们外出旅游的距离也越来越远。

旅游活动的三要素相互联系，互为制约，它们共同构成了旅游活动的统一体，其中一个要素变动必然引起其他要素的相应变动。例如：旅游者的旅游兴趣和决策，直接影响到旅游地的选择，旅游者的客流量和流向及旅游者的时空变化，会影响旅游地的开发规划和规模、服务设施的规模和档次需求；如果旅行社的旅游宣传很有特色，旅游地本身也具有吸引力，就会反过来影响旅游者流向和流量的变化，旅游地开发规划及环境保护、旅游中介体的交通运输和服务会相应受到影响。因此，三大要素构成了一个旅游活动的整体。

三、旅游活动的本质和特点

（一）旅游活动的本质属性

1. 旅游活动是人类高层次的消费活动

人类在社会生产和生活的过程中会产生多种需要，有些是为了延续生命而产生的低层次的物质需要，有些是高层次的精神需要。高层次的精神需要往往是在物质需要满足的前提下产生的。随着社会的进步、生产力水平的不断提高，人们在物质需要基本满足的情况下，对精神需要有了更迫切的追求。旅游活动的进行，可以满足人们精神上的需要；旅游活动的开展，可以丰富知识、陶冶情操、愉悦身心，可以促进人们之间的友好往来。相反，人们不会为了解决自己的温饱问题而外出旅游。旅游活动的顺利进行需要多个部门为旅游者提供服务，例如饭店为旅游者提供餐饮和住宿，交通工具为旅游者实现空间位置的转移，旅游景区为旅游者提供游览的场所。这些服务的提供需要旅游者支付一定的费用，从这个角度来看，旅游活动是人类的一项高层次的消费活动。

2. 旅游活动是以获取身心愉悦为目的的特殊的生活经历

旅游活动是人们在短期内进行的一种特殊的生活方式，这种生活方式与旅游者的日常生活有很大的区别。旅游活动在异地进行，旅游者离开了熟悉的生活环境，摆脱了复杂的社会关系和繁重的工作任务，在旅游目的地可以尽情地放松自己，呼吸新鲜的空气，享受灿烂的阳光，全身心地感受自然，以达到调整心态、愉悦身心、开阔视野的目的。旅游者在旅游目的地进行短暂的停留以后，还要回到原来的生活中，从旅游目的地带回来一段难忘的经历，这段经历会使旅游者以全新的面貌面对今后的生活，使工作和生活更加精彩。

3. 旅游活动是以审美为特征的休闲活动

旅游活动是一项综合性的审美活动，是旅游者追逐美、享受美的过程。美是人的基本需要，是一种社会性需要，也是人类高层次的精神追求。旅游者通过游览名山大川、欣赏文物古迹、体验民族风情，去感受自然美、艺术美和社会美。不同的旅游者，由于其审美体验受到其审美能力和审美标准的影响，因而获得的美的感受也不同，旅游从业人员针对旅游者的需求去开发美的景观，提供周到的服务，使旅游者在旅游活动中陶冶情操、愉悦身心，获得深刻的审美体验。

4.旅游活动是人类的一项社会文化活动

旅游活动与社会文化有着不可分割的联系。从旅游活动的主体来看，旅游者是在一定的社会文化背景下产生的，旅游活动的进行需要具备一定的客观条件，即具有可自由支配的收入和闲暇时间；同时需要具备一定的主观条件，即旅游者必须有旅游的愿望，旅游愿望的产生与旅游者本身的文化素质有关，如旅游者所受的教育程度；还与旅游者所处的社会环境有关，如社会群体的影响。旅游者外出旅游的重要目的之一是体验异乡风情，通过旅游能够了解别的地区或国家的文化，如旅游目的地的民族历史、生活方式、风俗习惯、文学艺术、服装和饮食等。另外，旅游者在旅游过程中自觉或不自觉地表现出来的本国、本民族或本地区的文化也影响着旅游目的地的居民。

旅游设施和旅游服务也是一定社会文化的表现形式。不同国家、不同民族和不同地区的旅游设施都具有不同历史的及艺术的文化内涵，具有民族的文化特色，例如内蒙古的蒙古包、勒勒车等。旅游设施既可以为旅游者使用，又可以供旅游者作为民族文化艺术来欣赏，从而增加它的魅力。旅游经营者通过潜心研究本国本民族的传统文化，进行适当取舍，精心加工、组织和开发，形成供旅游者观赏和享受的旅游文化产品。旅游企业作为旅游地的代表，直接为旅游者提供服务，形成独特的服务文化。旅游企业借助旅游服务，展现地方文化特色，为旅游者提供旅游地生活方式的体验和文化背景的体验。

综上所述，旅游的本质是以经济支出为手段、以审美和精神愉悦为目的的文化消费活动。

（二）旅游活动的基本特点

各种旅游定义强调的侧重点各有不同，但对旅游的基本特点的看法大体上一致。

1.异地性

旅游是人们离开自己的常住地去异国他乡的活动，是在异地环境中实现的。一方面，人们出于求新、求异等心理动机，借助旅游开阔眼界，增长知识，这是旅游异地性产生的主观基础；另一方面，由于旅游资源往往在一定的气候条件下和社会环境中形成，这使得旅游资源具有地理上不可移动的特点，所以旅游者的旅游需要只能在异地得到满足，这是旅游异地性产生的客观前提。

2. 暂时性

旅游在时间上的特点，就是人们前往旅游目的地，并在那里短期停留，而不是以移民或长期居留为目的。对大多数旅游者而言，旅游是其利用社会工作之余的闲暇时间所从事的活动，不论出于何种动机的旅游都是一种短期的生活方式，随着需要的满足及闲暇时间的结束，旅游者又会回到原来的生活中，开始日常的工作和生活。对绝大多数人而言，外出旅游的时间只是占全部时间的一小部分，外出旅游也只能是在闲暇时间才能从事的休闲娱乐活动，所以旅游活动具有暂时性。

3. 流动性

旅游活动的异地性决定了旅游活动的流动性。这种流动性主要表现在三方面。第一，空间上的流动。旅游者从居住地前往旅游目的地，从一个旅游景区转向另一个旅游景区。第二，资金的流动。资金从旅游者的手中流向各个旅游企业，各企业间也存在资金的流动。第三，文化的流动。随着旅游活动的开展，旅游目的地与旅游客源地的文化也在不断地交流。

（三）现代旅游活动的特点

现代旅游指的是第二次世界大战结束后，特别是从 20 世纪 50 年代开始，国际政治形势呈现相对稳定的局面，世界经济迅速恢复和发展，国民收入增多，带薪假日增加，交通更加便利，旅游进入了现代化时代。与第二次世界大战以前的旅游活动相比，现代旅游活动有以下特点。

1. 广泛性

旅游的广泛性有三层含义：

一是旅游者构成的广泛性。传统旅游业的市场群体有限，主要是贵族、富商和名流等社会上的富裕阶层。随着社会福利的普及、公民带薪休假制度的建立，休闲权被国际公认为人权的内容之一。现代旅游已不受阶层、国家、民族、性别、年龄等的限制，成为一种广泛的大众性活动，进入了大众旅游时代。

二是旅游地域的广阔性和活动领域的多样性。传统旅游业的市场半径较短，主要在国内和周边邻近地区，而现代旅游业已扩展到全球，甚至到太空旅游。旅游空间的扩大既包括范围的扩大（如极地地区），也包括覆盖面的扩大（如乡村地区）。每个地方都有可能成为旅游地。现代旅游不仅涉足地球的各个角落，而且深入社会的各个领域和方方面面。

三是旅游内容的丰富性。随着旅游需求个性化、多样化的发展，旅游活动内容越来越丰富，旅游活动种类不断增加，例如观光旅游、度假旅游、商务旅游、会议旅游、保健旅游、修学旅游、生态旅游、探险旅游等。

在大众旅游的背景下，出现了免费的奖励旅游和资助全部或部分旅游费用的社会旅游，这两种旅游形式也是现代旅游广泛性特点的具体表现。

（1）奖励旅游

奖励旅游是某些企业为了表彰和奖励那些工作成绩突出的销售人员，组织他们携配偶外出旅游度假。与用金钱和物质奖品作为奖励来比，奖励旅游的激励作用更为持久，因为旅游的经历往往使人终生难忘。

参加奖励旅游是一种难得的特殊经历，原因有以下四点：第一，奖励旅游活动一般都是由本公司的高层领导带队出行并全程作陪，这对于获奖员工无疑是一种殊荣；第二，奖励旅游的出游目的地通常都经过特别挑选，一般都是选择员工个人不大容易前往的地方；第三，奖励旅游的活动内容往往都是量身定制，由专业的奖励旅游策划商进行特别组织与安排；第四，在奖励旅游活动期间，陪同活动的本公司高层领导通常都会抽出半天或一天的时间组织开会，邀获奖者一起共商本公司的发展大计。这会使获奖者感到自己备受赏识，有主人翁的体验。因此，对很多未得此奖励的员工来说，他们一方面会对受奖的同事投以羡慕；另一方面也会为自己未能获此殊荣和经历而心存遗憾，从而会刺激他们在今后的工作中奋发努力。所以，奖励旅游会起到奖励少数人、激励一大片的效果。

目前，奖励旅游正被越来越多的企业和政府机构所运用，已形成一个颇具商业价值的高端市场，并且这一市场的规模仍在继续扩大。世界各地都有一些旅游企业或旅游目的地专门经营这一市场。

（2）社会旅游

在经济发达国家中，大多数家庭都有自己的旅游预算。生活并不富裕的家庭也会在平时生活中精打细算，注意节省，以保证至少一年一度的全家旅游度假计划能够实现。当然，还有相当数量的社会下层，家庭经济收入较低，以其自身财力无法实现旅游。有些国家就采取由国家、地方政府、工作单位、工会等提供资助或补助的办法，帮助那些低收入贫困家庭实现外出旅游的愿望，这就是所谓的社会旅游。

这种社会旅游政策在西欧国家最为常见。具体的资助或补贴方式各地不尽相同。一类做法是由雇主企业以不同的安排方式给低收入家庭的员工发放度假补贴；另一类做法是由政府或某些社会组织出资兴建一批度假中心，对低收入家庭实行减免收费。

这种社会性补贴旅游的组织和开展在一定程度上说明，旅游度假作为人们现代生活的必要组成部分，在不少发达国家中已经被提到社会发展的日程上来。目前，我国还没有出现社会旅游。

2. 集聚性

随着现代科学技术的发展和交通运输工具的进步，各地时空距离不断缩小，当今世界已成为一个"地球村"。几乎世界各地都留下了旅游者的足迹，甚至像南极洲这样遥远的冰雪世界，也已成为某些旅游者的目的地。不过，虽然现代旅游者已经几乎是无处不到，但他们绝不是大致平均地分布在地球表面的各个地方。恰恰相反，他们往往集中到某些地区或国家去旅游，甚至集中到某些景点参观游览或从事其他旅游活动。

首先，从全球范围来看，全球国际旅游活动的开展，并不是平均地分散于世界各地，而是相对集中于某些地区。

其次，将观察范围缩小为一个国家，我们同样也会发现，来访旅游者在该国的逗留活动并不是平均地分散于各地。所以，该国境内各地的旅游接待量往往会有程度不同的差别。也正是因为各地的旅游者接待量不一，甚至差距较大，所以才会有了某地区属旅游"热点"地区，某地区属旅游"冷点"地区之类的说法。

最后，再从一个旅游城市来看，旅游者往往集中访问某些地方，也不是平均分布在市内各处活动的。

旅游活动的集聚性对旅游企业的经营来说无疑有其有利的一面，但是，旅游者的规模一旦超过旅游目的地综合接待能力或负荷能力的临界点，便会给该地带来较大的影响，甚至可能形成较为严重的环境问题、生态问题和社会问题。如果不能加以解决或者措施不力，所造成的损失便会抵消甚至会超过当地发展旅游业所带来的收益。不少发展较早的旅游发达国家在这方面已经有过很多经验教训。近几年我国有些地区，特别是某些旅游景点也已出现值得认真解决的"人满为患"

的现象。这些情况都与旅游的集聚性有关。因此，这一特点是发展旅游的国家和地区特别是有关政府规划部门必须十分注意的问题。

3. 季节性

旅游活动的季节性是指旅游者的旅游行为受到自然和社会因素的影响，从而呈现出淡季和旺季的差异。旅游活动呈现出一定的季节性主要受三方面因素的影响。第一，气候因素会对自然旅游资源产生重要影响，这种影响有负面的也有正面的。负面影响体现在气候因素会使得一些旅游资源在一定时期内丧失魅力，例如寒冷的冬季，草原一片枯黄，对旅游者就没有吸引力，因而内蒙古草原风情游的旺季是夏季；正面影响体现在气候会造就一些旅游资源或者使旅游资源更具魅力，例如吉林的雾凇、哈尔滨的冰雕、香山的红叶、秋季的胡杨，所以，哈尔滨的观冰灯之旅，客流接待量集中在冬季，九寨沟的童话之旅，客流接待量集中在秋季。第二，旅游资源中的一些节庆活动往往会在特定的时间举行，例如内蒙古的昭君文化节在每年的七月开幕，壮族的"三月三"一般在农历三月初三进行。在这些节庆活动进行期间，往往会引来大批的旅游者，使当地的旅游呈现旺季。第三，人们的带薪假期和闲暇时间的分布具有一定的季节性。一般而言，学校师生集中在寒暑假出游；北欧国家的带薪假期相对集中在1—3月；我国的国庆节和春节，由于放假时间比较长，给人们的旅游活动提供了充足的时间，会在全国范围内形成"假日旅游"的高潮，而国外圣诞节期间，也同样会掀起一阵旅游热潮。

4. 体验性

体验性是旅游者在旅游过程中通过观赏或参与性活动而形成的独特感受。旅游的根本目的在于寻求审美和愉悦体验，旅游本身就是一种经历和体验。旅游体验具有个性化、情感化和参与性三个显著特征。对于同样的旅游客体，不同的旅游者会有不同的感受和体验，每一位旅游者的旅游感知和旅游体验是独一无二的。

旅游体验具有层次性。根据旅游者在旅游过程中的参与程度不同，可将其分为表层、中度和深度体验三个层次，三个层次具有逐层递进的关系。传统的旅游形式大多停留在表层体验层次，如观光旅游；后逐步发展到中度层次，旅游者在旅游过程中有一定程度的体验；而深度体验是旅游体验的高级阶段，是指旅游者完全融入与目的地居民接触、交往的情景中，由内而外深刻体验目的地的特色和文化。

旅游者主要通过观赏、交往、模仿、游戏四种路径形成旅游体验。旅游观赏是指旅游者通过视听感官对旅游客体所展示的美的形态和意味进行欣赏体验的过程，旨在从中获得愉悦的感受。旅游交往不是一种正式的交往，而是暂时性的以感情上的沟通或物品交易为主要内容的个体之间的交往。旅游模仿是指旅游者可以通过模仿来体验旅游过程中的快乐与愉悦。旅游者还可以参加形式多样的游戏活动，通过这种亲身参与和模仿的过程，旅游者体会到了快乐，感受到了文化的熏陶。

第二节　旅游活动的类型

一、按旅游区域划分

按旅游区域划分，现代旅游可分为国内旅游和国际旅游两种类型。这种分类方法对考察了解旅游业的发展有重要的意义。旅游活动在世界发展的一般规律是先国内后国外，由近及远。可以说，国内旅游是国际旅游的先导，国际旅游是国内旅游发展的必然。

（一）国内旅游

国内旅游指人们在居住国境内开展的旅游活动，是旅游者在其居住国境内，离开常住地到其他地方进行的旅游活动。需要注意的是，这里用的是"居住国"，而不是"本国境内"，也就是说，在一个国家常住（一年以上）的外国人，如外国专家、留学生等，在该国进行的旅游，也算国内旅游。国内旅游可以根据在目的地停留时间划分为过夜旅游和不过夜一日游。国内旅游又可以根据旅游活动范围的大小划分为地方性旅游、区域性旅游、全国性旅游三种形式。

1. 地方性旅游

地方性旅游一般是当地居民在本区、本县、本市范围内的旅游。这实际上是一种短时间、近距离的参观游览活动，多数和节假日的娱乐性活动相结合，时间短、活动项目少，常是亲朋好友或家庭、小集体自发组织的旅游方式。其特点是：时间短，距离近，花费少。

2. 区域性旅游

区域性旅游指离开居住地到邻县、邻市、邻省进行的旅游活动。如北京旅行社组织的承德、秦皇岛三日游，上海旅行社组织的苏州、无锡三日游，等等。一般时间为 2 ～ 3 天，距离为 200 ～ 300 km，花费中等。

3. 全国性旅游

全国性旅游是跨多个省份的旅游，主要是指到全国重点旅游城市和具有代表性的著名风景胜地的旅游活动。例如从江苏南京到陕西西安、到广西桂林或到福建武夷山等。一般路程较远，时间较长，花费较多。

国内旅游一般具有以下特点：①旅途相对较短，所需时间较短，支出费用较低；②不须办理繁杂的手续，旅游者一般没有语言障碍；③参与的人次数远比国际旅游的人次多。

（二）国际旅游

国际旅游指一个国家的居民跨越国界到另一个或几个国家或地区进行的旅游活动。根据跨国境的方向将国际旅游分为入境旅游和出境旅游。以我国为例，其他国家或地区的居民前来我国旅游，称之为入境旅游。我国居民离开我国到境外其他国家或地区去旅游，称之为出境旅游。

根据国际旅游的范围大小，可以将国际旅游分为跨国旅游、洲际旅游和环球旅游三种具体形式。

1. 跨国旅游

跨国旅游是指离开居住国到另一个国家或多个国家进行的旅游活动，以不跨越洲界为界限。如亚洲本区内的出国旅游就是属于这一类。

2. 洲际旅游

洲际旅游是指跨越洲界而进行的旅游活动。这种旅游受制约的因素较多，如航空工业的发展状况、语言障碍等。

3. 环球旅游

环球旅游是指以世界各洲的主要国家（地区）的港口风景城市为游览对象的旅游活动。

按照在旅游目的地国停留时间的长短，又可以将国际旅游分为过夜的国际旅游和不过夜的国际一日游。在很多国家统计的国际入境旅游人次中，一般都不包括来访的国际一日游人次。但是这些国际短程游览的旅游者在目的地国家的消费，很难从当地的国际旅游收入中分离。所以在一些国家的旅游收入统计中，既包含过夜旅游者的消费，也包括来访的一日游游客在该国的消费。

国际旅游一般具有以下特点：①旅途长，所需时间多，支出费用高；②一般须办理烦琐的手续，旅游者可能还会遇到语言、货币、礼仪、生活习惯不相同等障碍；③发达国家的国际旅游人次比不发达国家多。

二、按旅游目的划分

按旅游目的划分，现代旅游主要有以下 11 种类型。

（一）观光旅游

观光旅游不仅是人类早期的旅游形式,也是目前国内外较为普遍的旅游形式。

观光旅游是旅游者到异国他乡游览自然山水、鉴赏文物古迹、领略风土人情，从中获得自然美、艺术美、社会美的审美情趣，以达到消遣娱乐、积极休息和愉悦身心的目的。这种游山玩水式的旅游方式，能够给旅游者带来回归自然和精神上自由解放的体验与感受，能够满足旅游者最基本的旅游需求，达到开阔视野、增长知识、调节身心的目的。观光旅游在层次和深度上因人而异，有些旅游者喜欢的是蜻蜓点水般的走马观花，有些旅游者则观察得相对深入细致，体悟感受也深刻一些。

观光旅游具有以下特点：

1. 观光范围广。观光的内容不仅有自然风光，而且包括历史古迹、文化名胜、民族风情等。

2. 适应性强。无论男女老幼，无论何种职业、何种身份的人，都适宜进行观光旅游，观光旅游具有大众性。

3. 参与性较低。在旅游层次上，属初级阶段的旅游，可供旅游者参与的机会较少。参与的程度较低。

4. 接待方便。观光旅游者在旅游景区（景点）停留的时间较短，也没有什么特殊要求，接待服务比较简单、方便。

（二）度假旅游

度假旅游是人们利用假期（特别是带薪假期）休息、疗养而进行的旅游活动。它是现代旅游的重要形式之一。随着现代生活节奏的加快，人们精神紧张，在经过一段时间紧张的劳动之后，迫切需要休整，而最初为时较短的观光旅游已经不能彻底缓解人们的疲惫身心。而且高速发展的科技水平使得人们每天的工作时长得以大幅度缩短，再加上长时间应用科技使得诸多工作较为枯燥、乏味，世界范围内大量工会都努力为工人争取更多休息的权利，所以双休日开始普及，带薪假期越发普遍。于是，人们开始利用带薪假期去海滨、海岛、山地、森林、温泉度假村等可以舒缓身心的地方进行休整、疗养旅游。近年来，城市附近的乡村、度假村也成了广受欢迎的度假好去处。

从本质上讲，度假旅游是为实现人类自身的可持续发展而开展的旅游活动，是旅游活动的高级形式，符合未来旅游业的发展趋势。

度假旅游具有以下特点：

1.地点相对固定。度假旅游的访问地点相对固定，如海滨疗养地、森林疗养地或温泉疗养地等。度假旅游者到达目的地后，一般活动范围不大，往往局限于度假区及其周围地区。

2.目的性强，主要为休息疗养。观光旅游着意于游山玩水，欣赏异国情调，以开阔视野，增长见识；而度假旅游的目的则主要是在紧张工作之余，寻求消遣，消除疲劳，增进身心健康。

3.停留时间相对较长。度假旅游的目的是好好休息，因此，在一地停留的时间较长。而观光旅游者则不然，往往走马观花，有的当天来当天走。

4.重复率高。年年月月都需要休整疗养，人人都需要休息疗养，因此其重复率高。

5.注重健康、娱乐设施。度假旅游者对度假地的健康设施和娱乐设施的要求优先于对住宿设施的要求。这是因为度假旅游者一般停留时间较长，一般要求经济、卫生的住宿条件即可，且希望有更多的体育、娱乐设施，以供安排每天的消遣活动。

（三）商务旅游

商务旅游是商务活动和旅游相结合的旅游形式，主要目的是经营商务，利用余暇时间进行旅游活动。例如：到新德里的商务旅游者很可能利用空闲时间去参观泰姬陵；到北京的商务旅游者很可能利用空闲时间去游览长城、颐和园和北京故宫博物院等。特别是在现代经贸发展的条件下，商务旅游更加频繁。

商务旅游具有以下特点：

1. 消费水平高。商务旅游者往往是商企负责人、采购销售人员等，其旅行经费由公司开支，所以他们的旅游消费标准比其他类型旅游者高，他们外出办事可以乘坐公务舱，可以住能满足商务活动的饭店商务楼层或商务饭店。由于出行时间的明确性，他们一般不看重淡季的各种促销或折扣。

2. 重复率高。因为商业联系一旦建立起来就会持续一段时间，而且往来人员不断。商务旅游者是国际旅游者中重游率最高的。

3. 对服务设施和服务质量要求高。因商业业务的需要，旅游者不但需要有宽敞华丽的休息室，还要有供会客、洽谈的场所，以及国际象棋、报刊、美食、自助早餐、茶点、鸡尾酒会等设施；为便于工作而设有计算机、复印机、传真机、电话等。客房装饰须格调高雅、设施齐备、功能齐全、豪华舒适等。

（四）公务旅游

公务旅游是指政府机关、事业部门因公外出和在公务之余进行的旅游。

这种旅游在各种旅游中所占比重较小，但接待规格高，甚至比商务旅游的消费水平还高。这类旅游对旅游企业影响大，特别是一些社会名流等，会给旅游企业带来很好的声誉和知名度，从而为企业带来更多利润和效益。因此，一些旅游企业，特别是宾馆、酒店都积极争取接待这些客人。

公务旅游具有以下特点：

1. 多采取团体形式。旅游团一般由同一职业或具有共同兴趣的人员组成，如医生旅游团、律师旅游团等。

2. 专业性强。旅游团除进行一般的参观游览外，往往要求与其专业对口单位和人员进行座谈及交流。

3. 消费水平高，影响大。公务旅行的经费出自公费，一般规格高，消费层次高。接待公务代表团会给相关旅游企业带来较大的影响，特别是由名人组成的文化、艺术代表团和由科学家组成的代表团更具影响力。

（五）会议和会展旅游

会议和会展旅游是既有联系又有区别的两种旅游形式。

会议旅游是指在开会之余或在会议进程中截取一段时间所开展的旅游活动，其实质就是开会与旅游相结合的一种社会活动。在国际上有各种专业会议、政务会议、协会会议、集团公司会议及各种展销会、商务洽谈会等。由于这些国际会议具有影响力较大、规格较高、筹备时间较长、消费高的特点，比一般的旅游接待活动有更高的经济收益。为了竞争的需要，许多国家都建设了豪华的会议宾馆，有各式各样的会议大厅，提供各种通信及会议设施，并设有专门的会议旅游市场经理负责推销。

会议旅游具有以下特点：

1.消费水平高。会议参加者的食宿与交通费用多由公司、企业或国家负担，因此，他们对住宿、饮食要求较高，这样除了食宿与交通费用高以外，自费部分的消费也比较高。

2.逗留时间长。会议参加者既要开会，又要旅游，所以逗留时间比一般旅游者长，大部分人逗留一周左右。

3.计划性强。任何会议的举办都有周密的计划，参加人员、会议时间、住宿、餐饮、交通等，事先都要做出切实的计划和安排。会议旅游的时间一般不受气候和旅游季节的影响。

4.对接待设施和服务要求高。国际会议要求具有现代化的会议设施，具备良好的交通、通信设施和一批懂得国际会议惯例、善于组织国际会议的专门人才，以及高效率的服务。

会展旅游是人们借会展而进行的旅游。会展的内容很广泛，包括工业产品会展、农业产品会展、商品会展等，这些会展都带有交易和贸易的性质。世界博览会一方面展示了全世界最为先进的技术和最具特色的文化；另一方面也吸引了大批海内外旅游者前来游览。

会展旅游具有以下特点：

1.高投入。一次大的会展，特别是世界级的会展，从展馆建设到服务系统的建设与完善，一般需要几十亿美元的投入。

2. 高收入、高盈利，带动作用强。一般的国际会展利润在 20% ~ 25%，而且能带动服务、交通、旅游、餐饮等第三产业的发展。

3. 重服务。会展服务的好坏直接影响一个国家和地方的形象，所以场馆设施完善程度、对外宣传、便利程度、过程安排及总体服务水平和质量都受到重视。

4. 重管理。会展作为国家或地方的经济和贸易的重要环节，历来受到各国政府和地方政府的重视。一些发达国家皆设有专门的会展管理局。

（六）保健旅游

保健旅游是特定人群为治疗某种慢性疾病，以及老年人避寒避暑而进行的旅游活动。如慢性的肠胃病、风湿病、关节炎等患者需要到温泉度假村治疗疗养以促进健康恢复。一些富裕和有地位的老年人冬季为避寒、夏季为消夏避暑，选择热带具有温暖阳光、森林的度假村及凉爽山地等进行旅游。

保健旅游具有以下特点：

1. 旅游者以老弱病者为主，旅游目的地主要是温泉、森林度假村、滨海和阳光地带。

2. 时间较长，一般少则 2 ~ 3 个月，多则半年或 1 年。

3. 消费较多，除交通餐饮，还有住宿和医疗费等。

（七）个人和家庭事务旅游

个人和家庭事务旅游是以探亲访友、出席婚礼、寻根问祖、参加开学典礼等处理个人家庭事务为目的而进行的旅游。这类旅游者在整个旅游者人数中占 10% 左右。寻根问祖、探亲访友旅游是其中最主要的类型。

寻根问祖、探亲访友旅游是指由于怀念故土、眷念乡情而引起的故土重游、寻根问祖和观光旅行游览相结合的旅游形式。自 1978 年以来，来中国进行寻根问祖和探亲的友人日渐增多，寻根旅游成为一种很特殊的旅游形式，主要集中在华侨较多的广东、福建等地。寻根旅游在我国还有一种形式，那就是有些外国人曾出生在中国并幼年生活在此，或曾经长期在中国工作和生活过，还有在第二次世界大战期间受德国法西斯迫害，来我国上海避难的犹太人的子女，他们到我国旅游的目的是旧地重游，看看有什么新变化，有的人还到医院寻找自己的出生资料，有的人到自己曾居住的房屋看看，有的人探望自己的友人，他们把这一旅游目的的实现认为是一种特殊的享受。

个人和家庭事务旅游具有以下特点：

1. 对价格较为敏感。由于该类旅游者因私出行，大都很在乎价格。

2. 外出的季节性较弱。他们出行的主要目的是处理家庭和个人事务，一般是利用带薪假期和传统节假日，或者根据家庭事务的紧迫性临时决定出行的时间，因此受自然因素的影响较小，季节性较弱。

3. 这类旅游者往往很少在旅游目的地住宿和使用旅游过程中的其他服务设施。

（八）购物旅游

购物旅游是以去异地异国购物为主要目的的旅游活动。这种旅游活动的发展与社会经济发展和人民生活水平提高息息相关。中国的香港被誉为世界的"购物天堂"，因为这里对进口货物（除酒类、烟草、某些碳氢油类和甲醇）不征收关税，实施自由企业和自由贸易政策。世界各地物产大都麇集此地，以此招徕世界大量购物旅游者。

购物旅游具有以下特点：

1. 实物性。一般旅游产品有一个很重要的特点，就是旅游者花了精力、金钱和时间，买来的是无形的产品——感受。而购物旅游中有形的商品占了很大的一部分，旅游者通过购物来满足其心理需求，体验购物带来的快乐。当旅程结束，旅游者买回了许多实物性商品，同时还有讨价还价的成就和快乐的回忆。

2. 购物旅游的费用具有不确定性。因为旅游者的爱好、经济实力等不同，他们最后购买的商品在数量、质量上都不尽相同。

3. 旅游者具有更大的主动权。在其他旅游类型中，旅游者一般是在导游的带领下进行各种旅游活动。而购物旅游就有很大的不同，虽然说购物场所是事先设定的，但是旅游者对商品的选择和购买是由自己决定的，具有更大的自主权，同时能带给旅游者更放松的游玩心情。

（九）生态旅游

生态旅游是以自然、生态资源为依托，以增强环境意识和保护生态为核心的旅游活动。这一旅游形式自 20 世纪 80 年代兴起以来受到高度重视，在旅游市场中增速最快，每年以 10% ~ 30% 的速度发展，代表着 21 世纪旅游发展的方向。

生态旅游具有以下特点：

1. 以大自然为舞台，通过旅游考察观赏、探险，认识自然规律，增强环保意识，促进生态平衡。

2. 开发旅游景区时，以生态学思想为设计依据，以保持生态系统完整为原则，达到旅游和环境的和谐与可持续发展。

3. 重视地方居民利益和保护环境是生态旅游的核心。它是旅游发展的高级产物，品位高雅，具有丰富的文化和科学的内涵。

（十）修学旅游

修学旅游是以研修异国他乡的文化、学习特定知识并获得生活体验为主要目的的旅游活动。修学旅游起源于日本，已有近 130 年的历史。每年都有大批日本大、中小学生利用寒暑假来中国边旅游边学习中国的语言、文化等。还有来自世界各地的旅游者到中国学习汉语、武术、中医（针灸）、烹饪等中国传统文化。

修学旅游作为学生素质教育的重要组成部分，在发达国家十分盛行，而在我国尚处于初级发展阶段。不过，近年修学旅游在我国北京、上海及沿海等经济发达地区和城市已开始盛行。

修学旅游具有以下特点：

1. 旅游主体以青年人为主。因为青年人具有好奇性、冒险性、挑战性，并具有高科技知识和绿色意识。

2. 教育和旅游的功能统一。修学旅游突出"学"字，"游学相融"。对旅游者来说，修学旅行内容丰富多彩，直面社会、历史、人生，寓教育于游览、娱乐之中，开阔了视野，丰富了经历，强健了体魄，增进了旅游者的社会经验。

3. 参与性极强。修学旅游突出一个"学"字，要求旅游者在旅游的过程中，通过参加交流会、讲座和参观活动等，要有所学，学有所获。

4. 旅游者对物质要求不高。修学旅游者更注重精神上的享受与收获，在吃住上都侧重经济性。

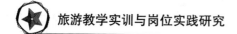

（十一）探险旅游

探险旅游是一种富于挑战性和自我牺牲精神的旅游活动。它最大的特点在于具有使命感和成就感，令旅游者不顾一切艰难险阻完成旅游活动。现代的探险旅游内容很多，有海底探险、大漠深处探险、江河漂流、气球环球旅游等。例如约旦的观沙漠奇景旅游，旅客骑在骆驼上，一路上可看到部落人在骄阳下放鹰狩猎的情景，夜间住帐篷吃烤羊肉，听《天方夜谭》的故事消遣长夜，每年能吸引十多万旅游者。而在英国的乘气球旅游，旅游者经过短期训练后，可以乘坐飘动着的大气球，依据自己的兴趣，进行观景、摄影、歌唱、跳舞等活动。

探险旅游具有以下特点：

1. 对刺激的追求。旅游者加入探险活动的首要动机是追求刺激感，而不是追求具体的冒险活动。

2. 市场份额小。探险旅游是较高层次的旅游，产品的市场份额远不及传统旅游。

3. 具有专业性。探险旅游的性质和环境条件决定了组织者的特殊性和专业性。

第三节 旅游者的类型、权利和义务

旅游者是旅游活动的主体，一切旅游活动都是围绕旅游者进行的，有了旅游者，才有旅游活动，才有为旅游者提供服务的旅游业。旅游业的所有接待服务工作都是针对和围绕旅游者的需求而展开的。旅游者的数量、喜好、消费水平、旅游方式、消费结构等是决定旅游业内部产业结构及关系协调的主要因素。旅游资源的开发和利用、旅游业的发展规模和速度，都直接受旅游者的客源结构、旅游流向和活动变化规律的制约与影响。一个地区的旅游开发通常就是以客源市场为导向的开发。因此，对旅游活动及旅游业的研究应该从旅游者开始。

一、旅游者的类型

按照不同的依据或标准，可划分出多种不同类型的旅游活动。显然，这些不同类型旅游活动的参加者，自然分别形成不同类型的旅游者。这就意味着有多少不同类型的旅游活动，便可划分出多少不同类型的旅游者。在这里，我们参照世界旅游组织的惯常做法，依据旅游者的出游目的，将其划分为消遣型旅游者、因公差旅型旅游者、因私事务型旅游者三种基本类型和特种旅游者这一新兴的类型，以下分析其需求及消费特点。

（一）消遣型旅游者

消遣型旅游者是以娱乐、放松为主要目的的旅游者，其表现形式主要有观光旅游、度假旅游、娱乐旅游等。现代社会竞争日趋激烈，人们工作强度大，生活节奏快，紧张的工作和生活使人们普遍感觉到压力大、负担重，生活枯燥乏味。为了消除紧张生活所带来的烦恼，最好的方式就是摆脱自己常规的社会角色和工作压力，去异地娱乐消遣旅游，以求得暂时的身心放松。因此，该类型旅游者正在不断增多，并逐步发展成为当今世界旅游者的主流类型之一。

消遣型旅游者具有以下特点：

1. 人数多，比重大

消遣型旅游者在全部外出旅游人数中所占的比例最大。现代旅游活动快速发展，其主要原因之一就是旅游度假已经成为人们现代生活方式的必要组成部分，人们借此缓解紧张的生活和工作带来的压力，并满足自己的好奇心和求知欲。因此，消遣型旅游者在世界旅游业中占有重要地位。

2. 出游活动的季节性强

消遣型旅游者外出旅游的季节性很强、原因有两方面。从需求角度讲，因为旅游者中大多数属于在职人员，他们的旅游度假几乎都是借助带薪假期实现的。带薪假期的集中造成了出游时期的集中，也就形成了出游的季节性。我国旅游"黄金周"期间的情况更是这方面的典型。从供给的角度讲，目的地的气候及景观如果受季节的影响较大，也会助长消遣型旅游者来访的季节性。

3. 拥有较大程度的选择自由

在对出游目的地、旅行方式及具体出游时间的选择方面，消遣型旅游者拥有较大程度的选择自由。例如：在得知某个旅游目的地出现安全问题，或旅游接待工作质量下降，或旅游产品提价过高的情况下，消遣型旅游者很可能会临时改变出游计划，转而另选其他旅游目的地。此外，在具体的出游时间安排上也是一样的，由于消遣型旅游者（尤其是散客）受时间的限制并不严格，所以不少人宁愿花时间等候廉价的剩余机票。如果出游时遇到天气问题，消遣型旅游者很可能会临时决定推迟出游时间。正因为其选择自由度大，因而消遣型旅游者也是同类旅游目的地及同类旅游企业竞争最激烈的市场部分。

4. 对价格敏感度高

一般地讲，由于自费的缘故，消遣型旅游者大都对价格比较敏感。他们在选择出游目的地或选购旅游产品时，往往都会就价格进行纵向和横向的比较。如果他们觉得某地旅游产品的价格过于昂贵，则会拒绝前往该地，而另选其他的同类旅游目的地。如果他们认为航空机票价格过高，则很可能会改选其他旅行方式。此外，由于自费的缘故，消遣型旅游者更关心货真价实，价有所值。所以，无论是对于一个旅游目的地，还是对于一个旅游企业，其产品定价一旦出现失误，都无异于自动将顾客推向竞争对手。

（二）因公差旅型旅游者

因公差旅型旅游者是出于职业的需要而外出的旅游者，他们以办展览、进行贸易和商务洽谈、出席会议或进行某些科学文化交流为主要目的，在完成公务的同时，进行参观游览。其表现形式主要有商务旅游、公务旅游、会议和会展旅游、讲学旅游等。

现代大众旅游时代到来以前，商务旅游者是旅游活动的主体。在当代，随着世界全球化进程的不断加快，任何一个国家或地区都不可能脱离与其他国家或地区经济、文化、政治等的联系与合作。对一个走向国际化的企业或组织而言，在全世界范围内获取资源与信息、开拓市场与客源、寻找可能的发展机会与空间、开展与其他企业的合作，已经成为其工作的重要内容。这些联系与合作导致了地区与国际间的人员流动。因公差旅型旅游者因而形成了一定规模的不可忽视的市场。

因公差旅型旅游者具有以下特点：

1. 出游频率高

在各类旅游者中，因公差旅型旅游者的人数虽然相对较少，但出游频率很高。他们的出行很多是出于固定的业务联系，因此常常会到一地多次旅行。如果旅游企业能够与这些组织建立长期良好的合作关系，往往会形成固定的顾客群。这是很多旅游企业都重视这一市场的主要原因之一。

2. 出游活动无季节性

因公差旅型旅游者的出行是出于工作或业务的需要，不受假期的限制，利用工作时间即可，因而其出行活动通常没有季节性。如果说这一市场的需求量也存在波动情况，那便是在旅游度假需求的旺季时节，他们外出差旅的可能性反而较低，因为他们此时很可能也要同家人一起度假。另外，在短程差旅的情况下，他们的动身出行及在目的地的停留多发生于周一至周五的工作日，而很少选择周末的休息时间。

3. 出行活动的自由度小

因公差旅型旅游者的出行目的使得他们对目的地几乎没有选择自由。开展商业业务的旅游者，必须到有业务联系的地区；而参加会议的，会议的召开地点也非自己能够决定。正因为如此，对各旅游目的地来说，在面向这一人群争取客源方面，很少存在真正的竞争。当然，对旅游企业来说，则另当别论。

4. 消费水平高

在对旅游服务的要求方面，因公差旅型旅游者所注重的是服务可靠和舒适方便，因而他们的消费水平通常都比较高。例如：为了时间可靠和便利，他们宁可多花钱，也不会去购买附有限制条件的廉价机票。为了舒适和方便，同时也是出于代表本组织或企业形象的考虑，他们通常都会选择令其体面的住宿设施。这是很多旅游企业，特别是很多航空公司和饭店企业十分重视这一市场的又一主要原因。

5. 价格敏感度低

因公差旅型旅游者对待价格一般不大敏感。这一方面是因为他们的差旅活动并非自费；另一方面则是因为他们没有选择和更改目的地的自由。只要是工作或业务上需要，即使既定目的地的旅游服务价格出现较大幅度的上升，他们仍会前往。当然，如果该地的旅游产品价格升幅过大，超过了其所属组织或企业愿意承担的限度，则该次差旅之行也可能会取消。但即便如此，他们也不大会转而改往其他目的地。

（三）因私事务型旅游者

因私事务型旅游者是指以探亲访友、寻根问祖、出席婚礼、参加开学典礼、疗养治病、购物和解决其他家庭及个人事务而出行的旅游者。

因私事务型旅游者具有以下特点：

1. 出游活动季节性较弱

有些家庭及个人事务的办理，如去外地出席亲友的婚礼、参加子女的毕业典礼等，都有一定的日期限制，因此这类人员外出旅行的季节性较弱。

2. 出行活动的自由度较小

由于受旅游目的限定，他们对旅游目的地没有选择的自由，有时在时间紧迫或其他因素影响下，甚至没有选择交通工具的余地。

3. 对价格敏感度偏高

由于自费的缘故，因私事务型旅游者大都对价格比较敏感，在旅游中以经济实惠消费为主。

这类旅游者的情况比较复杂，还需要根据具体情况具体分析。

（四）特种旅游者

人们在日常生活和旅游中获得了物质与精神方面的基本满足之后，开始追求旅游形式的多样化。观光、游览、度假等旅游活动已经不再满足人们的需求，人们越来越倾向于参与性、体验性活动极强的旅游形式。于是，出现了追求挑战体验的特种旅游者群体，如生态旅游者、探险旅游者、登山旅游者、体育旅游者、修学旅游者等。这一群体正在兴起和壮大，以某种不同于大众的方式旅游、追求具有挑战性的特殊经历，这已经成为当今青年一代旅游者的时尚。

特种旅游者具有以下特点：

1. 对旅游资源的原生态要求较高

特种旅游者注重旅游资源的原生性，希望在原汁原味的旅游环境中，尽情考察和享受旖旎的自然风光，体验当地特有的传统文化，体会人与环境的和谐统一。以探险旅游者为例，正是由于自然资源未经人工雕琢的、原始的状态吸引其去探索大自然的奥秘。

2. 参与性的要求较高

在旅游过程中，特种旅游者不是旁观者和局外人，而是积极的参与者。通过深度参与，体验旅游地的环境、生活方式、传统文化等，在参与中不断面对新的刺激，挑战自我，追求自我价值实现，从而体验一种新的感受，达到更高的旅游境界。

3. 旅游者的文化素质较高

特种旅游者受教育程度较高，具有较强的好奇心和求知欲，在某方面具有特殊专长或存在浓厚兴趣。如果旅游者不具备较高的文化素质，在参与旅游活动时，不可能完成整个旅游活动，无法通过自身的能力体验旅游活动的乐趣。

需要指出的是，旅游者外出旅游的目的往往不是单一的，而是多种目的、多种需求的综合，或者以一种目的为主附带其他目的。正是由于多种目的的重叠与复合，有时也使旅游者很难明确归入哪一种类型。在实际工作中，要进行灵活分析，灵活运用理论，结合各类旅游者的特点，更好地进行旅游开发与旅游市场营销。

二、旅游者的权利和义务

正如人们有工作的权利一样，每个人的基本权利自然也包括在居住国和海外享有休息、娱乐和带薪假期的权利，以及享受旅游带来的权利。

（一）旅游者的权利

1. 世界各国承认，每个人都有休息和娱乐的权利、合理限定工时的权利、定期带薪休假的权利、在法律范围内不加限制地自由往来的权利。

2. 旅游者在本国或外国，应能自由地进入旅游景点和旅游地；在过境地和逗留地，除现有规定和限制之外，应能自由往来。

3. 在进入旅游景点、旅游地时，以及在过境地和在某地逗留时，旅游者应该在以下方面受益：

（1）官方旅游机构和旅游服务供应商向旅游者客观、准确和完整地提供关于他们在旅行和逗留期间所有条件和设施的信息；

（2）旅游者人身和财产安全得到保障；

（3）享受令人满意的公共卫生，了解关于如何有效地预防传染病和事故的信息，随时使用健康服务设施；

（4）能够使用迅速有效的国内或国际公共通信设施；

（5）用必要的行政和法律程序及保证来保护旅游者的权利；

（6）有关政府放宽对旅游者的行政和金融控制。

4. 每个人都有权让立法代表和公共当局了解自己的需要，从而行使自己休息和娱乐的权利，在最佳条件下享受旅游带来的益处，并在可能的情况下和法律允许的范围内与其他人联系。

（二）旅游者的义务

旅游者应通过他们的行为，在国家和国际范围内促进各国人民的相互理解与友好关系，从而对持久的和平做出贡献。

1.旅游者必须尊重过境地和逗留地在政治、社会、道义等方面已确立的秩序，并遵守当地的法律法规。

2.对东道国的风俗、信仰和行为显示出最大的理解，并对其自然和文化遗产表现出最大的尊重。

3.不过分强调存在于旅游者和当地人之间的经济、社会和文化差异。

4.对东道国的文化应持接受的态度，因为这是构成人类共同遗产的一个组成部分。

5.不能从事不正当行业或剥削他人。

6.不能买卖、携带和使用违禁品。

第二章　旅游资源与旅游业

第一节　旅游资源及其调查与评价

一、旅游资源的概念

资源在自然界和人类社会中是客观存在的，资源是多种多样的，如土地资源、水资源、矿产资源、森林资源、海洋资源、人力资源、技术资源等。旅游资源是资源中的一种。

旅游资源是一个内涵十分丰富的概念，随着旅游需求的不断发展和多样化，旅游资源的内涵也在不断延伸，因此，人们对它的定义也多种多样。

对旅游资源的定义比较确切和规范的是："所谓旅游资源是指：自然界和人类社会中，凡能对旅游者有吸引力、能激发旅游者的旅游动机，具备一定旅游功能和价值，可以为旅游业开发利用，并能产生经济效益、社会效益和环境效益的事物和因素。"

这个定义具有四个方面的含义。

（一）旅游资源对旅游者能产生吸引力

吸引力是旅游资源的灵魂，是旅游者想亲临其境的动力，也是旅游者选择旅游目的地的首要依据。凡能对旅游者有吸引力、能激发旅游者的旅游动机的事物和因素都构成旅游资源。对旅游者产生吸引力的基础在于，同常住地的环境和条件相比，某一旅游目的地能为旅游者提供更好的旅游活动的环境或条件，或者能够使他们从事某些在常住地根本没有条件进行的旅游活动。如果该地的环境同旅游者常住地环境类似，或不及其常住地的环境，旅游者是不会被吸引前来访问的，所以吸引力是旅游资源的本源。

（二）旅游资源的存在形式多种多样

旅游资源既包括有形物质资源，如山川、寺庙等，也包括无形的非物质资源，如民俗、节庆等。更多的则是有形的物质资源和无形的非物质资源的结合体。

（三）旅游资源的范畴是发展变化的

旅游资源并不是一成不变的，它本身是带有发展性质的概念。随着社会的进步、科技水平的提高和人们旅游需求的日益多样化、个性化，旅游资源的范畴会不断扩大。例如南京长江大桥，最初只是一个交通设施，但由于它的独特性、景观性等特征，使它具有了旅游吸引性并为旅游业所利用，在交通功能之外延伸出旅游功能，成了旅游资源。同样，原有的旅游资源一旦失去吸引力，便不再是旅游资源。

（四）能为旅游业所利用，并产生经济、社会和生态环境效益

旅游资源的开发能够实现经济、社会和生态环境三大效益的统一。旅游资源与旅游业有直接联系，它可以为旅游业开发利用，并为旅游业创造经济效益。旅游业的发展在促进旅游地对外开放、推动旅游地社会进步等方面所起的作用有目共睹。旅游地优美的环境是吸引旅游者前来旅游的一个重要条件，为增强旅游吸引力，旅游地必然会尽可能地采取各种措施保护和改善生态环境，这正是旅游资源开发产生生态环境效益的体现。

二、旅游资源的特点

同很多其他资源相比较，特别是同传统的物产资源相比较，旅游资源具有一些与众不同的特点。旅游资源的基本特点有以下几点。

（一）观赏性

旅游资源同一般资源最大的差别，就在于它具有美学特征，拥有观赏性的一面。旅游者参与旅游活动，观赏雄伟、险要、奇特、秀丽、幽深、开阔、野趣的自然风景和排列整齐、对称、节奏统一的建筑，听着优美、崇高和悲壮人物的事迹与故事，参与当地美好有趣的现实活动，生活在真、善、美的环境中。那些具有意境美和传神的事物，对旅游者有着特殊的吸引力。旅游资源美学特征越突出，

观赏性越强，在国内外知名度越高，对旅游者的吸引力也就越大。像埃及金字塔、法国凡尔赛宫、罗马科洛西姆斗兽场和中国的万里长城、秦兵马俑、苏州园林、杭州西湖、桂林山水等都具有很高的美学品格和观赏性，作为世界著名的旅游资源，吸引着大批国际国内旅游者。

（二）文化性

旅游资源依赖一定的自然条件，在人类文化发展和社会文明进步中逐步形成，富含文化内容。人文旅游资源无论是有形的文化古迹还是无形的民俗风情和文化意识形态，都是人类发展过程中的文化创造，体现着接待地的传统文化和人文精神，反映东道文化的区域性，对旅游者最能起到文化诱导作用。

（三）多样性

旅游资源的种类多种多样，自然旅游资源中的原始自然、优美风景，人文旅游资源中的文物古迹、碑画石刻、民族风情、人造乐园等，各种旅游资源会从不同的方面对人群或特定人群构成旅游吸引力，这也就形成了旅游资源多样性的特点。同时，一个旅游目的地的旅游资源往往又不是能够以某一种单一的形式而存在的，有些旅游资源兼具多种旅游资源种类。例如杭州是著名旅游目的地，西湖作为已开发的旅游资源显然是成功的典范。西湖就同时包含了自然旅游资源和人文旅游资源。西湖自身由于自然气候、地理位置、地理构造形成的天然风景与西湖自古以来诸多的美丽传说相互渗透和影响，人文原因给西湖优美的自然风景又增添了别样的风情，进一步增加了西湖的旅游吸引力，我们很难说清在西湖的旅游吸引力构成中，有多少是自然原因，有多少是由于历史文化沉积，又有多少是由于现代西湖周边风情万种的江南民俗文化。

（四）吸引力的定向性

旅游资源吸引力具有群体倾向性或吸引力的定向性。就某项具体的旅游资源而言，它可能对某些旅游者吸引力颇大，而对另外一些旅游者则无多大吸引力甚至根本没有吸引力，这就是吸引力的定向性。如对城市人来说，农村田园风光能吸引他们的目光，而对农村人来，说城市的高楼大厦是具有吸引力的旅游资源。

（五）不可转移性

除人造资源外，大多数旅游资源，特别是一个国家或地区的历史文化遗产和自然遗产，都具有空间上不可移动的特点。旅游资源的形成在很大程度上受其所在地理环境和区域环境的影响，带有强烈的地方色彩和区域特征，因此，旅游资源吸引力的存在也就离不开这些特定的背景环境和条件。一旦离开这些必要的条件，旅游资源的个性、独特内涵都会发生不同程度的变化，有时甚至失去吸引力。例如把秦兵马俑运到外地展出时，由于脱离了黄土高原独特的背景环境，吸引力便大打折扣。所以，旅游资源的开发，一般要求在原地进行。

虽然在当今经济和技术条件下，人们可以仿造出名胜古迹，甚至达到以假乱真的程度，但是，它们在旅游者心目中的地位远远比不上真正的旅游景观。在很多情况下，旅游的意义常常有一定的求真性，当景观为仿建时，无论仿建的景观多么逼真，都失去了真实性，也就失去了人们征服自然或是实地探求奥秘的意义，旅游吸引力便大打折扣。

（六）非消耗性

传统物产资源的存量都有其固定性。以矿产资源为例，随着人们的采掘和使用，终有消耗殆尽之时。与之相比，旅游资源则属非消耗性资源，可以长期供人们开发和利用。例如自然山水风光、城镇风貌、文物古迹、园林建筑旅游资源所形成的旅游产品，这些已开发的旅游资源大多数可供旅游者参观、欣赏，旅游者所能带走的，只是各种美好的印象和美感，但不能把这些旅游资源本身带走。相较于其他物质资料在生产过程中的一次性特性，旅游资源只要管理和利用得当，可以用之不竭。在很多国家和地区，人们之所以积极发展旅游业，这是一个重要的原因，特别是在当今人口增长、资源短缺问题日显的情况下更是如此。

当然，实现旅游资源用之不竭的前提是，对其管理和利用得当。如果一个旅游目的地对旅游资源管理和利用不得当，则会导致旅游资源的破坏。所以，我们在旅游资源开发和利用的同时要注意旅游资源的保护工作。

（七）可创新性

随着旅游需求和时尚潮流的变化，旅游者对旅游资源种类的需求会有所不同。

而且，部分旅游资源可以通过人工进行创造和加工，所以，旅游资源也存在可创新性的特点。这就使得人造旅游资源的创新成为可能。同样，观察到现代社会人们对于地方特色浓郁的节庆活动的特别兴趣，很多地方先后举办了特色鲜明的地方节庆活动，促进了当地旅游业的发展，成为该地旅游资源的一部分。我国洛阳的牡丹花会和山东潍坊的国际风筝节等，几乎无一不是这种创新人造旅游资源的例证。

三、旅游资源调查

旅游资源调查是运用科学的方法和手段，有目的、有系统地收集、记录、整理、分析和总结旅游资源及其相关因素的信息与资料，以确定旅游资源的存量状况，并为旅游经营管理者提供客观决策依据的活动。通过旅游资源调查，可以查明可供利用的旅游资源状况，系统而全面地掌握旅游资源的数量、质量、特点、级别、价值等，为旅游资源评价、开发规划及合理利用保护等做好准备，为旅游业发展提供决策依据。

（一）旅游资源调查的内容

旅游资源调查的内容复杂而繁多，涉及与旅游活动有关的方方面面，对其调查既要注重旅游资源自身的各种情况，也要关注资源地外界环境的现状与发展变化。旅游资源调查的内容主要包括以下几点。

1. 旅游资源环境调查

（1）自然环境调查。包括调查区概况、气候条件、地质地貌条件、水体环境、动植物环境等。

（2）人文环境调查。包括调查区的历史沿革、经济环境、社会文化环境、政策法规环境等，同时还应调查当地的旅游业发展水平和当地居民对发展旅游业的态度。

（3）环境质量调查。调查影响旅游资源开发利用的环境保护情况，包括工矿企业生产、生活、服务等人为因素造成的大气、水体、土壤、噪声污染状况和治理程度，以及自然灾害、传染病、放射性物质、易燃易爆物质等状况。

2. 旅游资源存量调查

包括对旅游资源的类型、特征、成因、级别、规模、组合结构等基本情况进行调查，并提供调查区的旅游资源分布图、照片、录像及其他有关资料，以及与主要旅游资源有关的重大历史事件、名人活动、文艺作品等。

3.旅游资源开发条件调查

（1）旅游要素调查。食、住、行、游、购、娱是构成旅游活动的六大要素。与之相应的餐饮、饭店、交通、游览、购物、娱乐等软硬件，既是旅游业的主要组成部分，同时又是形成旅游吸引物的重要因素，对其进行调查十分必要。

（2）客源市场调查。调查旅游地和周围客源地居民消费水平与出游率，依据旅游资源吸引力的大小，进行必要的客源分析，包括形成客源的层面范围和大致数量、产生客源的积极因素和不利因素等。

（3）资源竞合调查。包括调查区内旅游资源的相互关系和调查临近区间旅游资源相互关系两方面。调查区内旅游资源的相互关系，包括自然和人文旅游资源的结合与互补情况、各要素的组合及协调性、景观的集聚程度等；调查临近区间旅游资源相互关系，分析由此所产生的积极和消极因素，以及区内旅游资源在不同层次旅游区域内的地位。

（二）旅游资源调查的方法

旅游学因其所具有的边缘学科性质，在研究中引入了许多学科的研究分析方法。旅游资源的调查方法更是种类繁多，在实际运用中较为常见的六种方法如下：

1.资料分析法

资料分析法常被用作旅游资源调查的首选方法，它是通过收集旅游资源的各种现有信息数据和情报资料，从中选取与旅游资源调查项目相关的内容，进行分析研究的一种调查方法。这种方法主要收集经过加工的次级资料和文献信息。有些旅游资源可能同时也是水利资源、林业资源、动物资源、文物与矿产等资源，各相关部门和行业组织都有积累资料，有些甚至是很系统、很完备的资料。通过收集这些经相关专业人员加工整理过的资料，可弥补旅游调查人员对该专业知识的不足，从而保证所收集资料的专业性、准确性和可靠性。

2.实地调查法

调查人员通过观察、踏勘、测量、登录、填绘、摄像等形式，直接接触旅游资源，可以获得宝贵的第一手资料及较为客观的感性认识，结果翔实可靠。旅游资源调查表、旅游资源分布图的草图，均在这一阶段完成。因此，调查者要勤于观察、善于发现、及时登录、填图、现场摄录、及时总结等。

3. 询问调查法

调查者采用访谈询问的方式了解旅游资源的情况。该种方法可以从旅游资源所在地部门、居民及旅游者中，及时地了解旅游资源的客观现实和难以发现的事物现象。通常可以采用设计调查问卷、调查卡片、调查表等，通过面谈调查、电话调查、邮寄调查、留置问卷调查等形式进行询问访谈，获取所需资料信息。调查成功与否，主要取决于被调查者的合理选取和配合情况，以及调查者事前的各种准备工作和对访谈询问技巧的掌握应用情况。

4. 统计分析法

统计分析法即使用统计学的方法来对旅游资源进行分类、分组等方面的分析和处理。在旅游资源调查过程中，对自然旅游资源及人文旅游资源的各类资源要素进行统计，包括旅游资源的数量、规模、分布地点、集聚情况等。这些旅游资源基本的统计分析资料对确定旅游区的旅游特色和旅游价值具有重要意义，也为旅游资源的进一步分析和开发提供了依据。

5. 分类对比法

分类对比法是将旅游资源分门别类地进行特征归纳并加以考察和研究。调查区内的各类旅游资源景观美感各异，将所调查的旅游资源按其形态特征、内在属性、美感吸引特性进行分类，并与异地同类型或不同类型的旅游资源加以比较、评价和分析，得出该地域内旅游资源的共性特征和特性特征，以便制订开发规划和建立旅游资源信息库。

6. 现代技术分析法

使用声像摄录设备（摄像机、照相机）可以把野外考察过程全面记录下来，真实地显示旅游资源的原貌。采用遥感技术（RS）、全球定位系统（GPS）和地理信息系统（GIS）。有利于获取大量旅游资源信息，对旅游资源类型做出准确的判断，还能发现一些野外调查等不易发现的潜在旅游资源。特别是能够有效地对人迹罕至、山高林密及常规方法无法到达的地区进行调查，大大推动了旅游信息资源的现代化管理。

地理信息技术即"3S"技术：遥感技术（RS）、全球定位系统（GPS）和地理信息系统（GIS）。遥感技术（RS）是利用航天遥感（卫星）、航空遥感测量技术，对地球进行观察而获得地学信息的一种手段。它根据不同物体对波谱产生不同响应的原理，利用飞机、飞船、卫星等飞行物上的遥感器收集地面数据资料，并从中获取信息，经记录、传送、分析和判读来识别地物。目前遥感技术已广泛应用于资源普查和环境监测。

全球卫星定位系统（GPS）是一种结合卫星及通信发展的技术，利用导航卫星进行测时和测距。全球卫星定位系统具有全天候、高精度、自动化、高效益等特点，主要功能是定位导航。目前被广泛应用于军事、测量、交通、救援、农业等领域。

地理信息系统（GIS）是一种特定的十分重要的空间信息系统。它是在计算机硬、软件系统支持下，对整个或部分地球表层（包括大气层）空间内的有关地理分布数据进行采集、储存、管理、运算、分析、显示和描述的技术系统。地理信息系统可以解决与分布及位置有关的基本问题、模式问题、趋势分析等方面的问题，在城市管理中应用广泛，如城市信息管理与服务、城市规划、城市道路交通管理、城市环境管理、流行病的防治等。

（三）旅游资源调查的程序

较为典型的旅游资源调查一般分为三个阶段，即调查准备阶段、实地调查阶段及室内整理阶段。

1.调查准备阶段

该环节需要完成确定调查人员、成立调查小组，收集整理基础性资料，制订调查工作计划等三方面的内容。

（1）确定调查人员、成立调查小组。一般的旅游资源调查小组是由当地旅游规划开发领导小组和旅游规划专家组共同组成的，这样可以减少调查过程中的人为干扰因素，保证调查工作的顺利进行。

（2）收集整理基础性资料。主要包括本区和邻区的旅游资源，涉及自然、社会、经济、环境等方面的文献资料、影像资料、地图资料等。通过对收集的资料加以系统整理和分析，初步了解调查区旅游资源特色，作为下一步野外工作的参考。

（3）制订调查工作计划。制订旅游资源调查的工作计划和方案，包括调查目的、调查区域范围、调查对象、调查内容、调查方式、调查工作时间表等。

2. 实地调查阶段

野外实地调查的目的是验证前期收集的第二手调查资料，进一步补充新的资料，通过对各种基本旅游资源类型进行实地测量、登录、校核、验证，获得一个全面系统的认识。

旅游资源野外调查一般分为普查和详查两部分。

（1）旅游资源普查

对调查区内的旅游资源进行系统调查，形成对区内旅游资源状况的全面了解，掌握旅游资源的种类、数量、分布等，并将结果标绘在相应比例尺的图件上。普查一般采用路线考察方式进行，即利用大比例尺地形图并参考相关航空照片、卫星图像资料，沿事先确定的路线进行考察、记录、填表登记和填图。

（2）旅游资源详查

在旅游资源普查基础上，筛选拟定具有开发价值的旅游小区，进行详细勘查。勘查的内容不仅包括旅游资源本身的历史、现状、特色，还包括资源开发的经济、社会、环境等外部条件方面的内容，确定该区旅游发展的方向和重点项目，提出规划性建议。同时注意数据记录，并对重点问题和重点地段进行专题研究与鉴定。

3. 室内整理阶段

该阶段是在实地调查过程之后，将收集到的资料和野外考察记录进行系统的整理总结，再做认真的分析研究，最后完成调查报告和图件，呈送相关部门审阅和参考执行。

（1）整理调查资料

主要是把收集的零星资料整理成系统的、能说明问题的信息，包括对文字资料、照片、录像片、图表的整理，以及图件的编制和清绘等内容。

（2）编写调查报告

将整理后的资料、数据和图件等进行处理分析，最终提供一份完善的旅游资源调查报告。

四、旅游资源评价

旅游资源评价是指在旅游资源调查的基础上进行的深层次研究工作，是从合理开发利用和保护旅游资源及取得最大的社会经济效益的角度出发，采取一定的方法，对一定区域内旅游资源本身的价值及外部开发条件等进行综合评判和鉴定的过程。旅游资源评价直接影响到区域旅游开发利用的程度和旅游地的前途与命运，因此，客观而科学地评价旅游资源是旅游区综合开发的重要环节。

（一）旅游资源评价的内容

1. 旅游资源的质量评价

（1）旅游资源的特性与特色

旅游资源的特性与特色是旅游资源开发的灵魂和激发旅游者产生旅游动机的原动力。一般而言，旅游资源特色越突出，其旅游吸引力就越大，开发价值也就越高。因此，通过对调查区与其他旅游区的比较研究，寻找出自身旅游资源的特色，为确定旅游资源的开发方向、开发程度及规模、市场定位和具体旅游项目的设计规划提供依据。

（2）旅游资源的价值与功能

旅游资源的价值主要包括美学观赏价值、历史文化价值、科学研究价值等，它是旅游资源质量和水平的反映。旅游资源的功能是旅游资源可供开发利用，能够满足某种旅游需求的特殊功能，是旅游资源价值的具体体现。一般来说，拥有观赏、历史、科学、文化、经济和社会等价值的旅游资源，均具有观光、度假、康体、商务、探险、科考、娱乐等旅游功能。旅游资源的价值与功能是其开发规模与程度、市场指向和前景的重要决定因素。

（3）旅游资源的结构与规模

其主要是指区域内旅游资源的数量、密度和布局。旅游资源的数量是指旅游区内可观赏旅游资源的多少；其密度是指这些旅游资源的集中程度，它可以用单位面积内的资源数量去衡量；其布局则是指旅游资源的分布和组合特征，它是资源优势和特色的重要表现。旅游资源的数量、密度和布局是区域旅游资源开发规模的重要决定因素。一些单个孤立旅游资源，即使独具特色，价值很高，功能也多，但其开发价值并不一定高。只有一定区域内，多种类型的旅游资源要素协调布局和组合，形成具有一定的规模和旅游资源的协同结构，才能产生一定的开发规模效应，获得理想的综合效益。

（4）旅游资源的节律变化

节律变化是指旅游资源在一定时期受自然条件和人为因素的影响所发生的有节奏的变化。旅游资源的节律变化必然影响到旅游活动，使之产生相同的周期性变动。例如内蒙古的草场旅游资源，因气候影响草的生长状态，从而使得内蒙古的旅游旺季只集中在每年草势较好的 7、8 月份。

2. 旅游资源的环境评价

（1）自然环境

地质、地貌、气象、气候、土壤、水文、动植物等自然要素所构成的自然环境，是旅游资源区域整体感知形象的主要因素和旅游活动的重要外部环境条件。例如：青山绿水、鸟语花香是优质生态环境的基本标志；宜人的旅游气候是旅游的必要条件，对旅游流起着导向作用；地质、地貌等自然环境不仅可形成旅游吸引物，而且会对旅游资源的开发建设产生重大影响，那些易发生地震、滑坡、泥石流等恶劣地质条件的地区，就不利于旅游活动的开展和旅游资源的开发。

（2）社会环境

社会环境是指旅游资源所在区域的政治局势、社会治安、政策法令、医疗卫生、风俗习惯，以及当地居民对旅游业的态度等。它对旅游资源效用的发挥有极大的影响。一个地区的政治局势和社会治安稳定与否，直接影响旅游者的出游决策。政局不稳、战争频发、社会治安差的地方，即使有丰富而高品位的旅游资源，旅游者出于人身和财产安全的考虑，也不敢前来旅游。医疗保健条件较好的地区能及时处理和保障旅游过程中旅游者的疾病、意外伤害和生命安全。若当地居民对旅游业有正确的认识，热情好客，使旅游者有一种宾至如归的亲切感受，则对旅游资源开发和发展旅游业有积极的作用。旅游是一项对社会环境较为敏感的经济活动，在稳定的社会环境中它能以较快的速度发展，而一旦出现社会环境的变化，则会受到一定的冲击。

（3）经济环境

旅游经济环境是指能够满足旅游者开展旅游活动的一切外部经济条件，包括交通、水电、邮电通信、各种档次的食宿服务和其他旅游接待设施，以及旅游资源所在地的基础设施条件与经济基础。由于不少旅游资源位于偏僻山区，交通条件往往成为旅游资源开发的一个限制性因素，直接影响旅游者的可进入性。水电等基本生活需要若不能保障，直接影响旅游接待条件。邮电通信对于出门在外的旅游者，无论是家庭还是公务联络都颇为重要。各种食宿和旅游接待设施及服务质量同样影响旅游资源开发和旅游经济效益。

（4）环境容量

旅游环境容量是指调查区域在一定的时间内，旅游资源及自然、社会、经济环境在不影响旅游活动和旅游业持续发展的基础上，所能容纳旅游者的限定数量，也即调查区域接待旅游者的合理数量，超出这个数量，旅游活动就会受到影响，旅游资源及其环境就会遭到破坏。旅游资源数量越多、规模越大、场地越开阔，旅游环境容量越大；反之，旅游资源稀少、类型简单、场地狭小，旅游环境容量就小。只有对旅游环境容量进行科学合理的评估，才能保证旅游资源的合理利用与有效保护。旅游环境容量主要包括旅游生态容量、旅游经济容量、旅游社会容量、旅游心理容量等。

3.旅游资源的开发条件评价

（1）区位条件

旅游资源所在的地理位置，包括自然地理位置、经济地理位置、政治地理位置、与客源地的空间关系，以及与其他旅游资源区的距离等，这些因素都会影响旅游资源的吸引力、开发规模、线路布置和利用方向等。世界上许多旅游点（区）因其特殊的地理位置而产生了独特的旅游吸引力，如位于经度和时间起点的英国格林尼治天文台、赤道上的厄瓜多尔的加拉加利镇、位于北半球极昼极夜起点的瑞典斯德哥尔摩等地均因其特殊的地理位置而成为世界旅游热点。深圳、珠海等地由于毗邻香港和澳门地区，交通便利，经济发达，区位条件优越，地方旅游资源得到了充分开发和利用，而西藏雅鲁藏布江、布达拉宫等旅游资源，虽然品位极高，但由于区位条件较差，开发状况不甚理想。此外，区域旅游资源的竞合状况也是需要着重考虑的区位因素。如果一处旅游资源和其所在地及周边地区其他旅游资源之间为互补或替代关系，它们可互相映衬，产生集聚影响，能吸引更多的旅游者。但如果相邻的旅游地资源类型相似，则会相互竞争，相互取代，引起游客群分流。另外，旅游资源区周围若配合有名山、名湖、名城等旅游热点，则有利于资源的连片和成规模开发。

（2）客源条件

旅游者数量是与经济效益直接挂钩的，没有一定量的旅游者则旅游资源的开发不会产生良好的效益。客源条件有个时空问题，在时间上，客源的不均匀分布形成旅游的淡旺季，这与当地气候季节变化有一定关系，如哈尔滨冬季观冰雕，形成了它一年一度的旅游旺季。在空间上，客源的分布半径范围及其密度由旅游资源的吸引力和社会经济环境决定，旅游资源特色强、成规模、社会和经济接待环境好的旅游区，其客源范围和数量都极为可观，相应地，经济效益也高，这种旅游资源是值得开发的。可见，旅游客源数量的多少决定着旅游资源的开发规模和开发价值。通过周密而科学的旅游客源市场调查与评价，了解旅游客源市场需求，掌握旅游客源市场的规模、辐射半径、消费群体、消费结构、消费水平和旅游行为等，合理预测旅游客源市场的动态需求趋势，因地制宜地确定旅游资源的开发规模等级，客观地衡量旅游资源的开发利用价值。

（3）投资条件

旅游资源开发需要大量资金的持续投入，需要吸引国内外的投资。旅游资源区的社会经济环境、经济发展战略及给予投资者的优惠政策等因素，都直接影响投资者的开发决策。因此，旅游资源区必须认真研究区域投资条件和政策环境，以便推动旅游资源开发的健康、有序发展。

（4）施工条件

旅游资源开发项目还必须考虑其工程量的大小和难易程度。首先是工程建设的自然基础条件，如地质、地貌、水文、气候等；其次是工程建设的供应条件，包括供水、供电、设备、建材、食品等。因此，评价旅游资源必须合理地评价其施工环境条件，对开发施工方案进行充分的技术论证，同时考虑经费、时间的投入与效益的关系，以确定合理的开发方案。

（二）旅游资源评价的方法

旅游资源评价有定性评价方法和定量评价方法，对旅游资源的科学评价，往往要将二者结合起来进行。

对旅游资源的定性评价，是用分析对比的方法并通过文字描述来表现。如对某一旅游景点的定性评价为：知名度比较高，有较高的观赏价值，可进入性强，旅游资源集聚性高，但是，环境容量较小，植被条件较差，季节性较强等。这种定性评价方法使用比较广泛。

对旅游资源的定量评价，是按照所规定的评价标准，以打分的方法，算出某一旅游资源所得分数。

这种定量评价方法有一定的科学性和可操作性，并可使诸多的旅游资源排列出名次，便于掌握。因此，这种评价方法也被较为广泛地使用。但是这种方法也有某些不够准确的方面。一方面，被评价的标准或元素应该包括哪些内容是不确定的，这样会影响到评价结果；另一方面，每一标准或元素的权重应给多少，也是不确定的，有的还有一定的主观因素，这样也会影响到评价的结果。因此，使用这种评价方法时，既要使标准或元素类别合适，也要使每一标准或元素的权重合理。这样，就会得到较为准确的评价结果。

第二节　旅游资源开发与保护

一、旅游资源开发的概念

具有吸引力的旅游资源，只有经过有规划的开发，才能发挥其功能，为旅游业所利用。旅游资源开发是把旅游资源加工改造成具有旅游功能的吸引物或旅游环境的经济技术过程。旅游资源开发的概念可以从以下三方面来理解。

第一，旅游资源开发要以资源调查和评价为基础。发展旅游业，首先要了解旅游资源的类型、结构、数量和质量特征、资源等级、地理赋存状况及保护、利用和发展现状等，从而确定旅游资源的总体开发方向。如果缺乏全面的旅游资源统计资料，对区域旅游资源状况不甚了解，也就无法进行旅游资源开发工作。因此，旅游资源的调查和评价是旅游资源开发的基础性工作。

第二，旅游资源开发要以市场需求为导向。旅游资源开发是一种经济行为，在市场经济条件下，传统的资源导向型旅游资源开发方式已经跟不上时代的步伐。因此，旅游资源开发须以市场需求为导向，认真研究旅游市场需求，开发利用市场需求大、能够畅销的旅游资源，处理好资源与市场的关系。

第三，旅游资源开发是一项综合性的经济技术工程。开发内容方面，不仅要考虑旅游资源本身的开发，还要对旅游设施、旅游服务、旅游环境、旅游客源市场等方面进行系统协调地开发，使旅游资源开发与旅游活动相关方面相互适应，协调发展；开发效益方面，要兼顾经济效益、社会效益和环境效益；开发进程上，须规划在先，实施在后，要有计划、有重点、有层次地展开，逐步拓展各种功能，科学合理地利用资源。

较之其他资源，旅游资源开发的程度具有更大的伸缩性。由于人们旅游需求的广泛化和多样化，一些看似与旅游无关的事物，如长寿、减肥、科学成就和火山地震等自然灾害遗迹，都可以开发为旅游吸引物；一些似乎完全不具备旅游条件甚至生存条件的地区，如沙漠、沼泽、荒无人烟的小岛、严寒冰封的极地等，也都可能成为闻名遐迩的旅游胜地。正是旅游资源开发这种伸缩性大的特点，加上独具慧眼和魄力的旅游开发者的创新性工作，才使得现代旅游的内容和形式不断推陈出新，形成当今旅游业空前繁荣的局面。

二、旅游资源开发的原则

旅游资源的开发工作旨在发挥、改善和提高旅游资源的吸引力，使其在满足旅游者需求的同时，推动当地社会经济的发展，其最终目标是进一步发展旅游业。为了保证旅游资源的可持续发展，旅游资源的开发工作应当遵循以下五个原则。

（一）保护性原则

开发旅游资源是为了更好、更有效地利用旅游资源。虽然旅游资源具有可重复利用性的特点，但是，这一特点的表现有赖于旅游资源开发的同时对于资源的保护。生态环境是旅游资源赖以存在的物质空间，旅游资源开发必须重视资源与环境在开发中的保护，控制污染，以便拥有良好的资源和环境质量，达到吸引旅游者的目的。从这个角度来说，旅游资源开发中的保护性原则不仅影响旅游资源的长远利益，而且直接影响旅游资源开发的当前利益。旅游资源开发中的保护性原则主要体现在两方面：一是保护旅游资源本身在开发过程中不被破坏，正确处理好开发与保护的关系；二是要控制开发后旅游资源的游客接待量，使之处于环境承载力之内，以维持生态平衡，保证旅游者的旅游质量，使旅游资源能够永续利用，旅游业可以实现可持续发展。

（二）独特性原则

旅游资源贵在稀有，其质量在很大程度上取决于与众不同的独特性。这是它们能够对旅游者产生吸引力的根本所在。因此，突出旅游资源本身原有的特征、有意识地保存和增强这些特征具有十分重要的意义。特色性原则要求在开发过程中不仅要保护好旅游资源自身原有的特色，而且还应该尽最大可能地突出其特色。

表现在具体的旅游资源开发中，要突出地方的、民族的、历史文化沉积的特色，尽可能保持旅游资源的原始风貌特征。"只有民族的旅游资源，才是世界的旅游吸引物"。不论是借用或开发自然和历史遗产，还是新创当代人造旅游资源，都要通过开发措施强化旅游资源的独特性，如某项旅游资源在一定地理范围内最高、最大、最古、最奇等，以确保旅游资源的吸引力和竞争力。实践经验证明，成功的景区景点都以独特的性质和魅力特色而吸引世界旅游者。一旦失去了地方的、民族的特色，旅游资源也就失去了吸引力，旅游资源就会变得千篇一律，旅游资源开发就必然走向失败。

（三）多样性原则

旅游资源开发的多样性包含两层含义。第一，多样性就是各有特色的旅游资源的集合。某一区域在开发突出自己形象的重点旅游资源的同时，对其他各类资源也要根据情况逐步进行开发，以吸引各种类型的旅游者，例如以自然资源为主的山地旅游资源，可以开发结合当地特色的民俗风情等人文旅游资源。第二，多样性还强调在旅游资源的开发过程中应该考虑旅游者食、住、行、游、购、娱等多方面的需要，做好设施和服务等配套工作。

（四）旅游者参与原则

现代旅游业的发展，要求各项旅游开发工作不能局限于旅游客体——旅游资源上，而要将眼光放到消费者——旅游市场上，改变过去那种走马观花式的景点组合和旅游资源开发方式，把旅游市场与旅游资源融为一体进行考虑。

旅游者参与原则，要求在旅游资源开发过程中创造更多的空间和机会，便于旅游者自由活动。各种旅游服务设施，可以采用渗入、延伸或开阔视野等方法，设置于旅游资源所处的大环境中，使旅游者在整体游览娱乐活动过程中有广阔的自主活动空间、主动接触大自然的机会及充分展示自我意识的环境。

（五）经济效益、社会效益和环境效益相统一的原则

首先，开发旅游资源应注重经济效益。旅游资源是旅游业建立和发展的基础，作为一种产业，旅游资源的开发应该讲求投入与产出的对比分析，实现利润最大化。经济效益有两个不同的层次：一是投资者和经营者的微观经济效益；二是整

个旅游业和社会的宏观经济效益。这里所说的经济效益，是以微观经济效益为基础，并能与宏观经济效益相结合的经济效益。单纯追求微观经济效益，而不顾或有损宏观经济效益，是不可取的。

其次，开发旅游资源要注重社会效益，即能对社会进步产生积极影响，包括对人类的智力开发、知识普及、思想教育、社会良好道德风尚的树立等。例如博物馆、展览馆、纪念馆等，作为旅游资源能对旅游者从不同的方面起到积极有益的作用，增长人们历史、文化、科学、民俗等方面的知识，增强人们的爱国意识等。凡是能对社会进步起到积极作用的旅游资源应首先开发，而对于社会进步不能产生积极作用，甚至会产生消极影响的旅游资源，就不应开发。

最后，开发旅游资源要考虑环境效益。旅游资源的开发受到各种环境条件的制约，同样，旅游资源在开发过程中也会对环境产生各种影响。旅游资源的开发不能超过环境所承受的限度，应避免造成对生态环境的破坏，以利于当地旅游业的可持续健康发展。

三、旅游资源开发的内容

旅游资源开发的目的，就是使旅游资源为旅游业所利用，从而使其潜在的资源优势变成现实的经济优势。内容主要包括以下几点。

（一）规划设计景区、景点

旅游资源在开发之前，大多处于潜在的状态，一般都缺乏现代旅游活动所需要的基本条件，难以用于开展大规模的旅游接待活动。旅游资源只有经过开发才能变为旅游产品，才能被旅游业所利用，因此，规划和设计旅游景区、景点是旅游资源开发最重要的内容。这种建设，从内容、形式上说，不仅是指对尚未利用的旅游资源的初次开发，也可以是对已经利用了的景观或旅游吸引物的深度开发，或进一步的功能发掘；不仅是指对一个从无到有的新景点的创造，也可以是对现实存在的旅游资源的归整和加工。从其性质来看，既可以以开发建设为主，也可以以保持维护为主，并且这种开发建设活动是一个发展变化的动态过程，在旅游点生命周期的不同阶段表现出不同的侧重点。例如一个旅游点从初创期到成熟期，将经历从尚未利用的初次开发到成熟阶段的深度开发，其开发工作的性质也由开发向保护转化。

（二）提高可进入性

可进入性指的是旅游目的地同外界的交通联系，以及旅游目的地内部交通运输的通畅和便利程度。旅游活动是以旅游者位移到达旅游目的地为前提的，因此，合理安排旅游者从居住地到目的地的往返通道，以及在旅游地内部的交通网络是旅游资源开发中的重要内容之一。要让旅游者"进得来、出得去、散得开"。也就是说，要使旅游者来得方便、在旅游目的地逗留期间活动方便以及结束访问后离去得方便。现代旅游交通必须适应旅游者多方面的需要。便利、快捷、安全、舒适是现代旅游者对旅游交通的基本要求。在进行旅游交通规划时要充分考虑这些要求。旅游交通安排不仅包括旅游交通设施的建设、旅游交通工具的选择，还包括各种交通营运计划的设计和安排。

（三）建设和完善旅游配套设施

旅游者在旅游活动中的主要目标虽然是旅游吸引物，但在旅游过程中，他们还有基本的生活需要。这就决定了旅游地必须向旅游者提供相关服务所必需的旅游配套设施。这些设施的修建和改善应当有助于提高旅游服务质量，从而提高旅游资源的吸引力。

旅游配套设施包括旅游基础设施和旅游服务设施两类。旅游基础设施是指主要使用者为当地居民，但也必须向旅游者提供或者旅游者也必须依赖的设施，包括供水、供电、邮政、排污、道路、银行、商店、医院等。旅游服务设施是指那些虽然也可供当地居民使用，但主要供外来旅游者使用的服务设施，包括宾馆饭店、旅游问讯中心、旅游商店、某些娱乐场所等。这类设施主要供旅游者使用，因此须根据旅游者的需要、生活标准和价值观念来设计建造，并据此提供相应的服务。旅游开发就是要建设和完善保障当地居民生活所需的基础设施，这是发展旅游业的基本条件，进而建设和完善为旅游者消费所需要的旅游服务设施，这是旅游业发展的必要条件。

（四）开发人力资源，完善旅游服务

旅游资源开发的决策者、组织者、实施者或服务者，是旅游资源开发和旅游业发展的主观因素。这些人员素质的高低在一定程度上会增添或减少旅游资源对旅游者的吸引力。所以，人力资源开发也是旅游资源开发的必要环节。人力资源开发包括制订人力资源计划，开展从业人员的招聘、选拔、安置、培训等方面的工作。人力资源开发应根据客源市场的变化及旅游业发展的要求，不断地进行系统性、提高性的培训和开发，以不断提高旅游专业人员的整体素质和管理、服务水平，适应旅游产业发展的需要。

旅游资源开发的最终结果是提供给消费者以能够满足其需要的旅游产品。而旅游产品属于典型的服务产品，因此，在旅游资源开发过程中，完善旅游服务便成为不可或缺的重要一环。旅游服务，既包括商业性的旅游服务，也包括非商业性的旅游服务。前者多指当地旅行社的导游和翻译服务、交通部门的客运服务、饭店业的食宿服务、商业部门的购物服务以及其他部门向旅游者提供的营业性接待服务。后者主要包括当地为旅游者提供的旅游问讯服务和出入境服务，以及当地居民为旅游者提供的其他义务服务。在旅游开发活动中，必须注意服务体系的完善，不能为追求商业利润只进行商业性服务的建设，而忽视非商业性服务的完善。实际上，非商业性服务在很大程度上反映着当地居民对外来旅游者的友善态度和愿意为其服务的好客精神，对旅游者具有较强的吸引力和感召力。

（五）开拓旅游市场

市场是旅游资源开发的着眼点。因此，旅游市场的开拓是旅游资源开发的重要工作，并贯穿始终。市场开发主要包括市场预测和市场定位，以及市场营销和形象宣传等内容。市场预测这一环节是在旅游资源开发过程的前期进行，它是在市场调查的基础上细分客源市场，对其进行分析和研究，同时对市场环境和竞争对手进行分析与研究，从而确定目标客源市场。然后有针对性地对目标市场进行宣传和市场营销，扩大客源和开拓旅游市场。

四、旅游资源的保护

（一）旅游资源保护的意义

旅游资源的涵盖面十分广泛，既包括自然旅游资源，也包括人文旅游资源。保护旅游资源也就是要保护好区域自然景观和人文景观。自然景观作为地理环境的重要组成部分，是历经亿万年的自然演变过程而保存下来的珍贵资源，对它们的保护不仅是环境保护的重要内容，而且对维护生态平衡具有重要意义。保护区域人文景观对于弘扬民族文化、维护地方文化的完整性和文化生态平衡也具有重要意义，从而使旅游地以其独特的文化差异性永葆活力。此外，旅游资源是旅游业发展的物质基础，也是旅游业可持续发展的根本保证，而旅游资源又具有有限性和易损性等特性，故保护旅游资源就是保护旅游业的健康、良性发展。

（二）旅游资源遭受破坏的原因

要想做好旅游资源的保护工作，首先需要了解有可能使旅游资源遭受破坏和损害的原因。一般而言，导致旅游资源破坏和衰退的原因可归结为自然原因和人为原因两方面。

1. 旅游资源的自然破坏

指自然力造成的旅游资源的破坏，包括生物损坏和非生物损坏两方面。

（1）生物损坏因素，如植物根系生长产生生物风化和生化作用，以及鼠类、鸟类和白蚁等对历史文物和古建筑的安全构成威胁。

（2）非生物损坏因素，既包括如地震、泥石流、滑坡、火山喷发、海啸、狂风等突发性自然灾害的破坏，也包括日晒、水蚀、光照、风蚀等缓慢性的自然风化作用造成的旅游资源破坏。其中，后者对旅游资源造成的损害最为常见。例如闻名中外的山西云冈石窟，由于长期的风雨剥蚀和后山石壁的渗水浸泡，导致大部分洞窟外延裂塌，很多雕像断头失臂，面目模糊。埃及的基奥普斯大金字塔，近一千年来因风化产生的碎屑物达 5 万立方米，整个金字塔表面每年耗损约 3 毫米。

2. 旅游资源的人为破坏

人为破坏因素对旅游资源的破坏程度大多超过自然破坏因素，有的甚至是毁灭性的。

从破坏产生的根源来看，大致可分为建设性破坏、生产性破坏和旅游活动导致的破坏三种。

（1）建设性破坏

建设性破坏主要指工程建设、市镇建设和旅游资源开发建设中的规划不当，导致旅游资源遭到破坏。例如中国的古城墙除西安及少数地区保存尚较为完整外，其他地区包括北京的古城墙都在城市的现代化建设浪潮中被拆除殆尽；杭州西湖四周的现代建筑、桂林市内的高层建筑、沈阳故宫周围的高楼等工程建设都对旅游资源的景观环境造成了不同程度的破坏。此外，旅游资源开发过程中，由于规划不当，不少旅游项目的开发与建设造成了旅游资源的破坏，如不少山地景区为利益驱动而掀起"索道建设热"，明显损伤了山地景观的完整性和美学特征，景区中公路、旅馆等人工设施的不合理建设也破坏了旅游地的自然景观环境。

（2）生产性破坏

生产性破坏指工农业生产对旅游资源的破坏和旅游环境的污染。因不合理的工农业生产方式而对旅游资源造成损害和破坏的例子不胜枚举。此外，落后的农业生产方式，无计划过度采石、伐木、取水、盗猎等也会对旅游资源造成不可逆转的危害。

（3）旅游活动对旅游资源的破坏

由于旅游者的大量涌入，加速了名胜古迹的自然风化和磨损的速度，导致古迹的损坏和衰败。例如中国著名的敦煌石窟，随着大量旅游者的进入，人们呼出的水汽和二氧化碳改变了石窟内的大气环境，加速了雕塑和壁画的变质；一些自然景区，大量旅游者的到访和践踏，致使土壤板结、古树枯死；一些山区，旅游活动的开展破坏了在自然条件下长期形成的稳定的落叶和腐殖层，造成水土流失，使旅游区的自然生态环境受到威胁；由于宣传教育不足，旅游者在古建筑上乱刻乱画、损木折花、乱扔废物、违反规定攀登、拍照等不良行为，造成旅游资源的损坏现象也随处可见，给景区环境的维护带来巨大压力。

以上所述仅是这类问题和现象的"冰山一角"，远远不是全部。人们应当对旅游资源的各种破坏因素保有清醒的认识。如果要使这些旅游资源将来能造福于人类，服务于国家和地区旅游业的发展，便要注意采取措施对其加以保护。

（三）旅游资源保护工作的原则与措施

对旅游资源的保护可分为消极的保护和积极的保护两种。消极保护同积极保护之间的关系也就是"治"与"防"的关系。具体原则应当是以"防"为主，以"治"为辅，"防""治"结合，综合运用法律、行政、规划和技术等手段，加强对旅游资源的管理和保护。

1.法律措施

健全旅游资源法制管理体系，加强对旅游资源的保护。我国与旅游资源保护管理相关的法律目前主要有《环境保护法》《森林法》《文物保护法》《野生动物保护法》《风景名胜区管理暂行条例》等。此外,各地方立法机构和人民政府根据国家法律法规,结合地方实际制定了实施细则和地方性旅游法规,如《广州白云山风景名胜区管理条例》,将旅游资源保护纳入了法制管理范畴,加大了旅游资源保护的力度。此外,加强旅游资源保护的法律法规管理,关键在于落实,要大力宣传旅游资源保护法律法规,并严格执法,真正做到有法可依、有法必依、执法必严、违法必究,将旅游资源保护落到实处。

2. 行政措施

行政性措施是旅游资源保护和管理中最常见的措施之一。加大行政管理职能部门的管理力度,相关部门设置专门的旅游资源开发保护管理职能,对旅游资源实行统一规划和监督管理,加强对旅游资源的保护。根据行政区划和行政级别,实施"分级管理"和"分域管理",使旅游资源管理的责权落到实处。

相关行政管理部门要加强对旅游活动的管理和引导。对于那些可能导致旅游资源受到威胁的旅游活动,应给予一定的限制;对于某些旅游景区在某些时段内的超负荷运转,应采取有效的措施对旅游者进行疏导、分流或限制;对机动车辆进入旅游景区尾气排放所带来的空气污染,可采用安装净化气装置的措施缓解,或采用天然气做燃料代替污染较大的汽油;对于旅游活动产生的各种垃圾,要通过建立完善的排污系统,采用先进的废物处理技术,使垃圾能迅速地得以处理和解决;对旅游者的旅游行为,要加强管理并建立奖惩制度,使其逐步树立旅游资源保护意识,养成良好的旅游资源保护行为和习惯。

3. 规划措施

制订和实施科学的旅游发展规划,特别是《旅游资源保护专题规划》和《环境保护专题规划》,并以此指导规划区内旅游资源的开发、利用及保护,是旅游资源保护的一项重要方法。首先对旅游资源及生态环境进行研究,测定并评估旅游资源的保护状况,建立数据库,然后制订相应专业规划及实施方案,如制订绿化、防火、排污等规划。规划对旅游资源和环境保护提出"质"与"量"的规定,使保护工作具有明确的目标,有利于在一定时期(规划期)内有计划地开展全面常规的保护工作,减少因无序开发造成的资源环境破坏。

4. 人才培养

随着旅游业的迅猛发展,旅游业的开发人才、管理人才受到重视,而对旅游资源保护人才的培养可以说重视不够，"保护"一词只是挂在嘴上的一种宣传，缺少具体的人员来关心、实施，旅游资源保护的专门人才培养迫在眉睫。例如文物古迹旅游资源保护人才的培养，可采取"馆校结合""师承制"等多种方式，加强对专业技术人才的培养，缓解文物保护技术、文物鉴定、文物修复、古建筑维修等人才短缺的情况。同时，有计划地增加对外技术交流，选派优秀中青年科技人员到国外学习先进的文物保护科学技术，提高其业务水平。

5. 技术措施

技术性保护措施是利用现代科技手段，对旅游资源及其环境进行监测与分析而实施的保护措施，这是旅游资源保护的重要操作方法之一。针对不同类型的旅游资源和具体的保护需要，采取物理手段、化学手段、生物手段、工程手段等技术措施，将它们单一或组合使用，以达到保护旅游资源的目的。科技方法在对水体、山地、动植物及文物古迹等旅游资源的保护中应用非常广泛。例如采用物理方法、化学方法净化景区水体，清除大气污染物；科学维修保护历史古建筑旅游资源，确保其持续利用；架设隔离网罩和使用驱赶技术，避免鸟类对古建筑的危害；驯化保护大熊猫等野生动物，应用生物技术保护古树名木等。

6. 宣传教育

旅游资源保护意识不强或者根本没有资源保护意识，是造成旅游资源人为破坏的根源所在。因此，必须通过各种途径大力宣传旅游资源的价值和旅游资源保护的知识，从而达到教育公众、增强其环境保护意识，进而使公众自觉地保护旅游资源的目的。我国公民在环境和资源保护问题的认识与行动上，与发达国家还存在较大差距，需要我们加强环境与旅游资源的宣传和教育工作，使宝贵的旅游资源免遭无知的摧残。

要利用多种宣传媒体及景区（点）的宣传窗口，对公众进行环境与旅游资源保护的公益性宣传、教育和培训。寓教于乐，使旅游者在旅游的过程中了解旅游资源的稀缺和资源保护的重要性与紧迫性，认识到环境与旅游资源质量的优劣关系着人们的生活质量和子孙后代的生存发展。如"除了脚印什么东西都不能留下，除了相片什么东西都不能带走"，就是非常不错的环保宣传理念。

五、旅游资源开发与保护的关系

旅游资源开发是旅游业赖以发展的前提条件，合理的旅游资源开发会促进旅游地的资源保护及社会经济的发展。但旅游资源开发破坏资源环境、给社会文化带来负面影响的现象也屡见不鲜，旅游资源开发和保护的关系问题成为贯穿旅游业发展始终的热点问题。事实上，旅游资源的开发和保护既相互联系又相互矛盾，两者是辩证的统一体，并在辩证联系中共同推动旅游业的可持续发展。两者相辅相成，之间没有也不应有根本性的矛盾和冲突。

（一）两者相互联系、相互依存

一方面，保护是开发的前提，是为了更好地开发。旅游资源是旅游活动赖以进行的物质基础，没有了旅游资源，旅游业也就成了"无源之水，无本之木"。因此，旅游资源的开发要以保护为前提。另一方面，开发是保护的一种表现形式，开发意味着对资源的保护。旅游业发展的实践经验表明，旅游资源开发有助于资源保护资金的筹措、地方传统文化的复兴及增强国民的资源环境保护意识等。当然，这要以旅游资源的保护性开发为前提。同时，旅游资源也只有经过合理的开发，才能招徕旅游者，才能发挥其价值功能，才能表现出现实的社会效益、环境效益和经济效益。

（二）两者又相互矛盾

一方面，某种意义上，旅游资源开发本身就意味着破坏。一般来说，旅游资源的开发不动一草一木是不可能的。开发就是要对资源地进行适度的建设，是以局部范围的破坏为前提的。可以说，没有破坏就没有开发，破坏和开发在一定程度上是共生的。同时，旅游开发者基于经济利益考虑而对旅游资源的过度开发利用，往往超过了资源环境的承载力，这种主观性破坏行为造成的破坏后果则更为严重。另一方面，过度保护也必然妨碍资源的开发。片面强调旅游资源开发的观点固然不可取，但过分坚持自然主义的资源保存论同样失之偏颇。忽视民众旅游需求和社会经济发展需要，故步自封，片面强调旅游资源的保护，忽视旅游资源的合理开发，同样也是一种不负责任的行为。

作为新兴的支柱产业，中国旅游业对国计民生的重大意义早已不言而喻。在我国构建社会主义和谐社会的整体社会背景下，面对旅游资源开发与保护的现实矛盾，我们要基于和谐理论和民生要求，努力做到和谐与民生并重，协调资源开发和保护的关系，充分发挥旅游资源的价值功能，实现人与自然生态环境的良性互动，取得"双赢"的结果。为此，必须树立"防"重于"治"的思想，以"防"为主，以"治"为辅，"防""治"结合，做到防患于未然，避免重走"先污染，后治理"的老路，推动旅游业的可持续发展。

第三节　旅行社、旅游饭店与交通

一、旅行社

（一）旅行社的概念和性质

1. 旅行社的概念

旅行社是指从事招徕、组织、接待游客等活动，为游客提供相关旅游服务，开展国内旅游业务、入境旅游业务或出境旅游业务的企业法人。这个概念包含了两层意思：一是旅行社经营业务的范围是从事招徕、组织、接待旅游者，主要包括开发旅游产品，销售旅游产品，开展旅游咨询，组织旅游团队，与其他旅游部门合作提供导游、交通、住宿、餐饮、游览、购物、娱乐、会议等服务接待工作；二是旅行社是以营利为目的的企业法人。旅行社应当自主经营、自负盈亏、自我约束和自我发展，能以自己的名义独立承担民事责任，依法享有权利和承担相应的义务，同时其经营活动也受到法律保护。

2. 旅行社的性质

（1）旅行社是以营利为目的的企业

旅行社通过向旅游者提供服务获取利润，旅行社是自主经营、自负盈亏的经济组织。在旅游经营中，旅行社多采取有限责任公司或股份有限公司的组织形式。

（2）旅行社是服务型的企业

旅行社的业务除了进行旅游产品设计和产品销售外，还组织和接待旅游者，并提供相关旅游服务，如为旅游者安排交通、住宿、餐饮、观光游览、休闲度假，提供导游、领队服务和旅游咨询服务。可见，服务性是旅行社的重要性质。

（3）旅行社是中介服务机构

旅行社为旅游者提供的旅游产品和服务，实际上是由各旅游供应部门提供的。旅行社是各种旅游产品和服务的组合者，并不是这些产品和服务的原始提供者。虽然有少数实力雄厚的旅行社在产业链上掌控了部分旅游服务的资源，但绝大部分旅行社仍是在旅游者与服务供应部门间扮演中间人的角色。所以，旅行社在性质上还是中介服务机构。

（二）旅行社的作用

1.旅行社是旅游业的中枢与纽带

旅行社在现代旅游业中处于中枢地位，发挥着纽带作用。一方面，旅行社通过自身的经营活动，让原本比较松散、繁杂的旅游供应部门聚集到以旅行社为中心的旅游服务系统中，有利于更好地为旅游者服务。同时，旅行社利用旅游咨询、旅游产品促销等一系列经营活动，将旅游服务供应部门与旅游消费者联系起来，成为沟通旅游生产与旅游消费的桥梁和纽带。另一方面，旅行社具有将旅游推向大众化的重要促进作用。旅行社不仅可以向旅游者提供专业化的信息，帮助旅游者做出正确选择，实现旅游消费的愿望，而且还可以提供专业化服务，使旅游者在满足安全需要的前提下，实现旅行时间和金钱的价值最大化，为旅游者购买旅游产品提供专门渠道，让旅游者获得满意的服务，从而吸引更多的人参加旅游活动，加快大众旅游的发展进程。

2.旅行社是旅游活动的组织者

从旅游业供给角度看，旅游活动涉及很多方面，不仅涉及食、住、行、游、购、娱等旅游服务供应部门和企业，还涉及海关、边检、卫生检疫、外事、侨务、公安、交通管理和旅游行政管理等政府机关。旅行社的主要任务之一就是把旅游企业的各类旅游产品和服务组合成各种各样的产品形式，适应不同旅游者多样化的需求。其主要工作内容就是编排旅游行程，采购旅游服务并组合成旅游产品，供旅游者选择和消费。

从旅游者需求角度看，特别是对团队旅游而言，旅行社起着旅游活动组织者的作用。人们只要选定旅游目的地，其他活动则由旅行社负责组织安排。旅行社不仅为旅游者组织旅游活动，而且还起着协调旅游业各有关部门和其他相关行业的作用，保障旅游者在旅游活动各环节的衔接与落实。

3. 旅行社是旅游产品的销售者

旅游交通运输部门、住宿部门等虽然也直接向旅游者出售自己的产品，但相当数量的产品是通过旅行社销售的。旅行社以低于市场价格从饭店、交通、景点及其他旅游企业和旅游服务供应部门购买旅游者所需要的各种服务项目，形成旅行社产品的生产要素，再对这些要素进行不同的设计组合，最后加上旅行社提供的旅游服务内容，形成系列化的特色产品。旅行社把旅游者所需要的产品和服务集中起来，一次性地销售给旅游者，使旅游者不需要耗费精力和体力去逐个解决旅游活动的基本需要，有效为旅游者解决出行的许多麻烦和困难，为他们节省大量时间和精力。

4. 旅行社是推动旅游业发展的重要因素

旅行社的存在和发展，极大地推动了旅游市场的活跃和发展，使旅游业更加兴旺发达。因为旅行社可以通过多种手段向旅游者提供旅游信息，帮助旅游者做出合理的选择，并为旅游者提供各种便利条件，全方位满足旅游者安全、方便、舒适等各种旅游服务要求。这些作用促使更多的人加入旅游者的队伍，进一步推动了旅游业的发展。

二、旅游饭店

（一）旅游饭店的地位与作用

1. 旅游饭店是旅游业发展的重要物质基础

国际上通常把体现一个国家或地区发展旅游业物质基础的饭店规模、数量和服务水平的高低，作为衡量该国或地区旅游业发展水平和接待能力的重要标志。实践证明，经济发达的国家，其旅游业物质基础厚实，发展水平较高，其饭店业也很发达。

旅游饭店不仅是较为理想的食宿场所，还为广大旅游者提供文娱、社交、购物、保健的物质条件。尤其是高等级旅游饭店，可以满足旅游者高消费的需求，其本身也是一项有强大吸引力的旅游资源。

2. 旅游饭店是旅游创收的重要渠道

旅游饭店是地区旅游经济的主要收入来源，旅游饭店多元化的发展方向和趋势是旅游业整体经济效益提高的重要因素。首先，现代饭店具有集住宿、餐饮、娱乐、美容美发、保健、社交、购物等于一身的综合服务设施。其次，饭店舒适的消费环境使服务项目收费较高，所以，饭店是旅游业经济收益的一个重要渠道，其营业收入往往在旅游业总收入中占有相当的比重。据统计，目前我国星级饭店的年营业收入占除交通以外的全国旅游企业总收入的 40% 以上。旅游饭店是海外旅游者下榻的主要场所，因此，它又是吸收外汇的重要之地。

3. 提供大量的就业机会

旅游饭店是典型的劳动密集型企业。岗位多、功能全的综合性饭店本身就能吸纳不少社会劳动力。现在我国酒店人员的配备状况是：平均每间客房配备 1～2 人，一家 300 间客房的饭店就能创造 500～600 个直接就业机会。而旅游饭店的发展又会带动和促进与其经营相关的许多行业的发展，间接为社会创造更多的劳动就业机会。一般来说，旅游饭店每增加一间客房，就会为社会提供 1～3 个直接就业岗位，3～5 个间接就业机会。饭店已成为社会就业的重要渠道。

（二）旅游饭店的类型

按照不同的标准可以对饭店进行不同的划分。

1. 根据饭店接待对象划分

商务饭店：以商务旅游者为主，设施齐全，服务功能完善，一般位于城市中心和交通发达地区，客流不受季节影响。

度假饭店：以度假旅游者为主，康乐设施完善，一般位于海滨、山地或温泉等风景区或度假区附近。

会议饭店：以接待会议为主，提供相关服务，会议相关设备完备，有功能齐全的娱乐设施，一般位于大都市中心。

长住饭店：也称公寓饭店，面向住宿时间较长的宾客，多采用家庭式布局，一般签订租约。

2. 根据特定细分市场划分

公寓饭店：公寓饭店就是位于饭店内部，以公寓形式存在的酒店套房。这种套房的显著特点在于：它类似于公寓，有居家的格局和良好的居住功能，有厅、卧室、厨房和卫生间；它配有全套家具家电，能够为客人提供酒店的专业服务，如室内打扫、床单更换及一些商务服务等。

汽车旅馆：原文来自英文的 Motel，是 motor hotel 的缩写。汽车旅馆与一般旅馆最大的不同点在于，汽车旅馆提供的停车位与房间相连，一楼做车库，二楼为房间。汽车旅馆的主要客源是驾车旅游者，主要分布在公路沿线汽车出租率较高的地方或者交通中心。汽车旅馆的设施简单但设计规范，消费水平较低。

青年旅舍：常称为青年旅馆（简称 YHA），提供旅客短期住宿，尤其鼓励年轻人从事户外活动及文化交流。青年旅舍通常不像饭店那么正式，价格也比较低廉，是预算有限的自助旅游者及背包族最常考虑的住宿地点之一。若要说其与旅馆最大的不同，可能在于多有交谊厅和厨房等公共区域，以及通铺或上下铺的团体房间形式可供选择。

三、旅游交通

（一）旅游交通的概念

旅游交通是指旅游者为了实现旅游活动，借助某种交通工具，实现从一个地点到另一个地点之间的空间转移过程。根据旅游者空间转移的地理范围和旅游过程，可以将旅游交通分为三种空间尺度，即客源地和旅游目的地之间的往返过程，同一旅游目的地内，以及旅游景区中的移动过程。

旅游交通的任务不仅是解决旅游者的空间移动问题，更重要的是为旅游者增添旅行游览乐趣，丰富旅游经历。旅游交通是依赖社会公共交通系统的。

（二）旅游交通在旅游业中的作用

旅游交通是旅游业发展的重要标志之一，现代化旅游的发展，必然离不开现代化的交通运输。

1. 旅游交通是旅游业产生并发展的先决条件

旅游业的发展历史证明，交通发展对旅游业的发展起着十分重要的作用。19世纪初，火车、轮船等现代交通工具的发明，直接导致了近代旅游业的产生；第二次世界大战后，喷气式飞机，尤其是大型宽体客机的普遍使用，大大地缩短了旅游者的空间距离，节省了旅行时间和费用，推动了大众旅游时代的到来。因此，旅游交通是旅游业产生和发展的先决条件。

2. 旅游交通是旅游活动的重要组成部分

旅游者的旅游活动包括食、住、行、游、购、娱六方面，"行"指的就是旅游交通。旅游者的旅游活动是在异地进行的，旅游者要通过旅游交通来解决从居住地到旅游目的地的空间转移问题。旅游者到了旅游目的地之后，往来于不同旅游景点之间也要借助旅游交通。随着生活水平的提高，人们对旅游交通的要求越来越高，人们更愿意选取快速、经济、舒适、具有娱乐条件的旅游交通工具，这在一定程度上使本来无所事事的旅行变为有意义的旅游活动。同时，一些特种旅游交通丰富了旅游活动的内容，如乘坐游轮游历长江三峡、骑骆驼穿越沙漠、乘坐竹筏沿江漂流、乘坐缆车俯瞰美景等，都会给旅游者带来新奇的乐趣。

3.旅游交通收入是旅游创收的重要来源

旅游者在利用旅游交通实现空间转移的同时，必须向相关部门支付一定的费用，因此，旅游交通收入是旅游收入的稳定性来源。从整个旅游者的支出情况来看，用于旅游交通的支出所占的比例是比较大的，一般会占到旅游费用支出的30%～40%。旅游交通费用的多少与旅游者旅行距离的长短，以及所采用的交通工具的类型有关。一般来讲，旅游距离越长，所采用的交通工具越现代化，旅游交通的费用越多；反之，则越少。

4.旅游交通能促进旅游区的兴起和发展

旅游业的发展依赖旅游者的旅游行为，只有旅游者光临旅游目的地，旅游业的各类设施和服务才能真正发挥作用，才能实现它们的使用价值。旅游交通决定了旅游目的地的可进入性，旅游交通发达，旅游目的地的可进入性强，就会方便旅游者到达及在不同旅游景区间流动；旅游交通落后，旅游目的地的可进入性差，即使旅游资源再丰富，也会使旅游者望而却步。因此，一个地区在确定发展旅游业之前，首先要完善必备的旅游交通设施，不要使旅游交通成为制约旅游业发展的瓶颈。

（三）现代旅游交通体系

随着大众旅游的兴起，旅游者对旅游交通的要求也越来越高。快速、安全、方便、舒适和经济是现代旅游者对旅游交通提出的基本要求。根据交通工具、线路、地理环境的不同，目前常用的交通运输方式可分为航空交通、陆上交通和水路交通。这些交通方式在具体运作过程中，有机结合，优势互补，协调发展。

1.航空交通

第二次世界大战结束以后，现代旅游迅速发展，这在很大程度上得益于航空交通运输条件的革新。

根据世界旅游组织的统计，目前90%以上的大规模长距离旅游位移都是通过航空旅行实现的。航空旅行的优势在于：第一，速度快、时间短，服务质量好，对商务型乘客而言，尤其方便；第二，航程远，不受地理环境影响，可以帮助人们实现远距离位移，这也是二战后旅游活动能够在全世界范围内迅速开展的主要原因；第三，安全系数高，乘坐舒适。在各种交通工具中，飞机的事故死亡率最低，不到汽车事故死亡率的1%，火车的2.3%。航空旅行的缺点在于：第一，机票较贵，在出游成本中，占据比例较高；第二，只能进行城市到城市之间的旅行，人们要想深入某个地区从事旅游活动，还要借助铁路或者公路交通设施才能得以开展；第三，噪声污染严重，受天气影响大，机场附近的居民生活往往会受到一定的影响，如果遇到恶劣天气，如雨雪天气、台风等都会影响人们的出行；第四，投入多，耗能大，成本比铁路运输和公路运输要高。

飞机是当今远程旅游中最重要的交通工具，广泛应用于洲际、国际及各旅游目的地之间的旅游活动中。

2. 铁路交通

铁路交通多用于中远程旅游者的运输任务，包括各类普快、特快、动车、高铁等。铁路交通的优点在于：第一，运载能力大，席位类别多，一列火车一般有十几节车厢，可以一次性运送上千名乘客；第二，性价比高，在乘客心中安全性强，在人群中的受欢迎程度较高；第三，舒适度高，可以在车厢内自由走动和放松；第四，火车有专用通道，不会遇到交通堵塞，准点率较高；第五，环境污染较小，环保性高。

铁路运输的缺点在于：第一，缺乏机动性和灵活性，火车一般按照固定的时刻表和固定路线运行；第二，建设投资大，年限长，工程量大，建设工程会受到地理条件的限制。

3. 公路交通

公路交通包括自驾车和旅游公共汽车两种，公路交通工具包括旅游大巴车、长途公共汽车、私人小汽车、房车等。

汽车是当今世界上使用最多的旅游交通工具。主要原因有二：一是绝大多数旅游点只通公路，人们必须乘汽车前往；二是私人汽车的普及。第二次世界大战结束以后，私人汽车的占有量越来越大。现代化、高效率的大生产降低了汽车生产成本，市场经济的激烈竞争压低了汽车销售的价格，加上人们收入水平的不断提高等因素，都促成了私人汽车的普及。个人驾驶汽车去旅游度假，在世界上已成为非常普遍的现象。

公路交通的优点主要包括：第一，自由灵活，对于自驾车出行的旅游者，可以随意安排出行时间，按照自己的意愿安排旅游行程；第二，方便高效，乘坐公路交通工具可以直接到达旅游景点，使旅游者少受劳累之苦；第三，使用公路交通工具可以观赏沿途的美景，充分享受旅游的过程。

公路交通的缺点主要包括：第一，速度较慢，在我国一些知名的旅游城市、旅游景区堵车现象严重，影响了旅行的时间；第二，环境污染较严重，一些著名的旅游区来往的车辆较多，车辆排出的废气和产生的噪声会给本来宁静的旅游区带来严重的环境污染；第三，安全性能差，在所有交通事故中，汽车事故发生率最高；第四，体能消耗大，长时间驾驶或乘坐汽车的人由于被限制于狭小空间且通常保持同一姿势，很容易疲劳，因此公路交通不适合于长距离的旅行；第五，公路交通容易受到天气的影响，在大雪、大雾、台风等天气情况下，汽车行驶缓慢甚至停驶。

4.水路交通

水路交通是最古老的一种交通，分为海上运输和内河湖泊运输两种形式。在航空运输崛起之前，水路交通曾是国际上的一种主要交通方式，在世界旅游发展史上曾经有过一段比较辉煌的历史。为了适应旅游者在江海湖泊游览的需要，人们建造了大型邮轮和豪华游艇，航行在世界著名的海滨城市之间和大江大湖之中。

从世界范围来看，目前最流行海上巡游的区域在加勒比海域和地中海海域。目前，我国邮轮产业正在兴起，天津、上海、厦门、深圳、海口等城市已建起国际邮轮码头和邮轮母港，可接待来自世界各地的国际邮轮，国内各大旅行社也在组织国内客人参加海上邮轮旅游，邮轮经济在我国方兴未艾。

内河航运在一些国家也是旅游交通中的重要组成部分，例如我国的长江和大运河南段、北美的密西西比河、欧洲的多瑙河、泰国的湄南河等，都是重要的内河旅游航运河道。

轮船具有舒适、经济、运量大、悠闲、线路投资少或几乎没有、运输成本低等优点，对年老体弱和有充裕时间的人来说不失为一种较合适的交通工具。其缺点是速度慢、时间长、灵活性差，以及受河道和海路吃水深度的限制。

5. 特种旅游交通

特种旅游交通是指除上述四种交通之外的，为满足旅游者某种特殊需求而产生的交通方式。根据其动力原理可分为机械动力交通工具、自然力交通工具、畜力交通工具、人力交通工具四大类。这些交通工具功能各异，对交通运输起着补充作用。大部分特种交通工具与其说是用于运载，不如说是用于游乐更为合适，因为它们各具特色，有较强的历史和地方风格，更富于娱乐性和享受性。

机械动力交通工具，包括缆车、机动船（含气垫船）、摩托车等。缆车修建占地面积少，可将人或物品运送到其他交通工具不易到达的地形复杂、险要的地点，如上山、过江、过峡谷等都十分方便。因其高离地面运行，故可使游客产生某种特殊的刺激感。机动船有载客、载物甚至载运汽车的摆渡船、气垫船，也有供游览用的游船、游艇和摩托艇。

自然力交通工具，以自然风为其动力的运输工具，如帆船。一般属于传统的生产工具，在一定程度上反映出历史文化风情，可满足游客增长知识和追新猎奇的心理。

畜力交通工具，包括各类坐骑（如马、骆驼等）、畜力车（如马、驴、牛、骆驼等拉的车），以及爬犁（如马、狗等拉的雪爬犁或冰爬犁）等。在生态环境日趋恶化、动植物种类正在逐渐减少的今日，对长期生活在现代化大城市的旅游者来说，这类交通工具能存在本身就非常有意义。看到这些活生生的动物在人类生活中仍旧发挥着作用，旅游者感到格外亲切，符合人们接近自然、回归自然的需求。

人力交通工具，包括自行车、黄包车、三轮车、手划船、竹筏和滑竿等。这些交通工具各具特色，能满足不同旅游者的需要。目前兴起的共享单车，为旅游者提供了很大方便。

第四节　旅游景区、商品、娱乐和产品

一、旅游景区

旅游景区是旅游活动的核心和空间载体，是激发旅游者出游最重要的因素。旅游业和旅游服务都是依附于旅游景区的存在而发展的。旅游景区是一个国家和地区自然景观、人文资源的精华，是展示民族文化和人文历史的重要窗口，也是旅游业总体形象的代表，是旅游业发展的基础。旅游景区的经营管理，直接关系到景区的经济效益和社会美誉度，影响一个地区乃至国家旅游业的发展。

（一）旅游景区概述

1.旅游景区的定义

旅游景区是指以旅游及其相关活动为主要功能或主要功能之一的区域场所，能够满足游客参观游览、休闲度假、康乐健身等旅游需求，具备相应的旅游设施并提供相应的旅游服务的独立管理区。该管理区应有统一的经营管理机构和明确的地域范围，包括风景区、文博院馆、寺庙观堂、旅游度假区、自然保护区、主题公园、森林公园、地质公园、游乐园、动物园、植物园及工业、农业、经贸、科教、军事、体育、文化艺术等各类旅游区点。这是旅游景区的狭义定义。

从广义上讲，任何一个可供旅游者或来访游客参观游览或开展其他休闲活动的场所都可以称为旅游景区。本教材采用旅游景区的狭义定义。

2.旅游景区应具备的条件

根据旅游景区的定义，旅游景区应具备以下四个条件。

（1）具有特定的旅游吸引物

旅游吸引物是旅游景区的核心，也是吸引旅游者向往的根本因素。其中旅游资源是旅游景区吸引旅游者的核心内容，景区内的景点或活动是吸引旅游者的载体。

（2）具有统一的管理机构

每个旅游景区要有一个明确的管理主体，对旅游景区内的旅游资源保护与开发、服务与经营进行统一的管理。这个主体可以是政府机构，或是具有部分政府职能的事业单位，也可以是独立的法人企业。

（3）具备必要的旅游设施，提供相应的旅游服务

旅游景区必须具有必要的旅游设施，能够为旅游者提供相应的旅游服务。旅游资源经开发后，必须具有相应的基础设施和服务接待配套设施，提供相应的综合性旅游服务，旅游景区的旅游功能才能得以发挥。这是旅游景区区别于旅游资源的关键。

（4）具有固定的经营服务场所

旅游景区必须具有固定的经营服务场所，空间和地域范围确定。旅游景区的空间范围划定，主要以景区主体旅游吸引物为标准。旅游景区的经营管理者和旅游者，必须在划定的范围内从事经营活动和旅游活动，而景区的开发也是在确定的空间地域范围内进行规划、设计，以及开发建设。

（二）旅游景区的特点

1. 专用性

旅游景区是指定的用来供游人参观、游览或开展某些其他消遣活动的场所。这一专用性的指定，要么是出于商业性决策，要么是出于有关政府部门的公益性政策。不论是出于哪一种情况，作为旅游景区，这一专用性职能不得改变。倘若发生改变，这一场所则不再属于景区性质。只有那些专供游人或公众参观、游览或开展某些其他消遣活动的场所，才是规范意义上的旅游景区。

2. 长久性

这里所说的长久性，是指作为规范意义上的旅游景区，必须有其长期固定的场址。这里对长久性的强调，主要是用以将旅游景区同那些没有固定场址的旅游吸引物区别开来，后者如临时利用某一场地举办的展览、庙会、流动演出、民俗表演等。由于这类暂时性的旅游吸引物有其不同的组织和营销方式，特别是由于它们没有长期固定的专用场址，因而并不属于规范意义上的旅游景区，尤其是在讨论旅游景区的经营管理时更是如此。

3.可控性

作为规范意义上的旅游景区，必须有人进行管理，能够对游人的出入行使有效控制，否则，这一场所便不属于真正的旅游景区，而只能是一般意义上的开放式公共活动区域。这里所指的旅游景区不仅限于那些实行收费准入的景区，同时还包括那些有人行使管理但实行免费参观的旅游景区。

二、旅游商品

（一）旅游商品的定义

广义的旅游商品是指为了满足旅游者的旅游需求而提供的具有使用价值和商品价值的有形旅游劳动物品和无形服务产品的总和，在一定意义上也就是我们所说的旅游产品。

狭义的旅游商品是指旅游者在旅游活动中所购买的、以物质形态存在的商品。本文中的旅游商品均指狭义的旅游商品。

旅游商品不同于普通商品。旅游商品的服务对象是旅游者，因此它的设计、生产、销售都要针对旅游者的需要进行；旅游商品往往体现着一定的地区文化和民族文化，如我国的瓷器和丝绸；旅游商品的销售企业一般开设在旅游者活动频繁的地区，如旅游景区、宾馆饭店等。

（二）旅游商品的类型

旅游商品的类型很多，范围较广。国家技术监督局1997年颁布的《旅游服务的基本术语》的旅游购物词义中指出：旅游商品主要包括旅游纪念品、旅游工艺品、旅游用品、旅游食品和其他商品五大类。

1.旅游纪念品

旅游纪念品主要指有当地地名或体现当地的人、地、事、物等方面特征的具有纪念意义的旅游商品，一般以当地的文化古迹、自然风光或著名历史人物、历史事件为题材，采用当地特有的材料制作，具有地方特色，并标明产地，从而形成较高的旅游纪念价值，如湘潭韶山的毛主席像章、毛主席铜像，西安的兵马俑烟具，等等。

2. 旅游工艺品

旅游工艺品主要指采用独特传统工艺制作、具有艺术性的旅游商品，包括陶瓷、刺绣、织锦、地毯、玉器、漆器、木雕、泥塑、剪纸、玩具、金属工艺品、编织工艺品等。这类商品的制作工艺历史悠久，技艺精湛。

3. 旅游用品

旅游用品主要指旅游者在旅游活动中购买具有实用价值的旅游商品，包括旅游装备品和日用品，例如旅行箱、登山鞋、太阳帽、防晒霜、帐篷、睡袋、雨伞、摄影器材、服饰、化妆品、日用土特产品等。

4. 旅游食品

旅游食品包括各种有地方特色的名酒、名茶、传统糕点、风味小吃、农副产品等。

5. 其他旅游商品

其他旅游商品包括文物古玩（国家允许出口的）及其仿制品、药材和其他旅游者喜爱的商品。

（三）旅游商品的特点

旅游商品既有一般商品的特点，又不同于一般商品，其特点主要表现在以下三个方面。

1. 纪念性

纪念性是指旅游商品所具有的能够显示旅游目的地国家或地区的某种特点。旅游者在异国他乡旅游，往往怀有猎奇心理，每到一地或结束旅游时，总希望能购买一些能反映旅游地文化古迹、风土人情的纪念品，或自用，可以睹物思景，唤起美好回忆；或馈赠亲友，使其仿佛身临其境。旅游商品原则上要求就地取材，就地生产，就地销售。

2. 独特性

独特性是指一个旅游地的旅游商品独具特色，区别于其他一般商品。旅游者在购买旅游商品时，往往会对富有特色的商品情有独钟。旅游商品应具有地方特色、文化特色、民族特色或主题特色。

3. 便携性

旅游者流动性强，旅游商品要便于携带。旅游者出游的主要目的是愉悦身心，享受旅游经历。因此，旅游者在购买旅游商品的时候会选择体积小、重量轻、便于携带的旅游商品，以免给轻松的旅行增加体力负担。在旅游市场上，精巧、易带的旅游商品较受欢迎。

旅游商品的上述特点并不孤立存在，彼此之间相互联系和渗透。只有具备这些特性的商品，才能称为旅游商品，才能不断地激发旅游者的购买欲望。

（四）旅游商品的作用

1. 旅游商品收入是旅游业收入的重要组成部分

旅游业的总收入包括国际旅游收入和国内旅游收入。在国际旅游收入中，旅游商品的销售收入占有重要地位，占到旅游业外汇收入的 40%～60%；在国内旅游收入中，旅游商品销售所占的比例也达到 20%～30%。随着人们收入水平的提高，旅游活动中用于购物支出的比例会越来越大，旅游商品收入已成为旅游业收入的重要组成部分。

2. 旅游商品发展有利于传承和保护传统的民间工艺

在人们的生产和生活过程中，产生了很多传统的民间工艺及其制品，这些民间工艺品及其加工工艺在现代文明的冲击下，正慢慢地退出历史舞台。旅游商品将民间工艺品开发成旅游商品，销售给旅游者，让其产生经济价值，激发人们对民间工艺品的生产热情，起到传承文化的作用。目前，我国已开始加强对非物质文化遗产的保护，很多传统工艺都处于被保护之列。发展旅游商品是保护传统民间工艺的一个重要途径。

3. 旅游商品发展有助于推动文化交流

旅游商品往往以旅游目的地的主要特征为题材，以当地特产为原料，用传统工艺进行制作，使得这些工艺品反映出该地的民族风格、工艺水平和文化艺术水平。通过购买这些旅游商品，旅游者对旅游目的地的文化有所了解，旅游商品流通的过程也是旅游目的地与客源地旅游者相互了解的过程。所以旅游商品的发展起到了宣传的作用，促进和推动了文化的交流。

4.旅游商品发展可以增强旅游活动的趣味性

旅游商品大多具有民族特色和地方特点，不仅可以满足旅游者使用、纪念、馈赠等实际需要，而且也可以满足其收藏、欣赏、提高地位、自我满足等心理和精神上的需要，增加了旅游乐趣。

5.旅游商品发展为社会提供了大量就业机会

旅游商品的生产属于劳动密集型行业，可以吸纳大量劳动力，因此发展旅游商品的生产和销售，可以促进产业结构的调整，刺激社会总劳动在旅游业及其相关行业间的调整与分配，从而为社会劳动开辟新的途径。

三、旅游娱乐

作为旅游活动六要素（吃、住、行、游、购、娱）之一，旅游娱乐在旅游业内占有重要的地位。随着社会的进步和人们认知能力的不断增强，旅游娱乐的范围不断扩大，加之受到旅游者的推动，旅游娱乐服务走上了产业化的道路，逐步与日常休闲活动接近、融合，成为人们生活的重要内容。

（一）旅游娱乐产品的分类

由于旅游目的地气候不同，风俗迥异，旅游娱乐产品也千差万别。因此，旅游娱乐产品的分类标准也不相同。按照旅游娱乐的目的，可以将旅游娱乐产品分为以下四类。

1.休闲类旅游娱乐产品

古人通过游戏，如各种棋类、斗鸡、斗蟋蟀等来放松心情。在现代旅游过程中，人们也希望以愉快的方式参与到旅游娱乐项目中，从而放松精神、调节身心，达到自我满足的目的。许多旅游企业凭借专门的场地和现代化设施设备，为旅游者营造舒适、轻松、温和的环境氛围。旅游者身处这样的环境中，可以获取身心的绝对自由和放松。这一类休闲娱乐产品包括咖啡馆、酒吧、茶吧、棋吧、书吧、画吧、KTV 及各种 DIY 场所等。

2.运动康体类旅游娱乐产品

人们在旅游活动中，一方面希望获得轻松与快乐，另一方面也希望收获健康。随着大众旅游进一步向深层次发展，越来越多的旅游者开始把运动康体的概念融入旅游活动中，人们希望在快乐的气氛中获得身心健康。这类产品主要是指通过人们的主动参与，从而达到强身健体、增强体质、放松心情、陶冶情操等目的的娱乐产品。运动康体类旅游娱乐产品由两部分组成：一是与运动相关的项目，如水上运动场所、拓展训练场所、滑雪场、高尔夫球场、赛车场、马场等；二是温泉疗养、洗浴、足浴、推拿按摩等疗养项目。

3. 文化观赏类旅游娱乐产品

近年来，由于旅游的文化地位日益突出，文化观赏类旅游娱乐产品也享有较高关注度。许多旅游代理商非常注重将文化观赏类旅游娱乐产品编入计划中，散客旅游者对这方面的需求也极其旺盛。文化观赏类旅游娱乐产品具有一定的文化内涵，在专门的场所内进行。文化观赏类旅游娱乐产品包括博物馆、展览馆、美术馆等展示性产品，音乐表演、戏剧演出、曲艺表演、实景演艺等表演性产品，民俗文化活动等参与性产品。

（二）旅游娱乐的作用

1. 发挥行业带动作用，推动地区经济发展

现代旅游娱乐活动需要专门的设备和服务，这一市场需求为许多其他行业提供了市场机遇，产生出良好的经济效益和社会效益，充分体现了旅游娱乐化、社会化、专业化的特点。首先，旅游娱乐业给生产和销售各种娱乐活动专门设备的厂商带来巨大商机，旅游娱乐消费水平的提高，使大批生产高保真影院设备、卡拉OK机、游戏机、多功能健身器等的厂商获得了良好的经营效果。其次，旅游娱乐业给提供专门场地和服务的娱乐企业带来了极大的经济效益。

同时，旅游娱乐业的快速发展，给国家带来了更多的税收，有力促进了国家和地区的经济建设。

2. 完善旅游产业结构，丰富旅游文化生活

随着旅游市场的日臻完善与成熟，旅游业不断向深度和广度发展，原来单纯的观光型旅游产品已不再能满足旅游者的需要，旅游产业结构正处于不断完善阶段。增加旅游娱乐设施、提高旅游娱乐服务质量已成为旅游接待国家和地区的重要任务。另外，旅游娱乐业在满足旅游者观光以外的文化精神需求的同时，还可以丰富当地居民的社会文化生活。

3. 实现劳动力再生产，创造新型工作方式

人们在繁忙的工作之余，为了恢复体力，摆脱精神上的压力，选择参加旅游

娱乐活动，这不但可以获得欢乐、恢复精力、提高工作效率，还可以获得知识和灵感，完善和发展自我，增强创造力。随着智能办公、网络贸易、数字传输的普及，人们的工作方式正发生巨大变化，办公不再局限于传统意义上的工作时间内，工作与娱乐的区分变得模糊。娱乐旅游、奖励旅游、展览旅游等形式使人们在娱乐、观光中相互交流、学习、洽谈业务，使工作内容变得丰富多彩。

4. 旅游娱乐业是国家和地区旅游业发展水平的标志

现代旅游活动中，拥有现代化旅游娱乐设施的综合性旅游企业对旅游者和当地各界人士构成极大的吸引力，成为该地区政治、经济、文化的活动中心和旅游业充满活力的象征。

四、旅游产品

（一）旅游产品的概念

旅游产品是指旅游经营者为满足旅游者的旅游需求而生产或开发出来的有形的物质产品和无形的服务产品的总和。它既包括旅游资源、旅游设施及可供旅游者使用的各种物品，也包括各种形式的旅游服务。它又可分为整体旅游产品和单项旅游产品。

1. 整体旅游产品

整体旅游产品是指旅游者一次完整的旅游经历中所需要的产品和服务的总和，是方便旅游者一次性购买的一种旅游产品。在国际旅游中整体旅游产品是以旅游者人次来表示的。

2. 单项旅游产品

单项旅游产品是指旅游经营者为满足旅游者在旅游过程中的各种需求而提供的旅游景点、旅游设施或服务。

一个整体旅游产品往往由一项项具体的单项旅游产品构成，它们之间相互补充，相互促进。

从需求者角度来看，旅游产品是旅游者为满足旅游欲望，支付一定的金钱、时间和精力而获得的一种经历。旅游者通过对旅游产品的购买和消费，获得心理上和精神上的满足。旅游者眼中的旅游产品，不仅是在旅途中体验的各项具体服务，而且是对一次旅游经历的总体感受。从供给角度来看，旅游产品是指旅游经营者凭借一定的旅游资源和旅游设施，通过生产和销售旅游产品，以营利为目的，在旅游过程中提供的各类物质产品和服务。

（二）旅游产品的特征

1. 综合性

旅游产品通常是由食、住、行、游、购、娱等多种旅游吸引物、设施和服务组成的综合性产品。这种综合性既体现为物质产品与服务产品的综合，又体现为旅游资源、基础设施和接待设施的结合。

旅游产品的综合性还表现为旅游产品的生产涉及众多的行业和部门，其中有直接向旅游者提供物品和服务的旅馆业、餐饮业、交通部门、游览点、娱乐场所及旅行社等旅游企业和部门，也有间接向旅游者提供物品和服务的行业和部门；其中既有物质资料生产部门，又有非物质资料生产部门；既有经济类部门，还包含非经济类的政府部门和行业性组织等。旅游产品的综合性表明，旅游产品开发所涉及的因素较为复杂，制约条件也较多。任何一方面的供给不力，都会影响旅游者对该地的选择，都会影响其他有关行业的成功经营。

2. 无形性

旅游产品对旅游者来说是一种"经历"，对旅游目的地和旅游企业来说，是借助一定的设施或条件所提供的服务。总之，旅游产品属于无形产品，它的使用价值不是凝结到具体的事物上，而是存在于无形的服务中。只有当旅游者在旅游活动中享受旅游服务时，才能认识到旅游产品使用价值的大小。旅游产品的质量评价取决于旅游者个人的主观感受。

旅游产品无形性的特征表明，在大体相同的旅游基础设施条件下，旅游产品的生产和供应可能存在很大差异。旅游产品的策划应较多地依赖开发无形产品，也就是提高旅游服务的质量和水平。

3. 不可转移性

旅游产品具有不可转移性，一方面表现为旅游产品在空间上不可转移。旅游产品中的旅游资源、设施等产品在空间上相对固定，旅游者只能前往旅游产品生产地进行消费。正因为如此，交通运输成为旅游活动得以完成的重要技术手段。另一方面，产品的不可转移性还表现为所有权不可转移。一般产品被消费者购买后，所有权就转移到消费者手中，但旅游产品被购买后，不发生所有权的转移，只是使用权的转移。旅游者在购买旅游产品后，只能在规定的时间里获得旅游产品的暂时使用权，无权将旅游产品据为己有，甚至在很多情况下，旅游者无权将自己的使用权转让给他人。

4.生产和消费的同步性

旅游产品的生产和消费是同时进行的。旅游产品的生产过程，就是旅游者对旅游产品的消费过程，二者在时空上不可分割。旅游产品的生产必须有旅游者直接加入，才能实现对旅游者的服务。因此，在旅游产品的生产过程中，生产者与消费者必须直接产生联系，两者之间是一种互动的行为。

旅游产品生产与消费同步性的特征，使旅游产品无法像其他有形产品那样，销售不出去可以暂时储存起来。旅游产品的时间性很强，无论是一条旅游线路，还是一间客房，只要一天没有销售出去，就损失了一天的价值。这就要求旅游从业人员必须树立"顾客第一"的经营宗旨，努力开发适合旅游市场需求的旅游产品，完善旅游措施，提高服务质量，通过各种途径和措施平衡旅游者的时空分布，从而提高旅游资源和设施的利用率，实现更多的旅游产品价值转移，获得最大的经济效益。

5.脆弱性

旅游产品的脆弱性是指旅游产品价值的实现要受到多种因素的影响和制约。旅游产品的脆弱性主要表现为旅游者的旅游需求容易受到主客观因素的影响。由于旅游消费是旅游者亲身前往旅游地的消费，旅游地的社会、政治、经济、自然等条件的变化都会影响旅游产品的价值实现。如恶劣气候、流行病、经济危机、战争、当地的政策变化等，都会导致旅游业的崩溃，使某一地区的旅游产品无人问津，而这一地区的旅游产品既不能贮存又不能转移。

旅游产品还受到季节和假日等外部因素的制约。如季节的温度差异、气候变化等，都会造成旅游市场的淡旺季。传统节假日和休假时间的增多，也会引起旅游周期性的波动，影响旅游产品价值的实现。所以旅游产品价值的实现较其他产品显得更为脆弱。

（三）旅游产品构成

旅游产品是综合性产品，其构成非常复杂，从不同的角度分析，其构成内容是不同的。

这里从旅游产品的供给、旅游产品的需求和市场销售的角度分析旅游产品的构成。

1. 旅游产品供给构成

从旅游经营者或旅游目的地的供给来看，整体旅游产品主要由旅游资源、旅游设施、旅游服务和旅游线路等基本要素构成。

2. 旅游产品需求构成

一个完整的旅游产品必须满足旅游者食、住、行、游、购、娱等方面的需求。从旅游产品满足不同需求的角度来看，旅游产品由旅游饮食产品、旅游住宿产品、旅游交通产品、旅游游览产品、旅游购物产品及旅游娱乐产品等单项产品组合而成。

3. 市场销售构成

从市场销售的角度来看，旅游产品则是由旅游核心产品、产品的形式部分和产品的延伸部分三部分构成的。

旅游核心产品是指向旅游者提供基本的、直接的使用价值以满足其旅游需求，主要包括食、住、行、游、购、娱六部分。产品的形式部分是指旅游产品的质量、特色、风格、声誉、组合方式等。产品的延伸部分是指旅游者在购买前、购买中、购买后所得到的附加服务的利益，即各种优惠条件、付款条件和旅游产品的推销方式。

实际上，任何一种旅游产品都是一个整体，不只用于满足旅游者的需求，还能得到相关的其他利益。旅游产品的主要内容和延伸部分都会决定旅游者对产品的评价，旅游经营者在进行旅游产品销售时，应注重旅游产品的整体效能，并在形式和延伸部分进行差异化设计，从而赢得竞争优势。

70

第三章　旅游教学过程与方法论

第一节　旅游教学过程论

一、教学过程概述

（一）教学过程的实质

教学过程的实质（本质）是教学过程中各种现象内在的、隐藏的、共同的属性和特征，决定着教学过程的存在，推动着教学过程的运动和发展。目前对教学过程本质的认识，归纳起来主要有下列四种观点。

1. 发展说

发展说认为教学过程本质上是促进学生身心全面发展的过程。这种观点具有较长的历史，从古希腊的苏格拉底到近代的夸美纽斯，现代的杜威、布鲁纳等，都认为教学过程不仅是教师领导下学生认识世界的过程，而且也是促进学生身心全面发展的过程。这一观点指明了教学过程的最终目的是促进学生的发展，使人变得更聪明（智力上得到发展）、更成熟（思想品德、个性得到提高）。这种认识活动的主要对象是人类已有的知识，力求在最短的时期内传授大量的人类文化科学知识，使人的认识达到当代社会的知识水平。

这种观点强调了教学与发展的关系，强调了学生在教学过程中的能动性，认为任何教学过程都要以促进学生的发展为根本宗旨。但是它忽视了一个基本点，学生只有先掌握了知识，其发展水平才能够得到提高；同时在教学过程中，离开了教师的主导作用，学生的发展水平则是难以得到提高的。

2. 实践说

实践说认为教学过程是一种特殊的实践过程。这种观点认为，实践是教学过程的本质，教师的实践是促进学生的发展，学生的实践是通过一系列的活动促成自身的预期发展。因此，实践说主要关注的是教学过程中师生如何开展活动，学生最终获得怎样的成长和变化。实践说对处理好教学过程中知与行的关系等问题有很重要的意义。

学生在教学过程的实践仅仅是一种学习性实践，和人的实践有本质不同。同时人的认识和学生的认识也是不同的，人的认识是建立在实践的基础之上，认识的目的是改造客观世界，而学生的认识只是在马克思主义认识论指导下，以学习书本知识来认识客观世界，学习的目的是改变学生的主观世界，提高认识，促进学生的发展。

3. 认识发展说

认知发展说认为教学过程是在教师的引导下学生自觉地认识世界的一种特殊过程，是学生个性全面培养和发展的过程。这种观点在对于教学过程本质的讨论中不再局限于认识论的角度，而是考虑到教师和学生都以个性的全部内容参与了教学活动，不仅看到教学过程中学生认识活动的一面，而且意识到通过认识活动促使学生各方面得到发展的一面。

首先，认识发展说承认教学过程是教师引导下学生的特殊认识过程。在教学过程中，教师引导学生掌握知识，把人类的认识成果转化为学生的个体认识，这也是人类认识过程的一种形式。这种有组织的认识形式，同样要以辩证唯物主义的认识论为指导，要遵循人类认识的基本路线，在整个认识活动中要发挥个体的主观能动作用。但是，教学中的认识过程表现出一定的特殊性：一方面，它要解决的是如何把人类长期积累起来的认识成果能够快捷地、有效地转化为学生的认识，使学生的认识迅速地提高到社会所要求的水平；另一方面，在教师指导下的学习，有明确的教学目的，有确定的教学内容，有恰当的教学方式，有固定的周期并需要通过严格的考核。因此，就教学过程的认识特性、社会价值和功能来说，教学过程是一种简约的、经过提炼的特殊认识过程，学生在教学过程中的认识对象、认识环境和认识活动方法都有其自身的特点。

其次，这种观点认为教学过程又是促进学生全面发展的过程。教学过程是教师引导下学生的特殊认识过程，但它绝不是孤立的认识过程，而是促进学生全面发展的过程。在学生掌握知识的过程中，要使学生个体和集体的认知心理活动积极主动参与其中，促进学生的感知、观察、记忆、想象、思维等认识能力的发展；同时促进学生兴趣、情感、意志等良好的心理品质的发展，从而使学生树立正确的世界观、人生观和良好的思想品德。

4. 交往说

交往说认为教学过程是师生之间特殊的交往活动。随着教育的发展，如果仅从哲学认识论的角度去揭示教学过程，忽视过程中其他成分，特别是心理学成分的研究，就会造成教学过程理论的贫乏。叶澜教授认为，不能简单地把教学过程理解为传授知识的过程，也不能把它看成学生内在潜力展开的过程，而应该是师生间的交往互动过程。

我国教育理论家叶澜教授最早提出了教育形态交往起源说，并对学校教学活动中交往的基本类型、教师在师生交往中的基本方式进行了详细的分析，提出教学是"师生间特殊的交往活动"。交往说认为，教学过程是一种有目的、有组织、有计划的师生之间的交往活动，因此不能简单地将教学过程理解为教师教学生学的过程，而要考虑在此过程中师生双方的知、情、意、行相互作用的关系。交往既是教学手段，也是教学目的，通过交往发展学生的个性，从而形成独立的人格和独立的能力，最终达到成熟。但也有学者认为，交往是人类活动的基本方式之一，用来作为教学过程本质的概括，难以揭示教学过程区别于其他活动的特殊性所在。

长期以来，教学理论界对教学过程的实质问题进行了许多有益的探讨，除以上观点外，还有"特殊认识说""多重本质说""情知说""审美过程说""教师实践说""适应－发展说""价值增值说"等，不同的研究者从不同的角度认识这个问题，有的是从教师教的角度，有的是从学生学的角度，有的是从教学的角度；有的强调教学过程归属的分析，有的侧重于教学过程性质的分析，有的注重教学过程功能的分析。

我们认为，教学过程是一种复杂的社会现象，要受多种因素的制约，不同的教育学专家从不同的教育观念和心理学角度对教学过程的实质进行了阐述，这些观点对于全面认识教学过程的实质有重要的启发和帮助。

对教学过程的实质的探讨需要明确以下问题。

教学过程是以学生的学习过程为基础进行的，教学过程要考虑作为认识主体的学生的认识水平和方式，并依据学生认识阶段的不同特征，进行教学设计和实施，没有学生积极主动地学习，教学就将是一个无效或低效的过程。

学生在教学过程中认识的对象和方式都是间接的，这样可以大大提高认识的效率，突破个人生活的狭小范围，学生可以在短时间内掌握人类几千年认识结果的精华。学生通过读书、听讲、观察等方式接受现成的知识，并通过作业、实验等方式加以应用，从而比较顺利地掌握正确的知识，使教学过程具有巨大的优越性和高效率。

教学过程是在教师引导下的认识活动，这样学生的学习才可能具有更明确的目的性、更完整的系统性，也才有可能高效地开展学习。当然教师在指导学生进行认识时，必须承认学生的主体地位，并能做到因材施教。

教学的教育性说明，教师在教学过程中必须保证教学认识的内容和形式、过程和方法与教育目标保持一致性，使学生从教学中产生的情感、形成的价值观等是积极的。

（二）旅游专业教育教学过程

1.旅游教学过程

旅游教学过程是指学生在教师有目的、有计划、有组织的指导下，系统地学习和掌握旅游专业的理论知识，并针对旅游专业就业的方向进行实践操作技能的训练，掌握相关的职业技能，并形成高尚职业道德品质的过程。

旅游业是劳动密集型产业，涉及餐饮、住宿、交通、购物、娱乐等主要领域，职业学校旅游专业人才的就业方向主要是旅行社服务管理和景区景点服务管理，因此在教学过程中，学生理论知识的学习遵循"必需、够用"的原则，并在教学过程中强化学生的职业态度和职业道德，加强专业实践教学过程，使旅游专业的学生在做中学、学中做，培养学生自我价值判断的能力，以及懂行和负责任的态度。

2.旅游专业教育教学过程的特点

（1）强化服务意识

服务意识要贯穿教学全过程，旅游专业的学生今后就业以景点景区和旅行社为主，以从事第一线的服务工作为主，因此在教学过程中，必须有意识地引导学生正确看待自己所学的专业和今后所从事的职业，增强其服务意识，提高其服务水平。

（2）重视学生可持续发展

人的可持续发展能力，是个人在完成一定阶段的学校教育后，所达到的知识、能力、素质，既能满足当前就业的需要，又能满足今后继续发展需要的能力。教学中重视学生可持续发展能力的培养，使其能顺利就业并在职业岗位的变换过程中能不断充实提高自身素质，与经济社会和科技发展不断融合。只有这样，学生才能在今后的竞争中找到自己的位置，成为企业的有用之才。

（3）强调实践教学

职业教育的目标是职业岗位的获取，因此教学过程要以工作过程为参照教给学生过程性的知识，尤其是旅游专业的学生，毕业之后大多要到旅游企业从事一线的管理和服务工作，这就要求学生必须具备一定的经营管理、组织协调能力和旅游服务技能。因此，在教学过程中要凸显实践技能的培养，加强动手、实操环节教学，模拟创设现实生活中的情境，让学生在真实情景中进行体验和学习。

二、旅游专业教学过程的基本功能

教学过程是一种特殊的认识活动过程，也是促使学生全面健康发展的过程，在这一过程中要实现以下基本功能。

（一）学习理论知识

知识，是指人类在实践中认识客观世界（包括人类自身）的成果。它包括事实、信息、描述或在教育和实践中获得的技能，可以是关于理论的，也可能是关于实践的。在哲学中，关于知识的研究叫作认识论。知识的获取涉及许多复杂的过程：感觉、交流、推理，因此知识也可以看成构成人类智慧的最根本因素。心理学认为，知识是主体通过与其环境相互作用而获得的信息及其组织，它储存于个体内即为个体知识，储存于个体外即为人类知识。

根据现代知识观，人类的知识可分为陈述性知识和程序性知识。陈述性知识是描述客观事物的特点及关系的知识，也称为描述性知识，用于回答世界是什么的问题，主要包括三种不同水平：符号表征、概念、命题；程序性知识是一套关于办事的操作步骤的知识，也称操作性知识，用于回答怎么办的问题，这类知识主要用来解决做什么和如何做的问题。

理论知识的学习是形成技能、发展品性、提高审美能力的基础，因而是教学过程最基本的功能，而技能的形成、个性的发展，又能够反过来促进知识的增长。个体完成某些工作任务，必须具备相应的理论知识，一旦掌握了知识，知识便会参与有关智能活动，指导人们的实践活动，因此教学过程中理论知识的学习是必不可少的。

1.知识习得

在学习目标的引领下，学生有选择地接受新的信息，并通过与原有知识之间的相互作用，形成联系，这就是知识习得的过程。

在教学中，教师主要通过教材向学生传授系统知识、间接经验，学生对教材的掌握，是一个感性认识和理性认识相结合的过程。感性认识是对事物表面和外部特点的认识，但对学生领会知识来说是极其重要的。如果学生的感性认识丰富、表象清晰、想象生动，理解书本知识就比较容易，反之，则比较困难。教师必须从感知材料入手，通过明确知识学习的目标等各种形式引导学生，使其形成鲜明生动的表象，并且指导学生深入理解教材结构及其内容，充分发挥学生的思维能力和学习积极性，引导学生进行判断和推理，以形成概念，使学生掌握规律性知识。

掌握教材必须以感性认识为基础，然而，这并不是要求每个课题、每节课的教学都一定要从感知具体的事物开始。教师应当根据学生具备感性知识的具体情况，有的放矢地组织学生领会教材。在这个过程中，教学的关键是吸引学生注意，激活其原有的知识，并在感性认识的基础上，实现对事物本质的理解。

2.知识的转化

感知和表象是知识的个别形式，是事物和现象外部特征的反映，认识的主要任务是要认识事物和现象的本质，揭露科学规律，因此在这个阶段就要使学生获得的陈述性知识转化为程序性知识，认识事物的本质。同时，教师要继续引导学生综合这些感性知识，进入对客观事物的本质和规律的认识，掌握教材的内在联系，使新旧知识有机地联系起来，并纳入个人已有的经验系统中。注意多种方法的配合和转换，注意与心智技能和操作技能学习过程的衔接，促使学生对程序性知识的熟练掌握。

在此阶段，教师还要提供变式练习，实现知识的熟练掌握。变式练习是知识转化为技能的关键途径。在概念学习中，可以给学生呈现概念的正反例证让学生进行辨别判断；在规则学习中，可以给学生呈现多种有变化的问题情境，要求学生运用规则加以解决。

3.知识的巩固和运用

学生理解知识之后，还需要巩固和运用知识，巩固的目的是运用，而运用又是最有效的巩固途径。人的认识必须经过反复实践才能巩固，巩固是在理解的基础上完整、准确、牢固地记住，学生对教材理解得越深刻，记忆就越牢固。

一般来说，在向学生传授新知识以后随即进行初步的巩固工作，如用提问、课堂测验和做习题的方法进行巩固，加深学生理解。在一段时间以后，再进行系统的阶段性复习和总结性复习，强化学生对所学知识的记忆。

掌握知识的最终目的是要到实践中去运用，学生获得的知识只有回到实践中才有生命力，对学生来说，运用知识应该主要在教学活动中进行，如完成各种书面作业、口头作业、实验和实习等。运用知识是培养能力的重要过程，通过运用知识形成实践意识和能力，并进一步形成技能技巧，锻炼学生分析问题和解决问题的能力。当然学生运用知识的情况也是评估教学及学习效果的重要方式之一，是对知识更深入、更全面的理解和更扎实的巩固。

4.知识的迁移

在心理学上，迁移指的是一种学习对另一种学习的影响，在一种情境中获得的技能、知识或态度对另一种情境中技能、知识的获得或态度的形成的影响。知识的学习是一个连续过程，任何学习都是在学习者已经具有的知识经验和认知结构、已获得的动作技能、习得的态度等基础上进行的，这种原有的知识结构对新的学习的影响就形成了知识的迁移。

在教学过程中，教师要培养学生利用所获得的知识、技能去解决问题或在新情境中进行有效的学习，为此教学应创设各种情境，使学生获得的知识及时进行迁移应用，达到知识的活学活用。如可提出与学生常规思路相矛盾的问题，也可以提出能激发学生欲望、有思考价值的问题，当然也可以通过故事引出问题，或是模拟现实生活情境，启发学生运用所学知识加以解决。以上方法均可以有效地使学生所学知识获得迁移，著名心理学家皮亚杰认为"只有学生的心理积极作用于环境，其认知发展才能顺利进行。只有当学生对环境的刺激进行同化和顺应时，其认知结构的发展才能得到保障"。创设良好的积极的教学情境，能够激发学生的求知欲，使学生从中受到启发而实现知识的有效迁移。

（二）形成技能

形成技能的过程和传授知识的过程是统一的，技能和知识也是互为表里、互为依存的。技能可以分为心智技能和动作技能。

1. 心智技能的形成

（1）心智技能的概念及形成阶段

心智技能又称为智慧技能或智力技能。它是一种借助于内部语言在人脑中进行的认知活动方式，如默读、心算、写作、观察和分析等，心智技能源于实践活动，是实践活动的反映。

一般认为心智技能的形成要经历原型定向、原型操作、原型内化三个阶段。

①原型定向

原型定向就是了解心智活动的实践模式，了解"外化"或"物质化"了的心智活动方式或操作活动程序，了解原型的活动结构（动作构成要素、动作执行次序和动作执行要求），从而使主体知道该做哪些动作和怎样去完成这些动作，明确活动的方向。原型定向阶段要使学生了解活动的结构，这样学生对于活动才能有一个完整的印象，才能为以后的学习奠定基础；也要让学生了解各个动作要素、动作执行顺序和动作执行方式的各种规定、必要性，提高学习的自觉性；采取有效措施发挥学生的主动性与独立性，师生共同总结各步动作及其执行顺序；教师的示范要正确，讲解要确切，动作指令要明确，并通过复述动作要领的方法来检查原型定向的学习成效。

②原型操作

原型操作是依据心智技能的实践模式，把主体在头脑中应建立起来的活动程序计划，以外显的操作方式付诸执行，这个阶段是心智技能形成过程中的又一重要阶段。在这一阶段，动作的对象是具有一定物质形式的客体，动作本身是通过一定的机体运动来实现的，对象在动作的作用下所发生的变化也是以外显的形式来实现的。这样，主体在原型操作过程中，不仅是依据原有的定向映象做出相应的动作，而且同时可以使做出的动作在头脑中得以反映，从而在感性上获得完备的动觉映象。这种完备的感性的动觉映象是心智技能开始形成及内化的基础，因而原型操作在心智技能的形成中具有十分重要的地位。

在原型操作阶段，主体要依据心智活动的原型，把构成这一活动的所有动作系列依次按照一定的顺序做出，不能遗漏或缺失，而且每个动作完成之后，要及时检查，以考察动作的方式是否能正确完成，对象是否发生了应有的变化。同时要注意变更活动的对象，使心智活动在直觉水平上得以概括，从而形成关于活动的表象，并采用变式加以概括，以有利于学生心智技能的掌握和内化。为了使活动方式顺利内化，动作的执行应注意与言语相结合，一边进行实际操作，一边用言语来标志和组织动作的执行。心智技能作为一种心智活动方式，是借助于内部言语默默进行的，而内部言语必须以外部言语为基础。在原型操作阶段，外部言语作为心智动作的标志及执行工具，在"内化"过程中具有十分重要的作用。

③原型内化

原型内化，即心智活动的实践模式向头脑内部转化，由物质的、外显的、展开的形式变成观念的、内潜的、简缩的形式的过程。也就是动作离开原型中的物质性客体及外显形式而转向头脑内部，借助言语来作用于观念性对象，从而对事物的主观表征进行加工改造，并使其发生变化。技能的形成是有阶段性的，心智技能的形成要经过从不熟练到熟练、从简单到复杂的发展过程。

在原型内化阶段，动作的执行应从外部言语开始，而后逐步转向内部言语，在采用外部言语的场合，还应注意从出声的外部言语转向不出声的外部言语，顺序不能颠倒。开始时，操作活动应在言语水平上完全展开，即用出声或不出声的外部言语完整地描述原型的操作过程。然后，再依据活动的掌握程度逐渐缩减，其中包括省略一些不必要的动作成分与合并有关的动作。此时要注意变换动作对象，使活动方式得以进一步概括，以便广泛适用于同类课题。在由出声到不出声、由展开到压缩的转化过程中，也要注意活动的掌握程度，不能过早转化，也不宜过迟，而应适时。

例如欢迎词的结构包括表示欢迎、人员介绍、预告节目、展示心态、预祝成功五个部分，当学生认识这个结构后，需要根据导游工作的实际情况加以调整，使欢迎词能够因时制宜、因地制宜，在第一次接触游客时就让他们有宾至如归的感受。

（2）心智技能的教学过程

①形成条件化知识

心智技能形成的关键是把所学知识与该知识的应用触发条件结合起来，即学习知识的同时把握该知识在什么情况下适用。在这个过程中，教师可以向学生呈现与实际生活背景相似的知识，把课堂与课外情景相联系，提高知识在解决实际问题中的可检索性和应用性。

②教会学生学习方法

教师要通过激发和维持学习动机，使学生充满浓厚的学习兴趣，告知学生何时、何处、如何使用策略和技能，并通过变式、操作等学习活动，增强学生灵活运用知识的能力，使心智技能达到自动化。只有当学生通过练习获得成功的喜悦和价值感后，学生才更有信心地进行学习。

③创造应用策略和技能的情境

教师要指导学生开拓思路，将动作结构、各动作成分及前后顺序组织起来，并不断变更活动对象，使学生掌握、概括所学技能与策略，并将心智活动的实践模式用于多个问题的解决。

④重新布置新任务

教师指导学生不必以语言表述出活动程序的每个步骤，而是在头脑中运作这些步骤，将实践模式内化为一种熟练的思维活动方式。如了解导游接待程序后，能够按照相关规则完成接待任务，并能灵活应对突发事件，有针对性地接待不同类型的游客。

2. 动作技能的形成

（1）动作技能的概念及形成阶段

在练习的基础上，由一系列实际动作以合理、完善的程序构成的操作活动方式，是通过练习而形成的顺利完成某种复杂操作活动的能力，动作技能也称为操作技能。动作不是动作技能，只有当人们用一组动作去完成一项具体任务时才称为动作技能，动作技能必须体现为按一定的关系组织起来的成套实际动作，是动作的连锁化。

操作技能的特点在于：操作活动的对象为具体的物质客体；操作动作由外显的肌体运动来实现；操作活动的每个要素必须切实执行，不能合并或省略，其活动结构是展开的。操作活动的动作要求精确，动作顺序必须有协调性。因此，操作活动方式熟练后，有高度的稳定性，可以达到自动化的程度。但它不同于来自遗传的本能，而是主体通过学习得来的一种动作经验，它的形成须经过反复练习。

动作技能的形成，是通过练习逐步地掌握某种动作方式的过程，一般来说，由初步学会到熟练掌握，需要经历相互联系的四个主要阶段。

知觉阶段，这一阶段主要是理解学习任务，并形成目标意向和目标期望，了解与某动作技能有关的知识、性质、功用。主体要对活动结构进行了解，其中包括对动作成分、动作顺序及动作执行方式的认识，知道做什么与怎么做，使主体在头脑中建立起有关活动方式的认知结构，从而确立活动的初步调节机制。在教学过程中，知觉阶段往往是通过教师对活动方式的示范与讲解和学生的观察及思考来完成的，为提高活动的定向基础水平，在活动方式的传递过程中，教师必须注意提高学生活动定向基础的概括性、完整性和独立性。

分解阶段，在这一阶段，传授者将整套动作分成若干分解动作，学习者则初步尝试，逐个儿学习。此时主体对动作及其执行方式已经有所了解，能够检索并重组有关的动作经验，通过肌体运动尝试执行符合要领的动作，并把有关动作的认知表征转化为实际动作表征（动觉信息）。在此过程中有关动作的经验在主体的反应发生机构中重新编码，使有关信息调节肌体效应器的活动做出相应的肌体运动。肌体效应器的活动状态通过返回传入，使主体获得动觉信息，从而充实活动的定向基础，确立活动的直接控制机制。在教学过程中，分解动作是通过教师的指导和学生的独立练习实现的，在训练过程中，要使主体的各个运动成分符合动作要领，应注意提高主体对其动觉的自我意识水平。在掌握复杂活动方式时，要进行分解练习，以便提高各个运动成分的准确性。

联系定位阶段，在这一阶段，重点是使适当的刺激与反应形成联系并固定下来，整套动作连为整体，变成固定程序式的反应系统。任何活动方式的掌握，不仅要学会各个动作及其合理的执行方式，而且要学会动作之间的合理联结即整合。联系定位阶段要求主体确立动作系列的执行顺序，从而形成动力定型，使整个活动方式一体化。在教学过程中，是通过主体对活动的整体练习实现的，训练中要注意排除多余动作，注意动作间的合理联结，并使这种联结定型化，形成合乎法则的顺序定型。

自动化阶段，这是动作技能形成的最后阶段，是一长串的动作系列已联合成为一个有机的整体并已巩固下来，各个动作成分不仅协调一致，能自动进行，而且对变化的条件具有高度适应性。此阶段是在反复练习的基础上通过活动方式的概括化和系统化实现的，为了使操作技能达到熟练水平，在练习中要不断变更条件，改进执行方式，提高活动的速度和准确性。还要合理分配练习时间，改进练习的组织形式，以提高练习效能。

（2）动作技能的教学过程

动作技能的培养是一个动态过程，教师要将动作技能的结构、内容，依据其相互联系划分为不同的学习任务，然后分阶段采取相应教学措施进行有计划的培养。

①理解任务性质和学习情境

教师要使学生懂得掌握某种动作技能的重要性，形成强烈的学习动机；同时向学生明确提出动作技能应达到的目标，提出适当的切实可行的期望，使学生明确做什么和怎么做，形成对自己的正确估计，从而根据自己的能力与学习任务的目标调控自己的练习过程。

②示范与讲解

教师的示范与讲解在动作技能形成中具有导向功能，能引导学生做出规范性的动作。汤普森通过实验得出结论，"教师示范—学生描述示范动作—教师纠正学生错误"是最有效的指导方法。示范之初应降低示范速度，分解示范动作，以便提高学生的注意力，使学生准确把握动作的结构与特点，从而更好地观察与模仿。

③练习与反馈

任何复杂的动作技能都必须通过练习才能达到熟能生巧的程度，练习时学生要调动感知、记忆、思维等多种认知成分积极参与。

采用多种练习方法，如实地练习法、程序练习法（把动作技能划分为若干阶段，由易到难、由简到繁循序渐进地学习，教师不断给予强化与矫正）、动作－时间分析法（测量每个动作所需要的时间，排除无效动作）、心理练习法（身体不活动，在头脑中进行练习）、集中练习与分散练习法（分散练习可避免长时间练习所产生的抑制疲劳或厌烦情绪）。

练习时要注意练习周期，克服高原现象。心理学研究表明，在各种动作技能形成的过程中，会出现练习时而进步、时而退步的波动起伏现象，甚至出现进步暂停或下降，难以有所提高的高原现象。究其原因：一是成绩的提高往往需要以新的结构和新的方式代替旧的结构旧的方法，缺乏新旧交替，成绩进步常常暂时停止；二是练习时间过长，兴趣下降，注意力分散，产生厌倦或疲劳消极情绪；三是练习环境、练习工具或教师指导方式的改变等。要克服这种现象，关键是教师要帮助学生寻找原因，对症下药，要严格要求学生，改善练习方法和练习环境，利用他们对未来进步的憧憬，以增强其努力的信心和学习的兴趣。

同时要提供恰当的反馈，通过反馈，学生才能辨别动作的正误，知晓自己是否达到要求。

（三）发展品性

品性即品质和性格，它是社会性学习的结果。每个学生都有可能在一定的原有经验背景和生理条件的基础上，形成独特的知识、技能结构。在旅游专业的教学过程中，要培养学生的职业精神、职业信念、职业道德。学生品性的发展取决于思想、品德，价值体系，情感、动机、态度，意志的培养。个人的品性形成主要源自教育和自我的不断完善。

品性的形成需要经过顺从、认同和内化三个阶段：

顺从是表面接受了他人意见或观点，在外显行为上与他人一致，而在认识与情感上与他人并不一致；认同是在思想、情感和态度上主动接受他人的影响，不受外在压力的影响；内化是思想观念上与他人的思想观念一致，将自己所认同的思想和自己原有的观点、信念融为一体，构成一个完整的价值体系。为了适应21世纪旅游业的发展需要，在旅游专业的教学过程中，要注意培养学生的爱国情怀，这是作为一名合格的旅游从业者的首要条件；要爱岗敬业，有强烈的事业心，品行端正，严格遵守导游工作的职业道德，并有较强的自律能力；同时也要有较强的法律观念和职业意识，有较强的自律能力，能够自觉维护国家的利益。

1. 结合知识学习、技能训练形成良好品性

在教学过程中结合相关学科知识的学习，引导学生以已有的知识和经验为参照系运用各种心智技能进行积极的思维活动和价值评判，以形成自己相应的理想、信念和道德品质。

2. 培养吃苦耐劳、坚忍不拔的毅力

作为旅游行业从业者，今后将要面对的工作环境，往往人际关系复杂，体力消耗大，这就要求他们应该有健康的体魄。而在带团的过程中，导游人员既要进行敏锐的观察、耐心地讲解，又要灵活组织协调各方面的关系，能从容应对各种突发事件。所以教学过程中要培养学生坚持锻炼的习惯和吃苦耐劳、坚忍不拔的毅力。

3. 激发并培养学习动机

在教学过程中，要顺利完成各项教学任务，教师需要从激发和培养学生的学习动机入手。没有一定的学习动机作为内驱力，学生就不会积极、主动、全身心地投入到学习活动中去。只有当学生对未来要从事的工作充满向往，才会积极主

动地学习，克服学习中的困难和挫折，从而在工作中坚守职业信念，维护职业道德。在旅游教学过程中，学生不仅获得知识增长、技能发展，而且思想情感、精神面貌、道德品质也同时受到熏陶并发生变化。

（四）提高审美能力

旅游是人们精神生活的一部分，也是旅游者的一次综合审美活动，要在有限的时间、不同的空间内，对自然、历史、社会、文化等诸多要素进行审美体验并收获美的感受，这需要旅游者自身对审美对象的认识、理解和感悟，也需要旅游从业人员对美的信息的传播和引导。同时旅游业作为一个窗口行业，不仅需要旅游从业者具有专业的知识和服务技能，更需要培养感受美、鉴赏美、创造美的能力，只有这样才能更好地服务于不同类型的游客，提高服务的水平和质量。因此旅游教学过程中应培养学生的审美素养，形成正确的审美观，并能感受美、鉴赏美、创造美。

1.感受美

人类具有审美的潜能，因此在教学中应以此为基础，发展学生的审美感受力，使之更加敏感、细腻、丰富，在教学过程中，要充分展示自然、艺术、社会本身所蕴藏的美，不断提高学生的审美感受能力及整体精神素养。中国的山川河流、古典园林、东西南北不同的饮食习惯、民居建筑、古诗词楹联等，都有助于使学生感受到旅游资源的美，感受到美好的生活，从而形成积极的人生态度。

2.鉴赏美

鉴赏美包括鉴别和欣赏，前者是对美与丑及美的质量层次的判定，后者是对审定对象进行审美活动的心理过程。因此在教学过程中，既要让学生接受民族的、社会的审美标准，也要允许他们具有个性的审美能力，健康而有个性的审美能力是教学过程追求的目标。鉴赏美的能力需要个体具有相关美的基本知识，具有理解美的形式的能力，教学过程中审美知识的传授和艺术修养水平的培养与提高显得尤为重要，并在此基础上，提高生活的情趣，丰富生活的内涵。

山地的雄奇险秀美、水体的形色光影美，历史古迹的序列组合、空间安排、比例尺度、造型式样、色彩装饰美，文化艺术的格调、意境美，社会生活的功能及实用美，都需要导游以其丰富的知识、充沛的情感、优美的语言，对游客加以引导，只有这样才能使游客在旅游的过程中真正获得美的体验。因此在教学过程中要培养学生提高自身鉴赏美的能力，这样才能在未来的服务工作中指导游客进行审美活动。例如，导游人员需要根据旅游者的审美需求和动机选择观赏的重点，并在尊重旅游者的审美习惯的同时，激发旅游者的想象，使旅游者在怡然自得的游览活动中得到审美的满足。

3. 创造美

学生创造美的能力更多地体现在对生活之美的创造上，因此具有创造美的能力，有助于学生对自己的学习、生活及今后的工作产生审美的改造，在教学过程中要培养学生大胆地表现美，并进一步学会创造美的能力。例如，根据游客的审美需求和动机选择观赏重点，根据游客的审美习惯设计导游词，运用不同的方法激发游客的想象思维，灵活运用观景赏物的方法使游客获得独特的体验。因此教学过程中要创造机会让学生进行立美实践，使学生不断提高美学修养，了解旅游者的审美心理和审美规律，理解审美对象的深刻内涵，掌握引导和调节旅游审美活动的能力，成为真正的传播美的使者。

旅游教学过程的审美功能应引起教学工作者的足够重视，并在教学实践中加以有意识地引导，将美的因素作为教学手段或教学艺术贯穿于教学过程的始终、渗透到教学活动的各个方面，使学生在美的形式中顺利吸收教师传达的各类教育信息，并陶醉于教学美的享受之中，消除紧张学习带来的疲劳；同时对教学过程中的美由感知、感受、感动到最后形成一定的审美观念、趣味、理想、情感和能力。教学过程具有审美功能，是教师的教学能够产生审美魅力的源泉，教学过程审美化，也是当代教学发展的重要趋势之一。

第二节　旅游教学方法论

一、教学方法概述

（一）教学方法的概念

方法具有人的行为的楷模或是规律性要求的性质，具有规范性，就在于依据作为现实的客观认识的理论，形成行为或是操作的规则体系。根据这样的认识，方法的本质是：旨在实现目标的手段；受客体的制约并适于客体的操作系列，即方法受内容的制约；方法的基础是理论，方法受理论的指导；方法是规则体系，具有指令性；方法具有结构，是构成一个体系的有计划的一连串行为或操作。由此我们认为所谓方法即认识和改造自然界、社会现象和精神现象的方式、手段，科学方法与现实本身的客观规律是一致的，只有通晓一般规律，才能正确对待自然界、社会现象和精神现象，才能有正确认识和改造它们的方法。

教学方法是教学论研究中一个重要的理论问题，又是一个具体而活跃的实践问题。教学方法密切联系着教师、学生、教材，每一位教师，都十分关注怎样把本学科最基本、最重要的知识，以最明了、最简洁的方式传授给学生，发展学生的认知能力，综合能力，实践能力和创新能力，并充分发挥学科知识的教育价值，所以在教学过程中为达成相应的教学目标，就必须选择恰当的教学方法。

在研究教学方法的概念时我们应该明确教学方法的本质。

1. 教学方法的本质

首先，教学方法必须服务于教学目标和教学内容，学生的学习就是教学内容内化为学生发展成果的过程，这是一个从外到内的过程，必须借助于一定的教学方法。任何一种教学方法都要以实现特定教学目标为前提，教学方法要有利于提高学生知、能、德等方面的发展水平；而内容是受目标制约的，教学方法必须服从并服务于教学目标。

其次，教学方法必须体现教师教与学生学的双边交互性，教学活动是教与学的双边活动，所以教学方法就包含了教法（教授方法）、学法（学习方法），是教授方法与学习方法的统一。教与学是教学活动统一体的两个方面，二者相互促进又相互制约。教师的教法制约着学生学的方法，学生学的方法也反馈于教师教的方法。同时教师的教法也必然通过学生的学法来体现，学法实际上是教师指导下的学习方法。但由于教师在教学过程中处于主导地位，所以在教法与学法中，教法处于主导地位。

再次，教学方法必须体现与教材内容的联系性和表现形式的多样性，教学有法，教无定法，贵在得法，教学方法既要适应现代教育学技术发展的需要，也要适应不同班级学生的状况，不同学校及环境条件的需要；既要适应现代教育科学技术发展的需要，又要适应不同地域、不同师资水平的需要。所以不能把教学方法看成是某种固定的方法或动作，而应该是一系列的活动，体现教学过程的稳定性和创造性。

最后，教学方法要体现特定的教育和教学的价值观念，指向特定的教学目标要求，既受到特定的教学内容的制约，也受到具体的教学组织形式的影响和制约。

综上所述，教学方法是在教学过程中，教师和学生为实现教学目标完成教学任务，由教学原则指导，运用教学手段而进行的一整套方式组成的教与学相互作用的活动方式的总称。明确的教学目标以及根据这一目标选择合理的教学内容、教学方法，是完成教学任务的必要条件，因此教学目标的实现是教学方法选择的最终标准，教学目标也要依赖教学方法作为中介去完成。在教学方法中"教学"是关键，"方法"是核心，包含了教师的教法、学生的学法、教与学的方法。

教学方法不同于教学方式，教学方式是构成教学方法的细节，是运用各种教学方法的技术。教学方式对教学方法而言具有局部、从属的性质。一方面，任何一种教学方法都由一系列的教学方式组成，可以分解为多种教学方式；另一方面，教学方法是一连串有目的的活动，能独立完成某项教学任务，而教学方式只被运用于教学方法中，并为促成教学方法所要完成的教学任务服务，其本身不能完成一项教学任务。没有教学方法是教学方式的组合，也是教学手段的组合。

2. 教学方法的特征

（1）教学方法具有社会制约性

从根本上说，教学方法的产生发展是由社会生产水平和科学技术水平决定的，同时教学方法也受不同社会的教育目的、教学内容所制约。不同的社会，由于教育目的、教学内容不同，因此会有不同的教学方法。例如，我国封建社会教育目的是培养忠顺的臣民，学习内容是《四书》《五经》，所以在封建社会教学方法基本上是以讲授、死记硬背为主。到了资本主义社会，教育目的是培养政治、经济的管理人员和技术人员、工人，教学内容增加了自然科学的内容，因此，教学方法除讲授外，也增加了观察、演示、实验、实习等有利接触实际、启发思考的教学方法。随着现代科技进步，教学内容不断更新，教学方法也越来越多样化。

（2）教学方法具有相对独立性

教学方法一旦产生，就具有相对独立性，能够对教学任务、教学目的和教学内容产生巨大的反作用。同样的教学任务和教学内容，教学方法不同，或同一教学方法的不同水平运用，都会导致不同的教学效果。教学方法的独立性，使教学方法的改革比较容易，可以在课程设置、教学组织形式不做出大的变动前提下进行，正是因为教学方法的独立性特点，使其在教学活动中占有重要的地位。

（3）教学方法具有继承性

对古今中外行之有效的教学方法，运用辩证唯物主义和历史唯物主义的观点，可以批判地继承，如孔子的"启发教学"布鲁纳的"发现法"等，做到"古为今用""洋为中用"，并在新的历史条件下赋予它新的内容。传统教学方法并没有被完全抛弃，新教学方法也不是十全十美的，对每一种教学方法都应该辩证地看待，因为不同的教学方法适用于不同的教学内容和教学环境，同时应该在教学实践中对教学方法进行改造，使其更适合于教师本人的个性特点。

（4）教学有法，教无定法，贵在得法

教学方法既是科学的规定性、规范化的方式，又是一种教学艺术。教学方法的运用都要根据教学的对象、教学内容、教学条件、教学环境，创造性加以发挥，并根据教师本人的特点形成独特的风格。

随着现代教学理论的发展，目前关于教学方法的特征也有了新的认识，例如强调教学方法应该以发展学生智能为基本出发点，提倡调动学生的学习积极性与发挥教师主导作用相结合的教学方法，注重学习方法的研究，重视学生的情绪变化等。

（二）教学方法的作用

教学方法是完成教学任务、实现教学目标和提高教学质量的关键所在，任何教学活动都离不开方法，没有方法的教学活动是不存在的。

1. 对教师教学的作用

在教学的目标、任务、内容确定以后，教师能否恰当地选用教学方法，决定着其能否完成任务、实现预期目标。同样的教学内容在不同的教师那里效果差异很大的原因，除了教师的知识水平和教学态度外，关键就是教学方法问题。许多教师在教学工作中取得的突出成就，大都受益于他们对教学方法的创造性运用和探求。教学方法关系到教学效率的高低，教师如果不能科学地选择和使用教学方法，会导致教学效果差，良好的教学方法有助于提高教学质量与教学效率。

2. 对学生学习的作用

用什么样的教学方法教学，不仅影响着学生对知识和技能的掌握情况，而且对学生智能和个性的发展也有重大的影响。教师的教学方法不科学，就很难使学生形成科学的头脑，使学生掌握科学的学习方法。任何教学方法的目的都在于维持学生的注意与兴趣，为所有学生接受的方式呈现教材，运用强化来调节学生的行为，解决可能妨碍教与学的问题，尽量扩大因学习成就带来的满足感对学生的影响。

二、旅游教学常用的教学方法

教学方法分类，就是建立教学方法的次序和系统，即把众多的教学方法，按一定的标准归属到一起，又按某些不同的特点，把它们区分开来，以便更好地掌握各自的特点、作用和条件，以及它们发展运动的规律。对各种教学方法进行条理化、系统化分类，可以使教师掌握科学的教学方法体系，加深对各种教学方法的认识和理解，在实际教学中恰当地选择教学方法，熟练地运用各种教学方法，提高课堂教学的质量。

教材内容的多样性，教学对象的差异性，决定了教学方法的复杂性。在职业学校旅游专业的教学中通常用的教学方法有讲授法、谈话法、参观法、陶冶法、练习法等，而案例教学法和项目教学法将在以后分节中具体学习。

（一）讲授法

讲授法是指教师用口头语言阐述和论证教科书的内容，从而使学生获得知识的方法。这是教学中最基本的一种教学方法，也是一种应用范围最广、最普遍的教学方法。

讲授的基本形式有讲述、讲解、讲读、讲演。

讲述是指向学生叙述事实材料，呈现知识、观点、材料，主要解决"是什么"的问题，即讲事；讲解是指对概念、原理等进行说明、解释或论证，主要解决"为什么"的问题，即讲理；讲读是指把讲和读结合起来使用，利用教材边讲边读；讲演：是指教师综合运用讲述、讲解等方法，对某一问题作深入的分析和论证，从而作出科学的结论。

运用讲授法时应注意以下要求：

保证讲授内容的科学性和思想性。教师要对所讲内容进行周密安排，概念、原理、事实、观点必须保证是正确的，同时讲授的过程要具有科学性、系统性和逻辑性，做到知识性、思想性与趣味性的统一，系统全面与重点突出的统一，同时讲授要条理清楚、层次分明。

讲究语言艺术。教师的语言要清晰、准确、简练、通俗易懂，要有趣味性。根据学生的接受能力，调整语调、语速等，使之具有一定的节奏感和旋律感。

调动学生主动参与教学活动。教师在讲授过程中要注意启发学生积极思考，把学生的注意力集中到主要的学习内容上来，善于将讲授法与其他教学方法相互结合使用，如适时地提出问题，引发学生思考，或者通过组织开展活动，提高学生主动参与教学活动的意识，总之在讲授时要使教师的分析论证与学生的思考接受同步进行。

（二）谈话法

谈话法，是指教师根据学生已有的知识、经验，借助启发性的问题，通过口头问答的方式，引导学生进行比较、分析、判断，从而获取知识的教学方法。

谈话法就其性质来说可以分为：启发性谈话，主要用于传授新知识；复习检查性谈话，主要用于巩固知识，检查学生的学习情况；指导性和总结性谈话，通常在参观、实验、实习的前后进行，用以指导教学活动的开展，对教学活动进行总结。

谈话法有利于激发学生积极思考问题，引起学生学习兴趣，活跃课堂气氛，使学生能较深刻地理解和掌握知识，有利于培养学生的口头表达能力。但是谈话法需要较多的教学时间，并且教师也需要具有较高的谈话技巧，当学生人数较多时，谈话法难以照顾到每一个学生。

运用谈话法的要求：

教师要作充分的准备，包括编写谈话提纲，提问哪些学生，学生可能的回答及教师如何解答等，教师都要进行周密考虑。

提出的问题必须明确、具体，富有启发性，难易必须适当，谈话时要有意地培养学生的口头表达能力、思维力和创造力。同时谈话应该面向全体学生，所选择的谈话内容是能够引起全体学生注意的具有普遍性和重要性的问题。

谈话结束，教师要进行总结，通过规范科学的表述对学生通过谈话所获得的知识加以概括，作出明确的结论，从而强化谈话效果。

（三）参观法

参观法是教师根据教学目的组织学生到校内外的一定场所，直接观察事物及现象，以获得新知识或巩固验证已学知识的一种教学方法。参观法能够有效地将书本知识与实际紧密地结合起来，帮助学生深入理解理论知识的同时，还扩大了学生的眼界，使学生从中可受到多方面的教育。

参观法的种类有：准备性参观，在学习某一课题前进行，以积累感性材料；并行性参观，在学习某一课题中进行，为了使理论知识同实际联系起来；总结性参观，在学习某一课题后进行，目的是验证和巩固所学知识。参观法能使学生看到平时在学校中不易看到的东西，丰富感性经验，开阔视野，在社会生活中受到生动的思想政治教育。

运用参观法的要求：

参观前要作好准备工作。教师要根据教学的目的要求确定参观的地点，做好联系工作，制订计划，参观前做好学生的动员工作，了解参观目的，明确参观任务和要求，提醒参观时的纪律和注意事项。

参观时要有指导。引导学生注意观察，做好记录，收集材料，揭示值得注意的细节，对学生提出的问题要给予正确的答复，同时结合调查访问，以获取更多有价值的材料。

参观结束要进行总结。教师应检查参观计划的完成情况，写参观小结，总结经验、教训。学生则要整理有关材料，总结参观收获，组织座谈或写参观报告。

（四）练习法

练习法是学生在教师指导下进行各种练习，从而巩固知识、运用知识，形成技能技巧的教学方法。

练习法是以一定的知识为基础，具有重复性特点，通过练习可以有效地发展学生的各种技能技巧，并在教师指导下进行规范，提高运用技能技巧解决实际问题的能力。在职业学校旅游专业的教学中，练习法一般可以分为：语言的练习，包括口头语言和书面文字练习，旨在培养学生的表达能力；解答问题的练习，包括口头和书面解答问题，旨在培养学生运用知识解决问题的能力；实际操作的练习，旨在形成操作技能。

运用练习法的要求：

要有明确的目标和要求。使学生了解有关的原理、法则，明确练习的方法和步骤，并知道为什么进行练习，怎样才能达到练习的要求，从而避免练习的盲目性和机械性。

练习要保证质量。练习要有一定的练习量，才能使学生真正得到锻炼，但练习量如果超过学生的承受能力也会适得其反；同时要精心设计练习题，使其符合学科的特点；练习的方式要多样化（口头的、书面的、操作的、个人的、集体的），以引起学生练习兴趣，并尽量采用变式练习，以发展学生的学习迁移能力。

给予学生及时反馈。对学生练习的结果要及时检查，并使其知道练习的结果，以便纠正错误和巩固成绩，同时注意培养学生自我检查练习结果的能力和习惯。

（五）陶冶法

陶冶法，是指教师在教学中创设一定的情境，或利用一定教材内容和艺术形式，有目的地、有计划地运用情感和环境的因素，以境陶情，使学生通过体验客观事物的真善美，陶冶他们的性情，培养他们正确的态度、兴趣，理想和审美能力，使其在耳濡目染中心灵受到感化，进而促进其身心发展的方法。在《旅游美学》《全国导游基础知识》等课程的教学中，经常用到这种教学方法，可以使学生有身临其境的效果。

陶冶法能够将教学内容与生动形象的环境与活动协调统一，使学生的情感与认识高度统一，并有助于培养学生的理解和想象能力。陶冶法要与其他的教学方法结合才能更好地发挥其作用。

运用陶冶法的要求如下：

1. 设置有意义的教学情境

教师通过情境创设，寓情于境来调动学生的眼、耳、口、鼻等感官，可高效解决学生认识过程中的形象与抽象、实际与理论、感性与理性以及旧知与新知的关系和矛盾。因此创设良好的学习和生活环境，使学生的身心长期受到熏陶，逐渐养成良好品德。或者根据特定的目的和要求创设情境和氛围来暗示、感染学生，使之产生情感上的共鸣，激发学生产生高尚的情感及丰富的想象力。美观清洁的校园、朴实庄重的校舍、明亮整洁的教室，有秩序、有节奏的教学活动和作息安排，良好的班风和校风等，都是具有感染力的教学情境，能够使学生在情境中活动，在情境中感知，在情境中受到熏陶。

2. 激发学生强烈的情感反应

教师在教学中，要善于利用各种情境，或通过声调高低缓急、面部表情及动作的变化等，给学生以暗示，激发他们的情感反应。同时，教师还要随时注意发展学生的想象能力，想象力愈强，情感反应愈容易产生，受到的感染就越强烈。

3. 要注意学生在欣赏活动中的个别差异

每个学生的知识和能力水平不同，兴趣也各不相同，所以对同一艺术作品的欣赏能力各不相同。教师要注意对学生的耐心辅导，并促进学生与情境的互动，强调学生的主动参与，使全体学生在设置的情境中都能够有所感悟。

4. 指导学生的实践活动

在教师所创设的情境中，学生产生了强烈的情感反应，就会表现出进一步学习与探究的愿望。教师要抓住这个机会，指导学生深入思考体会，使学生身体力行。通过实践锻炼，使学生把审美情感、道德情感、理智情感内化在自己的言行之中。

例如：通过创设有意义的问题情境，使学生了解在实际的导游服务工作中可能遇到的实际情况，作为一名导游人员如何应对这些情况，并进行合理的解决，让游客满意，为旅行社赢得口碑。

陶冶法是渐进的，而不是立竿见影的；但是它一经发生作用，成为心理定式稳定下来，就不易发生改变，而成为深刻而持久的人格特征。这种方法把学生置于一定的活动情境中，这种情境必须具体、生动、形象、直观，而且能够强烈地吸引着学生。这种情境从表面看是"无求的""自发的"，而实际上是经过教师精心设计安排的，使学生在有意识和无意识地相互作用的过程中，经过较长时间的熏陶，渐渐地达到陶情冶性的目的。因此陶冶法易于发动和培养学生的学习动机、想象和理解能力，但它不能在短时间内传授明确和大量的知识信息。

三、案例教学法

（一）案例

1. 案例的概念

"案例"指具体事例，即来自于现实的第一手材料，就概念而言，案例还没有一个公认的、权威的定义，专家们对它描述不一。劳伦斯认为，"案例是对一个复杂情境的记录，一个好的案例是一种把部分真实生活引入课堂从而可使教师和全班学生对之进行分析和学习的工具，它可使课堂讨论一直围绕着只在真实生活中存在的棘手问题来进行。但一个好的案例首先必须是一篇好的报道"。汉森则"愿意把案例说成是对真实事件的描写，其中所包括的内容能够引起大家思考和争论的兴趣，且富有启发性"。舒尔曼这样描述案例："一个案例，正确理解的话，不单单是一个事件或故事的报道。称某事为一个案例就相当于做一个理论断言——断言它是某事的一种情况或更大类中的一个例子"。研究案例的著名学者托尔认为，"一个出色的案例，是教师和学生就某一具体事实相互作用的工具；一个出色的案例，是以实际生活情境中肯定会出现的事实为基础所展开的课堂讨论。它是进行学术探讨的支撑点；它是关于某种复杂情境的记录；它一般是在让学生理解这个情境之前，首先将其分解成若干成分，然后再将其整合在一起"。我国学者郑金洲认为，"案例是一个实际情境的描述，在这个情境中，包含有一个或多个疑难问题，同时也可能包含解决问题的方法"。

因此，案例是人们在生产生活当中所经历的典型的富有多种意义的事件陈述，并含有问题或疑难情境在内的真实发生的典型性事件。

2. 案例的特征

（1）案例具有真实性

案例的真实性是指对案例的描述强调的是客观性与写实性，它要求对事实进行客观记录，因此，在案例的叙述部分，要求多用白描手法，不掺杂个人的分析与评论。

（2）案例具有典型性

无论编写案例或使用案例，都要根据一定的教育目的对原始案例材料进行叙述技巧的处理，将所要解决的主要问题展开，形成案例自身的个性，这样的案例具有指导意义。案例越是典型，揭示的规律就越是深刻，案例的普遍意义和通用意义也就越大；反之，借鉴通用意义就会受到很大限制。同时学生通过典型的案例积累的范例和经验越多，分析和联想的思路就越开阔，理解和认识的能力也就越高，其处理实际问题的能力也就越强。

（3）案例具有故事性

案例还必须是一个故事，要具矛盾冲突和问题情境。在叙述、描写一个案例时，要将整个事件发生的时间、地点、经过、结果讲清楚，提供足够的信息，这样的案例才有可读性、完整性、具体性，才容易引发阅读兴趣，将学生的注意力引到案例情境中，从而展开思考讨论。

（4）案例具有目的性

编写或使用案例时，一定要围绕一个鲜明的主题，从而体现教学的目的，有了明确的目的，就能够对原始的案例材料进行筛选，有针对性地向读者交代有关内容，从而更好地为教学服务。

（5）案例答案的潜隐性

在教学中，如果一个案例的答案很明显，就难以激发学生进行思考、分析、讨论、争论，这样的案例选择是失败的。因此要求案例答案具有潜隐性的特点，即要创设一种问题情境，给学生提供更多的选择、思考和想象空间，让学生经过激烈的争论、充分的思考，最终提出不同的解决办法。尽管有的案例可能不会得出一个比较令人信服的结论，但经过讨论后，学生至少能从中得到一些有益的启示。

（6）信息容量的丰富性

选择和使用案例进行教学时，要选择蕴含足够信息的案例，从而可以进行深入的分析思考，让学生通过案例的学习，能从中获得较多的启示，同时让学生必须从案例中搜索相关的信息，否则难以得出结论。

案例是现实问题的缩影，案例具有时代性，它描述的都是较新的实践活动；案例具有有效性，每个案例都有其自身的应用价值、理论价值及现实意义，比如它可提供正面的经验或反面的教训，具有困惑性，由此引发人们的思考。

案例教学法中的案例与一般案例相比较，有其独特性，其独特性表现在：①从形式上看，案例是陈述性的，主要围绕中心问题展开，是有头有尾、富有情节的具体描述，较少包含分析与解释。②从内容上看，案例典型、完整、丰富，既可以反映某些原理与规律，又可为多层面、全方位分析提供可能，并能容纳多种解释。③从来源上看，案例是经验性的，是对真实人物、事件的描述，是在广泛吸收原始素材的基础上选择的。④从构成上看，案例设置于特定的情境中，包含特定的时间、地点、人物及其学科内容等，虽然可以表达一定的理论观点，但不一定具备概括性，主要为解释概念和原理提供足够的背景信息。

（二）案例教学法

1.案例教学法的概念

案例教学法是教师将一定的课程题目进行典型化处理，或者把学科中的一些知识点综合起来编织成一些具有逻辑化发展或情景性的案例，并以案例和相关知识的研究学习作为课堂的主要形式和重要线索，组织开展教学的一种方法。案例教学在本质上是提出一种两难情境，不提供特定的解决之道，而教师在教学中扮演着设计者和激励者的角色，鼓励学生积极参与讨论，不同于传统的教学方法，教师扮演着传授知识者的角色。

2.案例教学法的特点

（1）体现学生在教学过程中的主体地位

案例教学法以学生为中心，在教师的指导下，学生在真实情景中进行探究和思考，无论所呈现的案例是失败的教训，还是成功的例子，都能让学生积极参与课堂讨论，从而提高自身的辨别与判断能力。案例教学法在提高学生分析解决问题能力的同时，也注重培养学生正确的学习态度、沟通能力和协作精神。

（2）案例教学具有实践性

在案例教学法所提供的案例中，不掺杂案例编写者的评论性和分析性的语言，学生需要进入案例所叙述的真实情境中进行体味、感悟。案例教学法并不是简单地告诉学生一个结论，而是要告诉学生如何在经过实践的真实的事件中充当角色，进行仿真实践操作。使学生提高从理论到实践的转化能力，达到理论与实践的紧密结合，以弥补由于实践经验的不足而导致的实际决策与操作能力的匮乏。

（3）案例教学具有互动性

案例教学法的实质就是开放性、参与性和师生的高度互动性，全班同学的集体讨论，是整个案例教学过程的关键与中心环节。在此过程中，师生多方位交流互动，使问题得以解决。对于学生而言，更要有主动学习的态度和学习积极性，要充分利用自己已有的知识优势、发挥自己的积极性，主动与其他同学相互讨论、交流。

（4）案例教学的结论具有多元性

案例教学并非要得出一个统一的结论，而是利用案例启发学生独立思考，提高学生的逻辑推理能力和语言表达能力，从而培养学生独立思考与决策的能力。

案例教学法的目的在于使学生学会探索知识形成的过程，发现新的生长点，不断完善自身的知识体系。

总之，案例教学法是通过具体案例，去启发学生的创造潜能，重视求出求证答案的过程；要培养学生成为具有解决实际问题的智慧高手（解决怎么干、干什么的问题），而非培养解释问题的理论高手；通过案例分析培养学生的决策能力和决策选择结论的能力；并将整个决策的思维过程用语言进行完整的表述，提高语言表达能力。

旅游是一项综合性、关联性较强的社会实践活动，涉及社会、经济、文化、历史、地理、民族等多个领域，而职业学校旅游专业的教学目标是培养与社会接轨的实用型人才，此外，旅游产业跨地域性、快节奏变化性的特点也决定了旅游专业在教学中要培养具有开拓性工作能力的人。而案例教学法能够让学生通过对各种案例的分析，促进其对理论知识的学习和理解，并提高其创造性解决问题的能力。

（三）案例教学课堂实施阶段

1. 提供呈现案例

案例教学法可以在课堂内进行，也可以在室外或课外进行。旅游专业教学中的案例教学通常以课堂教学为主，课外案例教学主要针对一些复杂的或实践性强的具体情境即时实施。

案例呈现的时机对教学效果有着重要的影响。在展示案例的过程中，教师需要运用引导、暗示等多种方法阐述案例与教学内容的联系，使学生在接受案例的过程中高效地提取出最有用的信息，缩短学生熟悉案例的时间，尽快构架起案例与教学内容之间的桥梁。不同的案例适于不同的展示方式，其目的都是吸引学生的注意力，抓住学生的兴奋点，激发学生的求知欲。

2. 分析讨论案例

分析讨论案例的过程是一个师生互动的过程，其实质是将案例的情境与相应的教学内容联系起来，以揭示案例与所学原理之间的联系。在此，教师的作用是启发、引导、组织、调控，以及创造和谐的学习氛围，促使学生积极参与、主动交流和展开研讨，并使学生富有创造性地进行探索。在分析讨论案例的过程中，教师要创造机会让学生充分展示自己的观察、沟通、决策能力，鼓励学生广开思路，积极发言。这一过程所遵循的操作程序大体如下：

（1）个人体验

这一阶段力求学生尽快地进入案例情境，初步理解案例中所揭示的基本事实。教师引导他们在案例的分析过程中去思考和寻找其中的因果关系，并将已有的知识和经验与案例所展示的情境进行联系。

（2）小组讨论

对一些相对复杂的案例，需要通过小组讨论的方式，组织学生进行充分的交流。小组讨论的作用是给学生提供更多独立思考、发表见解的机会，并引导学生学会分享他人的成果并且体会合作的作用。

（3）指导分析

在学生对案例进行分析、交流、讨论的过程中，教师可以以参与者的身份对学生进行必要的指导和帮助。

3. 全班讨论

这个阶段是小组讨论的继续，是教师指导下所有同学参与的讨论，它一方面解决小组讨论中各小组遗留的有争议的问题，另一方面讨论为达到教学目标所需解决的重要问题，这是形成教学结果的重要环节，也是全班同学经验与知识共享的过程，这需要教师与学生都做好充分的准备。

4. 总结归纳案例

总结归纳是对案例教学的概括和提升，总结需要基于学生分析、讨论的具体情况，有的放矢地进行灵活的点拨。基于案例的教学总结首先应该有重点，这个重点就是教学内容，然后才是进一步的启发和提升。案例总结的方式主要有：①纲要型总结：根据学生讨论、归纳的结果，结合教学内容，展示知识网络图表，引导学生建立知识之间的联系，形成完整的知识结构。②提高型总结：对学生已得出的结论进行进一步启发、提炼和提升，使学生将已掌握的知识进一步升华。③矫正型总结：对学生分析、推导案例过程中存在的缺陷、错误的认识进行弥补、矫正的总结。④悬念型总结：在总结过程中，教师有意地将一些与下一节课有关的问题，在当堂课不给出结论，而是鼓励学生对已获得的结论进行再思考，激发学生进一步学习的兴趣。总之，通过总结这个环节帮助学生学会思考问题，查缺补漏，加强记忆。

总之，在案例教学法实施的过程中，教师一方面是整个教学的主导者，掌握着教学进程，引导学生思考、组织讨论研究，进行总结、归纳；另一方面，教师在教学中通过与学生共同研讨，不但可以发现自己的不足，而且从学生那里可以了解到大量感性材料。案例教学法还能调动学生学习的主动性，教学中教学形式的不断变换，学生大脑兴奋点不断转移，注意力能够得到及时调节，有利于学生精神始终维持在最佳状态。同时生动具体、直观真实的案例，给人以身临其境之感，使学生易于理解和掌握，教师与学生围绕案例共同探讨问题，调动了集体的智慧和力量，容易开阔思路，收到良好的效果。

当然案例教学法也存在一些固有的不足之处，案例的来源往往不能满足教学的需要，而研究和编制一个好的案例，不仅需要花费教师较多的业余时间，而且编写一个有效的案例需要有技能和经验。实施案例教学法也需要较多的教学时间，对教师和学生的要求也比较高。

四、项目教学法

（一）项目教学法的含义及其特点

1.项目

项目是指一系列独特的、复杂的并相互关联的任务，这些任务有着一个明确的目标或目的，必须在特定的时间、预算、资源限定内，依据规范完成。项目通常具有以下特点：项目开发是为了实现一个或一组特定目标；项目受到预算、时间和资源的限制；项目具有复杂性和一次性；同时项目是以客户为中心的。

项目教学法中的项目是指把某一教学课题的理论知识和实际技能结合起来，与企业实际生产过程或现实商业经营活动有直接关系，学生有独立制订计划并实施的机会，在一定时间范围内可以自行组织，安排自己的学习行为，有明确而具体的成果展示，学生自己克服、处理在项目工作中出现的困难和问题；同时项目工作有一定的难度，要求学生运用新学习的知识、技能，解决从未遇到过的实际问题，学习结束时，师生共同评价项目工作成果。

2.项目教学法

项目教学法是指学生在教师的指导下独立处理一个项目的全过程，在这一过程中学习掌握教学计划内的教学内容。学生全部或部分独立组织、安排学习行为，解决在处理项目中遇到的困难，提高了学生的兴趣，调动了学习的积极性。因此项目教学法是一种典型的以学生为中心的教学方法。

在职业学校旅游专业的课程，如"导游业务""旅行社市场营销""旅游景区管理"等，都可以划分为若干技术或技能单元，每个技术或技能单元就是一个教学项目。因此可以通过项目教学法将教学与旅游行业的实际操作过程紧密联系，以实际操作为中心，强调学习的自主性和探究性，提高学生的旅游服务水平、实际操作能力和解决问题的能力。

3.项目教学法的特点

项目教学法最显著的特点是"以项目为主线、教师为引导、学生为主体"，创造了学生主动参与、自主协作、探索创新的新型教学模式。

（1）目标指向的多重性

对学生而言，通过转变学习方式，在主动积极的学习环境中，激发好奇心和创造力，培养分析和解决实际问题的能力。对教师而言，通过对学生的指导，转变教育观念和教学方式，从单纯的知识传递者变为学生学习的促进者、组织者和指导者。对学校而言，有利于建立全新的课程理念，提升学校的办学思想和办学目标，通过项目教学法的实施，探索组织形式、活动内容、管理特点、考核评价、支撑条件等的革新，逐步完善和重新整合学校课程体系。

（2）培训周期短，见效快

项目教学法主张先练后讲，先学后教，强调学生的自主学习，主动参与，从尝试入手，从练习开始，调动学生学习的主动性、创造性、积极性等，实现了教师角色的换位，有利于加强对学生自学能力、创新能力的培养。因此该教学方法通常是在一个短时期内、较有限的空间范围内进行的，并且教学效果可测评性较好。

（3）具有良好的可控性

项目教学法由学生与教师共同参与，学生的活动由教师全程指导，有利于学生集中精力练习技能。在教师的指导下，将一个相对独立的项目交由学生自己处理，从信息的收集，方案的设计，到项目实施及最终评价，都由学生自己负责，从而使学生了解并把握整个过程及每一个环节中的基本要求。

（4）注重理论与实践相结合

项目教学法是在教师的指导下，学生通过多种途径，最终得出结论，并进行展示和自我评价，学习的重点在学习过程而非学习结果，通过这个过程锻炼其各种能力。教师不再是教学中的主体地位，而是成为学生学习过程中的引导者、指导者和监督者。项目教学法不再把教师掌握的现成知识技能传递给学生作为追求的目标，不是简单地让学生按照教师的安排去得到一个结果，而是在教师的指导下，学生自己去寻找得到这个结果的途径，最终得到这个结果。

在项目教学法的具体实践中，教师要帮助学生在独立研究的道路上不断前进，引导学生如何在实践中发现新知识，掌握新内容。学生作为学习的主体，通过独立完成项目把理论与实践有机地结合起来，不仅提高了理论水平和实操技能，而且又在教师有目的地引导下，培养了合作、解决问题等综合能力。同时，教师在观察学生、帮助学生的过程中，开阔了视野，提高了专业水平。可以说，项目教学法是师生共同完成项目、共同取得进步的教学方法。在职业学校、职业教育中，项目教学法有其独特的优势，应更进一步总结提高推广。

（二）项目教学法的实施

项目教学法的实施包括确定、计划、决策、执行、评价、迁移等阶段。确定是明确需要完成的项目及相关信息；计划是在明确项目的基础上，对如何完成项目制订出可行的计划；决策是针对已制订出的计划，通过讨论交流，加以选择、修订和完善；执行是将先期决策的计划付诸实施；评价则是对完成项目的过程做出评价，得出结论；迁移是提炼结论，通过迁移技能达到举一反三。

1.选择合适的项目，确定项目任务

实施项目教学法，项目的选择是关键，项目应该能把理论和实践有机结合并激发学生的学习兴趣和创造力，并且所选择的项目也是学生在教师的指导下能够完成的，容量不能太大，所用时间不能太长，避免使学生产生畏难的心理。

由教师提出一个或几个项目任务，然后与学生一起讨论，最终确定项目的目标和任务，所选项目应实现教学计划内的教学目标，同时项目要完整。在旅游专业的课程中，采用项目教学后，教师可以把相关的实践内容作为单个项目，如中西餐饮的摆台、客房清理的操作、全陪和地陪的导游服务程序等，这些项目学生比较感兴趣，操作性又强，可以让学生主动参与，调动其积极性。教师提出项目后，从而与学生一起讨论，这样学生就能把学习的过程变成主动求知的过程，并能提高学习的效果。

2.制订项目计划，细化任务

在项目教学法中，把学生分成若干项目小组，分组教学是项目教学法常用的模式。教师根据全班学生的基本情况，让学生自由组合，然后教师再进行调整，分组时应遵循组内异质、组间同质的原则，指定项目组长，一般每组4～6人，每组能力有差异的学生要搭配合理，培养学生的小组协作和团队精神，再给每个组分配任务。教师应将事先准备好的书面项目指导书发给每个小组检查核对，以小组合作的形式分析项目要求，学生根据分析结果制订小组的项目行动计划，确定工作步骤和具体分工，以利于更好地进行项目工作。如在学习客房的清理环节中，由学生个人或小组分组讨论制订打扫客房的工作计划和步骤，不完善的地方教师可有针对性地加以引导。

3.明确任务，组织实施项目

学生在明确自己在小组中的分工以及小组成员合作的形式，就可按照确立的工作步骤和程序进行工作；在实施项目任务的时候，要根据不同项目采用不同方法，对于一些比较简单的操作步骤，学生可以自己从书上或者其他渠道（网络、调查）找方法，然后进行操作。对于一些操作比较复杂的项目，教师要解释清楚，及时给出相关资料，除了要告诉学生即将完成的项目是什么，还应该适当地提醒学生先做什么、后做什么，有必要的话，教师还要先做示范。这样做既可以避免接受能力较差的学生面对较复杂的项目时会出现束手无策的局面，又能避免学生走不必要的弯路。

这个过程主要包括：①设计方案。各活动小组在复习已学知识的基础上，集体讨论、设计方案，设计的方案要有创造性。为此，教师要事先指导学生查找相关资料，或进行社会调查，同时及时了解小组活动的过程和讨论结果，适时给予指导。②课堂实践。各活动小组根据分工，完成不同的工作内容，并在实践中锻炼与其他同学组织协作、观察和应变、解决突发事件等方面的能力。③社会实践。项目活动的目的是培养学生的交际及生活能力。将课堂实践的成果应用到社会实践中，更能检验实践活动的成效。在这一活动过程中，学生锻炼了人际交往能力，提高了互助协作能力，更培养了社会活动能力。

4.汇报总结，检查评估

整个项目活动的总结是对项目活动结果的检查与评估。汇报内容包括项目成果的汇报与交流、活动过程中遇到的问题、困难及解决的办法、收获与感受、活动小结等多个方面。汇报形式灵活多样，可以是书面文字的形式，也可以用多媒体讲解汇报或进行作品展览。项目的评价内容：一是对项目活动成果的评价，如计划合理性，项目完成情况及作品的质量等；二是对学生项目活动中的表现情况评价，如小组合作参与意识、合作精神、创新性，是否听取成员和教师的意见等方面。在项目汇报完成以后，由教师、项目小组及学生个人进行评价，让学生明确自己在项目学习中的优点，更好地激发学生学习的积极性，同时了解存在的问题，以完善以后的项目学习。对过程的评价应强调对实践记录、各种原始数据、活动记录表、调查表、访谈表、学习体会等方面的评价。在旅游管理课程中，检查和评估的不仅仅是实践操作的结果，更多地要评估操作的过程和服务质量，因为服务的过程和质量会极大地影响工作的效果。

项目教学法在实施过程中，需要对教学内容进行整合，确立各门学科的教学目标，围绕教学目标，从应用的角度选择教学内容，强调教学内容的应用性和指向性。在项目完成中既培养学生的专业知识和技能，又检验了学生的专业知识和技能，而旅游专业的教学任务就是要培养学生具有完成旅游服务工作中某项任务的专业知识和技能，因此该教学方法最适合旅游专业的教学。

例如，"现场导游"中关于景点讲解的教学过程，通过设计工作任务、完成工作任务为目标来组织教学，通过教、学、做一体化的教学组织形式开展教学，让学生自主建构属于自己的新经验和新知识，而教师的任务是选取合适的项目、指导和帮助学生完成整个景点讲解任务。

总之，项目教学法有利有弊，从培养学生的实操能力和分析问题、解决问题的能力上看，利大于弊。教师在使用时，应具体问题具体对待，依据所教课程的内容、时间、学生特点、环境条件、教师本人经验与专长等，选择性地与课堂讲授法、案例教学法、模拟教学法配合运用，使其互为补充，发挥其协同配合作用。

第四章 旅游礼仪理论与认知

第一节 礼仪与旅游服务礼仪

礼仪是一个人内在修养和素质的外在表现，也是一个国家、一个民族文明程度的标志。在国际交往中，礼仪体现国格；在人际交往中，礼仪体现人格。礼仪是社会和谐的校正器，是衡量社会公众教养和道德水准的重要尺度，也已成为国内外旅游业兴衰的重要条件。人们可以根据相应的礼仪规范，正确把握与外界的人际交往尺度，合理地处理好人与人的关系。

一、旅游服务礼仪

旅游工作者必须具有一定规范的礼仪知识，才能提升旅游业的国际竞争力，实现由旅游大国向旅游强国的迈进。

（一）旅游服务礼仪的含义和目的

旅游服务礼仪，是指旅游工作者在为客服务过程中，所遵循的对他人表示尊重与友好的行为规范。通过语言、动作，并以一定的、约定俗成的程序方式表现出来的规范自己、恭敬旅客的行为。它与礼仪有着共同的原则：尊重、友善、真诚、谦恭、优雅。旅游服务礼仪的目的，就是通过礼仪运用来塑造服务规范、训练有素的旅游服务人员，从而塑造旅游行业人员完美的形象，树立旅游企业良好的公众形象，并赢得市场。

（二）旅游服务礼仪的意义

在社会生活中，人们往往把是否讲究礼仪作为衡量一个人道德水准高低和有无教养的尺度，同时也把讲究礼仪作为一个国家和民族文明程度的重要标志。古人云："国尚礼则国昌，家尚礼则家大，身尚礼则身正，心尚礼则心泰。"讲究礼仪是一个国家和民族文明的重要标志，也是衡量一个人的职业道德、文化教养的尺度。旅游业是我国重要的"窗口"行业，也是体现文明礼貌的"窗口"，因此，讲究服务礼仪有着特殊意义。

1. 讲究礼仪事关旅游业的兴衰

处事适宜、待客以礼，是当代旅游从业人员应有的风范，也是我国旅游行业的优良传统。随着我国改革开放的深入和经济社会的发展，一方面旅游业得到了迅猛的发展，另一方面旅游市场竞争更趋激烈。竞争的关键问题是旅游服务质量。因此，讲究旅游服务礼仪，为客人提供优质服务，对旅游企业的生存与发展有着决定性的意义。

2. 讲究礼仪是构建和谐社会的客观要求

进入 21 世纪后，我国提出了构建和谐社会的战略任务和原则要求，并采取了一系列的重大措施。在构建和谐社会方面，第一，旅游业负有重要而艰巨的任务。因为旅游业涉及面广，人员复杂，环境多变，容易产生矛盾和纠纷。这一特点客观上要求旅游行业必须讲究服务礼仪，为各类客人提供优质满意的服务，协调人际关系。第二，旅游企业落实服务礼仪要求，就能提高服务质量，处处为游客营造舒适快乐的活动环境，就能让其乘兴而来、满意而归。

3. 讲究礼仪是精神文明建设的需要

社会主义精神文明建设的根本任务是适应社会主义现代化的需要，培养有理想、有道德、有文化、有纪律的社会主义公民。旅游行业讲究服务礼仪，第一，可以体现我国社会主义精神文明建设成果；第二，可以展示我国公民的精神风貌；第三，可以广泛传播文明种子；第四，可以在实践中培养"四有"旅游职业队伍。

4. 讲究礼仪是提升服务水准的首要条件

旅游服务质量的高低，主要表现在客人享受服务后的物质的和心理满足程度的高低。其中包括两个方面：一是物质上的满足程度，即有形产品和硬件，如设施、设备的完好度、舒适度等。二是心理上的满足程度，即无形产品和软件，主要是通过服务态度、服务方式、服务技巧等，也是旅游接待服务质量最终的满意程度。两者相互依存，互为条件。因此，不仅要有一流的硬件，而且更要加强软件形象的建设，注重礼仪已成为旅游接待服务中的首要条件。

5. 讲究礼仪是完善旅游接待人员人格的途径

优秀的人格主要表现为诚实友善、正直谦虚、自尊自爱、乐于助人和具有进取精神。通过规范的礼仪能使旅游接待人员保持饱满的工作热情，养成谦恭友善、沉稳大方的行为举止，彬彬有礼、不卑不亢的工作态度，从而体现人格的完美。

所以说，旅游服务礼仪作为行为规范，对旅游从业人员服务行为具有很强的约束力。旅游业讲究并坚持应用服务礼仪，不仅可以有效地提高旅游服务质量，塑造旅游服务队伍的良好形象，而且直接关系到我国旅游业在国际上的声誉。

二、礼仪与个人修养

礼仪是一个人内在素质的外化。礼仪修养即社会个体以个人礼仪的各项具体规定为标准，努力克服自身不良的行为习惯，不断完善自我的行为活动。从根本上讲，个人修养就是要求人们通过自身的努力，把良好的礼仪规范标准化作个人的一种自觉自愿的能力行为。良好的个人礼仪修养具有一定的意义：

（一）加强个人礼仪修养实现自身价值，体现人格魅力

"金无足赤，人无完人"，现实生活中，人们都在以各种不同的方式追求着自身的完美，寻找通向完美的道路。加强个人礼仪修养，可以丰富人的内涵，增加人的"含金量"，从而提高自身素质的内在实力，使人们面对纷繁社会时更具勇气，更有信心，进而更充分地实现自我价值。

（二）加强个人礼仪修养增进人际交往，体现友好与尊重

俗话说：礼仪是人际交往的"润滑剂"。加强个人礼仪修养，处处注重礼仪，可以使你在尊敬他人的同时也赢得他人对你的尊敬，从而使人与人之间的关系更趋融洽，使人们的交往气氛更加愉快。

（三）加强个人礼仪修养提升工作能力，体现职业精神

一个人的工作能力是由他的专业知识和人文素养所体现。具有渊博知识的同时，更要具有谦恭有礼的礼貌意识，积极向上的工作态度，乐于奉献的敬业精神，才能真正全面提升个人工作能力，体现良好的职业精神。

（四）加强个人礼仪修养促进社会文明，提升国人素质

个人礼仪修养的加强，可以使每位社会成员进一步强化文明意识，端正自身

行为，从而促进整个国家和民族总体文明程度的提高，加快社会的发展。"国家兴亡，匹夫有责"，在大批国人走出国门之际，我们每一位社会公民都应以自觉加强自身品行修养、礼仪修养为己任，提升国人形象。

三、讲究礼仪的原则与特点

（一）礼仪的原则

在日常生活中，学习、应用礼仪时，有必要在宏观上掌握一些具有普遍性、共同性和指导性的礼仪规律。这些礼仪规律，就是礼仪应遵循的原则。

（1）尊重原则。所谓礼者，敬人也。礼仪的核心表现为在人际交往中，以相互尊重为前提。尊重首先体现在要真诚平等地看待社会交往中的对象，尊重对方，不损害对方利益，注意他人特有的礼仪习惯；同时又保持自尊，在交往过程中既要彬彬有礼，又要不卑不亢；另外，尊重还体现在尊重礼仪规范本身，按照礼仪规范的要求合理安排自己在人际交往中的言行举止。

（2）遵守原则。作为行为规范、处事准则，礼仪反映了人们的共同利益。每个人都有责任去维护和遵守它。在人际交往中，要自觉遵守社会公德，真诚友善，谦虚随和。

（3）善良原则。善良是人类道德的坚固基石。在现实中，善良原则要求人们努力做到：扬善抑恶，不做坏事，制止坏事。人们会对某种社会现象以及个人的行为品质做出道德评价，评价的标准就是善与恶。

（4）审美原则。礼仪活动的每个参与者既是审美的主体，又是审美的客体；既是对方欣赏的对象，又是以审美目光欣赏对方的。遵循礼规，以礼待人不仅令人愉悦，而且满足他人与社会的审美需求。因此，礼仪的制定与践行必须遵循审美的原则，使礼仪随着时代的发展和民族的、地域的审美要求，变成一种追求人生美、社会美的手段与工具。

（5）平等原则。在具体运用礼仪时，允许因人而异，根据不同的交往对象，采取不同的具体方法。但是，与此同时必须强调指出：在礼仪的核心点，即尊重交往对象、以礼相待这一点上，对任何交往对象都必须一视同仁，给予同等程度的待遇。不允许因为交往对象彼此之间在年龄、性别、种族、性格、文化、职业、身份、地位、财富以及与自己的关系亲疏远近等方面有所不同，就厚此薄彼，区别对待，给予不同待遇。这便是礼仪中平等原则的基本要求。

（6）适度原则。现代礼仪强调人际交往中的交流与沟通一定要把握适度性，过犹不及。在不同场合，对不同对象，根据具体情况、具体情境而行使相应的礼仪，始终不卑不亢，落落大方，把握好一定的分寸，使施礼者和受礼者都感到自然舒服。例如，在与人交往时，既要彬彬有礼，又不能低三下四；既要热情大方，又不能阿谀奉承。要自尊不要自负，要坦诚但不能粗鲁，要信人但不要轻信，要活泼但不能轻浮。

（7）自律原则。自律就是自我约束，自我对照，自我反省，即在要求对方尊重自己，遵守礼仪之前，首先应当检查自己的行为是否符合礼仪的规范要求。做到严于律己，宽以待人，这样才能赢得别人的尊重与好感。

（8）信用原则。信用即讲信誉的原则，孔子说：民无信不立，与朋友交，言而有信。在社交场合，一是要守时，与人约定时间的约会，会见、会谈、会议等，绝不应拖延迟到；二是要守约，即与人签订的协议、约定和口头答应的事，要说到做到，即所谓：言必信，行必果。故在社交场合，如没有十分的把握就不要轻易许诺他人，许诺做不到，反落了个不守信的恶名，从此会永远失信于人。

（9）宽容原则。宽容是一种高尚的情操，在社交场合，对待他人要宽以待人，对不同于自己的观点和行为要有一颗包容的心，善于换位思考；不斤斤计较，不伤害他人的尊严。在人际交往中，要允许他人有个人行动和独立判断的自由；对不同于己、不同于众的行为要耐心容忍，不必要求他人处处效法自身，凡事要尊重其个人的选择。

（10）从俗原则。由于国情、民族、文化背景的不同，在人际交往中，实际上存在着"十里不同云，百里不同俗"的局面。对这一客观现实要有正确的认识，不要自高自大，简单否定其他人不同于自己的做法。必要时，必须坚持入国问禁、入乡随俗、入门问讳，与绝大多数人的习惯做法保持一致，切勿目中无人，自以为是，指手画脚，随意批评，否定其他人的习惯性做法。遵守从俗原则的规定，会使礼仪的应用更加得心应手，更加有助于人际交往。

（二）礼仪的特点

礼仪虽与多门学科有着密不可分的联系，但它作为人的行为规范，有其自身的特征，主要表现在以下几个方面：

1. 多样性

现代社会人际交往的丰富多彩，构成了礼仪规范的多样性。根据不同的社会交往的环境、时间、对象，需分别适应不同的礼仪规范，这也决定了礼仪的多样性。再者，同一个人在其学习、生活、工作等的特定领域，由于其社会角色的不同又有不同的礼仪要求。例如，一个成年女子可能扮演多重角色，在家庭中她可能是母亲、妻子、媳妇，在单位是职员、领导，出行坐车她可能又是乘客、游客，来到餐馆她又成为顾客……每一种角色，每一个场合都有相应的礼仪。我们要熟悉各种公共礼仪和职业礼仪，例如，医护礼仪、酒店服务礼仪等。总之，民族的多样性、国家的多样性，无不是形成礼仪多样性的原因；不管在形式上，还是在内容上，礼仪都是丰富多彩的。

2. 传统性

传统性是礼仪的重要特点。一方面，礼仪传统性表现为其继承性，今天的众多礼仪规范并非一天形成的，而是将人类长期交往中的习惯以准则的形式固定下来，或经过长期的发展和变革形成适应当今社会的形式。例如，尊老爱幼的礼节自人类之初就存在，如今也是人类共同接受的准则。另一方面，礼仪的传统性表现为其约定俗成性。不同的国家、不同民族的历史背景下形成的独特风俗习惯，这正是礼仪传统性所体现出来的。某一国家或地区的礼仪特点则是以特定文化为根据的，往往突出集中地体现了本国、本地区、本民族的心理、文化和习惯，生活中应尊重别人的风俗习惯，即"入乡随俗"。所以，礼仪的传统性说明了礼仪是长期人类积累的财富，是社会进步和文明的标志之一。

3. 互动性

社会交往是人们相互作用的方式和过程，不是单方面的行动，因此礼仪具有明显的互动性。比如，生活中最常用的握手礼；男女之间，无论见面、分手经常互相握手，而男士一般不主动与女士握手，当女士先伸出手，男士才做出反应，颇感荣幸地去握；如果女士作为主人，在迎接客人的情景下，应主动伸手。礼仪的互动性，是互相尊重、友好和礼貌的体现，所以一方施礼，另一方必然要有相应的反应还礼。例如，人们在见面时都要打招呼，如果对方主动向你问候，而你却不还礼，那是十分失礼的行为。

4. 差异性

由于各民族的文化传统、民族风俗等存在差异，导致礼仪的差异，这种差异主要体现在礼仪的民族性和地域性上。具体体现在同一礼仪形式常常会因为时间、地点的不同使其意义出现差异。比如，点头在大多数国家都表示赞许、肯定的意义，但在尼泊尔这个国家则表示否定，而摇头的意义则刚好相反，可谓"点头不算，摇头算"。此外，礼仪的差异性还表现在同一礼仪形式，在不同的场合，针对不同的对象，会有差别，例如握手礼。再者，同样意义的礼仪在不同的民族、不同的地区，可能有不同的表现形式。再如，同样表示欢迎和友好，有的拥抱，有的握手，有的亲吻。

5. 规范性

礼仪本身就是一种规范。规范者，标准也。个人礼仪、社交礼仪、公务礼仪、商务礼仪、服务礼仪、涉外礼仪、习俗礼仪等，无不具有自己的规范性。因此，任何人要想在交际场合表现得彬彬有礼，都必须遵守人际交往的惯例。当然，人们的行为举止是否符合人际交往的惯例，要视具体情境而定。也就是说，礼仪的规范性是受礼仪环境制约的，不能一概而论。

6. 适应性

人们对于新的礼仪具有适应的能力。随着社会的发展，来源于不同的文化制度的礼仪能够互相兼容和互相适应。有些不同的礼仪经过长期调整而互相融合，形成被某一国家某一民族所乐于接受和采用的礼仪。现在，西装在我国已普及，成为标准的社交服饰。这从一个侧面反映了中国对西方礼仪的适应。当然，一种礼仪只有适应一定的社会文化需要时，它才能与原来的礼仪相结合、相融合。之所以如此，是因为礼仪适应并不仅是礼仪本身的问题，还有政治、经济、社会等因素在起作用。

7. 国际性

科学技术的迅猛发展，把世界变成了一个"地球村"。礼作为一种文化现象，跨越了国家和地区的界线。在讲文明、懂礼貌、相互尊重的原则基础上形成的完善的礼节形式，已为世界各国人民所接受并共同遵守。例如，点头礼、握手礼、微笑礼、鞠躬礼、拥抱礼、作揖礼、注目礼、挥手礼、脱帽礼虽是来自不同民族独特的礼仪，但在世界各国和民族中都通行无阻。

四、旅游服务礼仪的功能

在现代社会中，礼仪具有能动的社会功能，主要体现在提升自身素养功能、道德功能和管理能力功能等方面。它在社会生活中的作用是积极的、巨大的。

（一）提升自身素养功能

在人际交往中，礼仪往往是衡量一个人文明程度的标尺。它不仅反映着一个人的交际技巧与应变能力，而且反映着一个人的气质风度、阅历见识、道德情操、精神风貌。因此，在这个意义上，完全可以说礼仪即教养，而有道德才能高尚，有教养才能文明。这也就是说，文明素养的形成，是遵照社会所提出的文明行为规范与行为模式不断实践、不断修正、逐渐提高的过程。当人们将礼貌的言行当作习惯，在待人接物上彬彬有礼，文明的素养就会在潜移默化中逐渐形成。由此可见，学习礼仪，运用礼仪，有助于提高个人的修养，有助于"用高尚的精神塑造人"，真正提高个人的文明程度。

（二）提升道德功能

所谓道德功能，就是指道德系统同人和社会的相互作用中的能力。礼仪作为一种道德的意识、规范和行为，一是起到行为调控的功能。它可以帮助人们调节行为的发生、发展，从而将人们的行为控制在符合礼仪道德要求的范围内。二是通过认识功能完善人的人格，即人格完善。人格是一个人以特定的行为模式表达出的关于自身的精神价值，即人特有的品格。人格是内在美的核心，也是外在美的基础。在社会生活和交往中，人们总是通过礼仪来显现道德修养，表现一个人内在的道德素质。正因为礼仪可以显现人们的道德素质，所以它才能够帮助人们塑造良好的外部形象，并相应地培养良好的道德精神，进而形成完善的人格。

（三）提升管理能力功能

进入21世纪以来，世界管理理论的发展早已实现从"物的管理"向"人的管理"质的转变。礼仪的功能作用其实不仅体现在人类社会交往中，而且体现在社会组织自身发展的需要上。礼仪提升管理能力的功能主要表现在以下三方面：

1. 提高人才素质

在日益激烈的组织竞争中，每一个组织都为拥有和培养一支高素质的员工队伍而各显神通。谁拥有了高素质的人，谁就掌握了未来。而所谓的"高素质"的定义也在随着时代的发展而不断地变化。在中国，对于人才的评价也早已从品行好、能吃苦、业务强等内涵向形象、气质等外延拓展。许多大型组织开始对员工的礼仪与素养提出明确的要求，如"上岗化淡妆""着正装上班"等已写进了岗位守则之中，被要求必须执行，礼仪培训也被列入员工培训的必修科目。

2. 凝聚组织人心

俗话说："人心齐，泰山移。"在一个组织的管理中，人心向背是至关重要的。凝聚人心，需要组织成员强烈的认同感，需要构筑良好的沟通渠道，还需要调节好各种利益关系，而良好的礼仪在其中可以起到重要的作用。首先，礼仪可以维系良好的、健康的人际关系，使组织成员满足自身的需要。如果组织成员之间经常利用礼仪来传递道德和善意，表示互相之间的尊敬与谦让，共同铸造出文明、友好的氛围，人们必然会心情舒畅，产生强烈的归属感和认同感。其次，礼仪可以形成良好的沟通渠道。最后，礼仪可以调节各种利益关系。人们在组织中的关系、上下尊卑以及各自的权利与义务，都受着各种礼仪的约束。例如，在乘坐轿车时、行走时、进餐时、会谈时，按尊卑排序可以使人们各就各位，减去不少麻烦。

3. 塑造组织形象

组织形象是一个组织在社会交往中形成的综合化、系统化的印象。对于一个组织而言，每一个运作环节都与组织形象息息相关，礼仪则体现在组织活动的各个环节中。如果个人所代表的组织形象不佳，由此会给组织带来损害。因此，自觉掌握现代礼仪常识，为塑造良好的组织形象服务。

五、创新培养礼仪修养的途径

良好的礼仪修养，是需要经过长期有意识的学习、实践、积累而逐步形成的。而学习礼仪的途径是多种多样的，学校教育和社会实践是两条主要途径。学校礼仪教育可以使学生在思想上和行为上受到熏陶和训练，将礼仪知识内化为自身的素质，从而真正收到实效。社会实践可以使学生提高分辨礼与非礼的能力，掌握礼仪技能。因此，在学习内容上，要做到将礼仪修养与道德品质相结合、礼仪知识与专业特点相结合；在学习方法上，要做到理论学习与专业礼仪训练相结合、专业学习与社会实践相结合。通过这四个"相结合"，将礼仪知识与技能转化为实际行动，形成文明的行为方式，达到高尚的人生境界。

（一）礼仪修养与道德品质相结合

礼仪修养是道德品质的具体体现，道德品质决定了礼仪修养的高低，两者相辅相成，相互影响。因此，礼仪的学习必须融于道德品质之中。一些礼仪规范虽然稍显烦琐，却能避免品行上的疏忽。在礼仪学习中应该把道德要求按照礼仪的方式进行组织，将礼仪与一定的制度规范相结合，充分运用礼仪的道德功能，从行为举止、仪态容貌、服饰语言上规范自己的行为方式，并且将这些规范延伸至生活之中，按照"礼"的精神做符合道德的事情，在生活中渗透基本礼仪常识，使礼仪成为自己乐意接受的约束、自觉遵循的规范、努力追求的修养。

（二）礼仪知识与专业特点相结合

要把握好专业的特点，必须掌握好礼仪知识。一般而言，大学生需要掌握的基本礼仪知识包括以下几个方面：礼仪的概念，主要了解礼仪是一门什么学问；个人礼仪，主要包括言谈、举止、服饰等方面的礼仪要求；社交礼仪，通常包括交际礼仪、聚会礼仪、宴请礼仪、馈赠礼仪等；公务礼仪，通常包括办公室礼仪、会议礼仪、公文礼仪、公务迎送礼仪等；商务礼仪，主要包括商务交往礼仪、商务仪式礼仪、公司内部礼仪等；服务礼仪，通常包括服务礼仪准则、服务礼仪形象、服务礼仪技巧等；涉外礼仪，通常包括涉外礼仪通则、外交迎送礼仪、外事活动礼仪等；习俗礼仪，主要包括日常生活礼仪、岁时节令礼俗、人生礼俗（如婚嫁礼俗和丧葬礼俗）等。针对不同的专业，礼仪知识学习的侧重点是不同的。旅游管理专业应强调服务礼仪、习俗礼仪和涉外礼仪方面的学习，将系统常识与精简实用相结合，选择好学习礼仪内容，更好地做好旅游行业工作。

（三）理论知识与专业礼仪训练相结合

理论知识是学习礼仪的基石。只有掌握好理论知识，才能真正地理解学习礼仪的重要性，才能为专业的礼仪训练奠定一定的基础。专业礼仪训练是礼仪课程中必不可少的授课模式。通过规范的专业礼仪训练使学生无论是内在还是外在都能体现稳重得体、彬彬有礼、优雅端庄的美好形象。

礼仪具有很强的实用性和可操作性。因此，在掌握礼仪知识的同时，就必须进行规范的专业礼仪训练，如个人礼仪的技能训练，包括良好的身姿体态的训练，形成良好的站姿、坐姿、走姿、表情与手势；服饰搭配方面的训练，形成良好的着装风格；语言谈吐方面的训练，形成良好的语速、语调，掌握敬语的使用；仪容修饰方面的训练，掌握一般的美容、美发常识等；交往礼仪的技能训练，包括介绍的方式、拜访与接待的方式、宴请的方式、礼品的选择、座次的安排、舞姿舞步、环境的布置等；礼仪文书的技能训练，掌握用书信和其他文字方式表达情感的礼仪形式等。这种学习方式的参与性，能够取得很好的学习效果。

（四）礼仪学习与社会实践相结合

礼仪的学习必须通过社会实践来实现礼仪的规范性和目的性。正是由于礼仪学习具有实践性的特征，因此，在礼仪学习方面，应该特别强调实践的作用，鼓励学生积极参加实践活动，在对别人、对组织的各种关系中，认识自己的哪些行为是符合礼仪规范要求的，哪些行为是不符合礼仪规范要求的，去克服自己的不符合礼仪规范行为，培养自己的礼仪品质。实践活动主要包括两方面：一是校外实践。可参加大型活动进行礼仪服务锻炼，从中提升自己的服务意识，掌握规范礼仪标准，磨炼坚强的意志。二是校内实践。在学校组织礼仪大赛和专业技能大赛，使规范礼仪标准与实际应用相结合，提升学生的专业技能和良好的自身素养。

第二节　旅游职业形象礼仪

一、优美端庄的仪容礼仪

仪容是一个人精神面貌的外在体现，反映出一个人的个性、习惯和爱好，向人们传递着一种"非语言信息"。它与个人的道德修养、文化水平、审美情趣等有着密切的关系，是人际交往中一个不可忽视的重要因素。同时它也代表着时代的进步、观念的更新，是民族礼仪文化的重要标志。

（一）仪容的内涵

仪容是指一个人的容貌。它包括五官的修饰和适当的发型衬托等。容貌的修饰是一个人综合素养的体现。在人际交往过程中，良好的容貌给人以精神焕发、朝气蓬勃、充满活力的直接感受，更能烘托出自己的优雅与大方，同时，也是对他人尊重的一种表现。而容颜不整，则使人看上去萎靡、疲倦、无精打采，直接影响自己在对方心目中的形象，甚至影响彼此之间的长期合作关系。因此，自然、清新、美丽的容貌是树立良好自我形象不可忽略的礼仪，更是塑造旅游从业人员的职业形象的基础。

仪容美具有三层含义：一是仪容自然美。即容貌的自然先天条件，五官清秀，天生丽质，美貌如花。即使不化妆依然楚楚动人，美丽大方，气质非凡，使人赏心悦目。二是仪容修饰美。即通过对仪容的修饰，扬长避短，设计塑造个人的美好的形象。三是仪容的内在美。即一个人内心思想通过学习，不断提高的文化修养和品德意识，从而使自己的外在气质更加高雅。

（二）职业发型礼仪

职业形象的塑造一定要"从头做起"，打造规范大方的职业形象。

头发的造型称为发型。在生活中，每个人必须认识到，发型不仅反映出自己的个人修养、人格魅力和审美品位，而且是个人良好形象的核心组成部分之一。日常生活中为自己设计发型时，除了要考虑个人品位和流行时尚外，还要注重自己的年龄、风格、脸型、身材等因素。但从旅游行业职业形象角度考虑，必须按照规范的发型要求，才能体现出专业规范的职业形象。

1. 女士标准发型

女性旅游从业人员的发型要求：长发必须盘发，刘海全部收起；如是齐刘海，长度应到眉毛以上不遮眉；不要有碎发，碎发需用小型黑色发卡或用啫喱水进行修饰，不能使用艳色和金属色发卡；盘发的发型简单为好，花苞头、松垮庞大的发型都不符合职业形象礼仪要求；短发应露出眉毛、耳朵，不能使头发遮挡住脸部，应把整个面部露出，显现出美丽清秀的面容。

2. 男士标准发型

男性旅游从业人员的发型要求：前不遮额头，后不触及衣领，两侧不触耳朵；头发的长度以不超过5厘米为宜，需用啫喱水修饰成型，以展示男士简单、健康、阳光的绅士形象。

3.发型礼仪的要求

①整齐、清洁，没有头垢、头屑。

②头发光润，丝丝可见光泽，具有较好的弹性。

③不粗不硬，不分叉，不打结，有柔软感。

④疏密适中，不留怪异发型。

⑤色泽统一，保持自然。

（三）面部修饰

面部修饰是指眼部、口部、鼻部和耳部的修饰。面部修饰是一个人的仪容美之首，在人际交往中是他人所关注的重点，也是自己展示仪容美的重点所在。因此，注重面部的修饰也是一种国际礼仪规范。

1.眼部修饰

（1）眼部卫生

我们应该注意眼睛的清洁卫生，养成经常清理眼角处分泌物的习惯。在清洁时不要当众擦拭或用手去抠，而应避开他人用手绢或餐巾纸轻轻擦拭，同时还应注意讲究卫生，不要传染眼部疾病。

（2）眼部的保养

眼部皮肤是全身皮肤中最娇嫩的皮肤。因此，眼睛周围皮肤最容易衰老、松弛，最容易老化的是外眼角，其次是内眼角。一般女性从25岁起就应使用眼霜，可以延缓眼部皮肤的老化，减少皱纹的出现。女性30岁以前用滋润型的眼霜，30岁以后就需要使用抗皱的眼霜了。在使用眼霜时，注意用量不要太多，否则，皮肤吸收不好容易起脂肪粒。正确使用眼霜的方法是：用无名指，从下眼睑由外向里到上眼睑由内向外轻轻涂抹。

（3）眼镜的佩戴

由于眼睛近视，或追求时尚，人们常常会佩戴眼镜。从礼仪的角度讲，第一，佩戴眼镜时要注意眼镜的质量款式要适合自己；第二，注意眼镜的清洁，经常擦拭保持清洁；第三，注意佩戴墨镜或太阳镜的礼仪，可以在室外佩戴，但不能在室内和晚上佩戴，否则都是失礼的行为。

2. 鼻部修饰

（1）鼻部的保养

鼻子位于脸部的中央，是别人自然投射目光的聚焦点，鼻子的修饰在于注重保养。鼻子及其周围若是长疮、暴皮、黑头、青春痘，甚至出现"酒糟鼻"都会严重影响美观。因此，要注意使用适合自己的护肤品和化妆品，不要经常乱挤、乱抠鼻子部位的皮肤。

（2）鼻部卫生

不要当众撺鼻涕，也不要当众抠鼻孔，更不应乱抹乱弹鼻垢。如感冒流鼻涕，要用干净的手帕或餐巾纸避人悄然进行清理，防止出现不雅的声音。同时，男士更要注意经常修剪鼻毛。鼻毛外露是极其不雅的形象。

3. 口部修饰

口部的修饰包括口腔和口的周围。口部修饰重要的是注重口腔卫生，保持口腔的清洁，是自尊和尊重他人的一种品行修养。因此，应注意以下礼仪。

（1）刷牙、漱口、洗牙、整牙

做好口腔卫生，防止口中产生异味、有残留食物。养成每天早晚要刷牙，还要养成饭后漱口或刷牙的习惯，并进行专业洗牙和整牙。在人际交往中，洁白的牙齿能够提升自己的人格魅力，否则将是缺乏修养的体现。旅游从业人员更应保持一口洁白整齐的牙齿，既是对客人的尊重，又能展示个人良好的职业面貌。

（2）注意禁食

与人交往中要注意口气不要有异味，以免给别人带来不舒适的感觉，同样严重影响了自己良好的形象。因此，应避免食用一些带刺鼻味道的食物，如：葱、蒜、韭菜、豆腐乳、韭花酱、虾酱、烈性酒等。

（3）唇部护理

嘴唇的护理也是口部修饰的重要内容，应适当呵护自己的嘴唇，防止嘴唇干裂、暴皮和生口疮。女士要使用润唇膏、唇彩、口红等，既能保养唇部又能美化面部；男士也可使用男士润唇膏护理唇部。另外，还要注意避免唇边、嘴角残留分泌物和其他异物。与别人交谈时应放慢语速，不能口沫四溅，时刻保持自己文雅的形象。

（4）注意剃须

男士若无特殊民族习惯，要养成每天剃须的习惯，保持面部清洁，给人以精神抖擞的美感。切忌胡子拉碴地出现在工作场合，旅游从业人员更不能以这种模样为他人提供服务，否则会严重影响旅游工作者的职业形象。

4. 耳部修饰

耳部修饰主要是保持耳部的清洁，及时清除耳垢和修剪耳毛。在冬季时耳部应注意防冻，否则产生冻疮就会很难看。不要当众清除耳垢，那样既不雅观，也不安全，一旦伤及耳膜后果会很严重。因此，要在没人且安全的地方清除耳垢。

5. 颈部修饰

有的人洗脸时只清洗面部，不洗颈部。这样的洗脸法是不正确的，时间久了颈部就会产生"阴阳脖"，看起来很不舒服。因此，保持颈部的清洁是非常重要的。平时还要注意保养颈部，加强颈部运动与营养按摩，使颈部的皮肤紧绷、光洁，有弹性，以提升个人整体形象。

（四）化妆礼仪

化妆，是现代职业女性和旅游从业人员必须掌握的一门技巧课程。化妆是完善一个人形象非常重要的环节，也是改善女性的心理健康和调节情绪的十分重要的途径。着淡妆上岗是旅游工作的一项基本职业素养要求，也是对客人表示礼貌与尊重的表现形式。

1. 旅游职业妆的礼仪要求

（1）淡妆为宜

旅游服务行业职业女性不宜化过于浓艳的妆，要与自己的职业形象相吻合。应当以职业淡妆为宜，力求体现出自然、透明的效果，色彩自然淡雅，不要浓妆艳抹。

（2）补妆应注意时间、地点、场合

不可随意在众人面前补妆。在公共场合补妆是失礼的行为。化妆或补妆时，应到化妆间或盥洗室进行。也不要在男士面前进行补妆。

（3）注意色彩搭配

要根据自己的年龄、职业特点、服装风格和肤色特征，来选择适合自己的化妆品的色彩进行搭配。不能盲目选择化妆品的色彩搭配。

2. 不同场合的化妆要求

（1）职业妆

职业妆的风格要求清纯、雅致、大方、自然，要充分体现出富有朝气和良好的精神面貌。因此，职业妆要淡而高雅。

（2）社交妆

社交妆要充分展现自己的个性与魅力。可以适当地调整化妆的手法，使妆容层次分明、格调高雅，把自己最靓丽、最独特的美展现出来。

（3）晚妆

在参加晚宴、晚会等大型社交活动时，可选择色彩比较浓艳的晚装风格。因为夜晚进行活动时，其环境往往是灯光柔和、朦胧，不易暴露出化妆的痕迹。可采取夸张的化妆手法，提升色彩的亮度，给人以清新明艳之感。

3. 皮肤的类型

（1）干性皮肤。干性皮肤的特点是皮肤干燥无光泽。但不宜过敏，不宜长粉刺，皮肤的适应性较强。应及时给皮肤补充油脂和水分。

（2）油性皮肤。油性皮肤的特点是分泌的油脂较多，皮肤的光泽度较好有弹性。但容易长粉刺，宜过敏，皮肤的适应性较差。应及时清除（洗脸）面部的油脂，减少油性食物的摄入。

（3）中性皮肤。中性皮肤是一种较理想的皮肤。可根据季节的变化正确地保养皮肤。

（4）混合性皮肤。混合性皮肤的特点是面颊和T型区是两种不同的皮肤，一般T型区是油性皮肤，面颊区是干性皮肤。这种皮肤就要使用不同的护肤品，有针对性地进行护肤。

（5）过敏性皮肤。过敏性皮肤，就是在不同环境接触不同的食物或不同的物品，而引起的皮肤过敏。这种皮肤的人不要经常更换化妆品，对过敏的物品和食物一定要慎重。

4. 皮肤的保养

为了使自己的容貌永葆青春的活力，就要特别注意皮肤的保养，因为良好肌肤才是化妆的基础。

（1）心情舒畅、情绪乐观。轻松愉悦的心情是保持肌肤红润、容光焕发的内在因素。只有这样才能给人以年轻健康、充满朝气的感觉。

（2）睡眠充足，皮肤靓丽。充足的睡眠对美容具有一定的决定性作用。充足的睡眠可以使人精力充沛、精神饱满，无论从生理还是心理上都能使人得到充分的休息。除了足够的睡眠时间，还要注意睡眠的方式。从美容的角度，建议采取仰睡的方式。只有这样才能使面部的血液保持良好的循环。如果面部肌肉得到挤压，就会使肌肤干燥无光。

（3）多喝开水，皮肤润泽。体内缺水是造成肌肤干燥的主要原因。不要感觉到口渴才去喝水，每天要保证饮用8杯水，才能满足人体的需求，如有体育活动，要饮用更多。尤其是每天晚上睡觉前和早晨起床后饮用一杯温开水，就能使肌肤变得白嫩有光泽。

（4）合理饮食，皮肤健康。合理的饮食不仅对人体有益，而且有助于肌肤的健康；多吃蔬菜水果、鸡蛋、芝麻等食物，补充人体的营养。不要吃带有刺激性的食物，如葱、蒜、辣椒等。

（5）少晒太阳，皮肤白皙。紫外线是伤害皮肤的头号大敌。强烈的紫外线，会使皮肤变得黑暗、粗糙、失去光泽。如需外出和室外活动，要注意防晒，减少紫外线的侵入，保护皮肤健康。

5.化妆的程序

面部化妆程序是一个复杂的工艺过程。化妆时必须按照以下基本程序依次进行。

（1）清洁。在化妆前，用适合自己皮肤的洁肤类化妆品彻底清洁皮肤，例如洁面膏、洁面乳等。

（2)涂护肤品。在面部均匀地涂一层润肤品,起滋润、营养皮肤的作用。例如,化妆水、润肤霜、润肤乳等。

（3）涂粉底霜。粉底霜具有一定的遮盖效果，使人在涂后既保护了肤色，又使脸上的雀斑、瑕疵得到掩盖，同时起到了美白的效果。可根据自己的皮肤类型和肤色选择适合自己的粉底霜。

（4）扑干粉。干粉起定妆作用。扑粉要求以薄、匀为原则，看起来似有似无为佳。

（5）眉的修饰。按照事先设计好的眉型描画，注意眉毛的立体层次感。（6）眼睛的修饰。利用各种眼影色的晕染，塑造眼部的立体感。

（7）鼻子的修饰。在鼻梁和鼻翼两侧用化妆品勾抹，使鼻梁显得更加挺拔。

（8）脸颊的修饰。通过涂腮红，使面部呈现出自然、健康的红润。

（9）唇的修饰。主要用口红、唇彩的颜色和光泽来增强嘴唇的艳丽色彩。

（10）检查效果。化妆完成后，要作全面、仔细、从局部到整体的检查，看是否达到了化妆的目的，是否体现了美容的效果。主要检查以下几个方面：①妆面是否干净，浓淡要适中，整体要协调。②眉、眼、面颊的化妆，左右要一致。③有无缺漏或变形之处。④牙齿上不要沾上口红。

6. 化妆的技巧

（1）眉的修饰

①眉毛由眉头、眉峰、眉尾三部分组成。鼻翼的垂直延长线上方就是眉头；眉尾在鼻翼外侧与外眦连线的延长线上；从眉头到眉尾的 2/3 处就是眉峰。

②修眉的步骤。第一步，对着镜子将眉毛刷顺，用棉球蘸酒精或收敛性皮肤水，擦眉毛及周围，使之清洁。第二步，确定眉形。可先用眉笔画出适合自己的眉形，凡留在轮廓线以外的眉毛都是多余的。第三步，修整形状。用眉钳将多余的眉毛一根根拔掉，直至获得理想的眉形。

③描眉的技术。眉毛是一根一根的毛，所以用眉笔描画时要表示出这种质感，不能简单地画成一条线，要顺着眉毛的生长方向一根一根地描画，使之像长出来的一样。描完后用眉刷将颜色刷匀，与真眉毛糅合在一起。

（2）眼睛的修饰

眼部化妆包括涂眼影、画眼线、染睫毛。眼部的正确化妆不仅可以突出眼睛的优点，而且可以弥补和修饰某些不足和缺陷。

①涂眼影。眼睛的化妆一定要涂眼影。使用眼影的目的是使眼睛的神态突出，表现眼部结构，从而塑造眼部的立体感。一般眼影的色调有四种：阴影色、晕染色、提亮色、强调色。阴影色一般涂在希望显得窄小、深凹的部位。这种颜色一般包括灰色、棕色。晕染色主要用来晕染阴影色的上缘，目的是使阴影色自然真实。这种颜色一般包括棕红色、肉红色。提亮色一般是发白的，主要指白色、肉色、浅粉、浅黄，涂在您希望显得高、显得宽阔的部位，使之与阴影色产生对比，加强眼部的立体感。强调色，主要指蓝色、绿色、紫色、金银色，用于修饰和美化眼睛，吸引人们的注意力。强调色一般用于眼尾部分，面积不宜过大，色调要

与整体化妆服饰协调。

②画眼线。眼线的功能,是使眼睛增大而明亮,但千万不要画得太浓了,免得破坏原有的自然美感。画上眼线时,从外眼角向内眼角描画,线条由粗变细,眼尾略上翘,使之与睫毛有自然的过渡。上眼线画七分长。下眼线也是沿着下眼睑边缘由外向内描画,线条逐渐变细,画三分长。无论是哪一种眼型,画眼线时千万不要把眼睛框起来,上下眼睑的眼线之间应有微小的距离,否则会显得很不自然。

③染睫毛膏。要使眼睛更富有神韵,适当地修饰眼睫毛是很有必要的。这不仅可以提高眼影和眼线的化妆效果,而且可以使双眼格外明亮,炯炯有神。在涂睫毛膏之前,先用睫毛夹伸到睫毛的根部,夹紧约 10 秒钟后松开,使睫毛卷曲上翘,增加眼部魅力,然后涂上睫毛膏。

（3）鼻子的修饰

鼻子位于面部的正当中,位置突出、醒目,鼻子的化妆是很重要的。标准的鼻子应是鼻梁挺拔,比例协调。鼻子长度为标准脸型纵向 1/3 长,鼻子宽度为标准脸型横向的 1/5 宽。鼻子美化主要是通过画鼻侧影和鼻梁的提亮来实现的。目的是调整鼻子不理想的部位和使鼻梁显高,以衬托眉眼和脸型。在涂鼻侧影时,切勿弄脏。具体方法是:用阴影扫蘸上所需的适量阴影色,从鼻根沿着鼻梁两侧向下涂,由深变浅,在靠近鼻根的眼角处稍加深一点阴影。鼻影与脸部粉底的相连处色彩要相互融合,不要明显地显出两条色道。在鼻梁处涂亮色,明暗的对比会使鼻子有立体感、挺拔感。

（4）面颊的修饰

红润光滑的面颊,自古以来就是人们衡量貌美的重要标志之一。颊部化妆,主要是通过涂抹腮红以弥补肤色的不足,反映出女性特有的鲜润妖艳气质。腮红的颜色很多,有琥珀色、粉红色、淡紫色、棕红与大红色等。在选择腮红颜色时,除了考虑到它与服装、肤色、年龄、身份配合外,还要考虑它与面部化妆色调相统一。原则是晚间宜深,白天宜淡。

在涂腮红时,更要注意与脸型的配合,腮红要求涂得非常均匀、柔和、自然。位置必须准确,通常涂在颧骨附近。用腮红扫或腮红扑沿着颧骨向发边抹去,再向下晕染,也可从发边沿颧骨下方向口角斜抹,然后向上方晕染。手法要轻匀自然,不留施染痕迹。

（5）唇的修饰

唇妆是脸妆的最后一道工序，起着"画龙点睛"的重要作用。润泽柔美的朱唇与明亮传神的眼睛相辉映，便会使女性更加具有迷人的魅力。唇膏大多为暖色系调配出的种种混合色，可依个人气质和喜好，以及与面部肤色相呼应和需要来选择。若上班或去较严肃的场合，宜选用色彩浅些、暗些的唇膏；出席大型晚会、舞会时，则应选用色彩较艳、较红的唇膏为宜。目前比较流行时尚的是涂唇彩。

①确定唇型。唇部化妆，首先要选定唇型，唇型直接影响面容，对化妆的效果起着很大的作用。例如，一张宽阔、长下巴的脸，就不能画上又短又薄的唇型；相反，一张狭窄、瘦下巴的脸，也不能画上色彩浓重的厚型大唇。因此，唇型的确定，要根据每个人的自身实际情况而定，不能盲目地去选择，以免破坏整体美感。

②描画唇型。根据自己选定的唇型并结合自己嘴唇的特点，确定唇部化妆的轮廓。用唇线笔首先由上唇唇山，依中心向外侧画，接着再决定下唇唇部的曲线。然后由口角的前端向唇山描出自然线条，注意一定要谨慎描绘。最后下唇也由口角延伸，线条要画得圆滑、柔和、准确清晰。

③涂唇膏。唇的轮廓画好后，就可以用唇膏填画内侧。涂口红必须涂到嘴角。另外，还要注意不要涂出唇线外。如出现此种情况，可用质地柔软的纸或棉棒将出格的口红轻轻擦掉，并将擦过的地方用底色补好。

7. 不同脸型人的化妆技巧

由于每个人的脸型不同，五官的比例不同、搭配不同，或由于五官本身某一部位原有的缺陷，所以我们虽然了解不同风格妆型的基本要点，但绝不可按照一成不变的模式生搬硬套。化妆最基本的目的在于掩饰不足，弥补缺陷并最大限度地突出容貌、肤色的优点和长处。所以，化妆前首先应对个人的脸型及肤色类型有一个基本的把握，然后根据职业特点选定适合自己的妆型，按一定的美学有针对性地进行化妆，这样都能收到应有的效果。

①脸面上半部分不足的化妆掩饰法。有的女性脸部下半部分端正好看，但眼睛等上半部分却不太理想，如小眼睛、单眼皮、眉型差、额头窄、颧骨突出等。要弥补上述不足，必须"对症下药"。例如眼睛小的女性，欲使眼睛看起来大一些，最好的方法是通过化妆使脸型显得瘦一些，可通过掩影法将面部轮廓化小一点，然后再把眼睛"化大"。但千万不可在眼睛周围涂满眼影色，或者将眼线画得过粗。这样反而会破坏面部轮廓的比例，使面部看上去更不协调。眉型不好比

较容易矫正，而额头窄则应通过腮红内缩的方法，从视觉差上加以调整。

②脸面下半部分不足的化妆掩饰法。实际上掩饰法的特点，就是通过强化脸部某部位的优点，从而弱化所需掩饰部位的弱点，或用高速视觉差的方式，从视觉感上转移别人的注意力，使本来明显的缺陷变得不太醒目。所以，脸面下半部分不足就宜采取在脸的下半部施以深暗色的眼影色，使视觉变窄、变小；口红宜选用接近肤色的颜色，以突出脸面上半部分的长处，使观察者的视线转移。这种方法在化妆上又叫"障眼法"，即采用扬与抑相结合的方法来削弱视线对脸的下半部分的注意。

③大脸庞的化妆掩饰法。大脸庞脸型的化妆方法，侧重点是采用内缩法，借助明暗度的对比与反差，从视觉上将脸型变窄。化妆的具体方法是：第一，可在脸庞外围使用较深颜色的粉膏，而面孔中心使用浅色粉膏，使中心部位看起来明亮一些，产生亮点突出的效果；第二，可通过发型改变人的视觉效果。只要脖子不是太长或太短，选择披肩发可以获得将脸型拉长的视觉效果。

④方脸型的化妆技巧。方脸型女性要想在化妆上达到理想的效果，最重要的是在视觉上消除面部的棱角感。使之显得相对柔和、协调。化妆时，面部阴影应设在脸颊的两侧后方偏下部位，然后稍稍向两腮扩展，呈朦胧状态。这样处理可使下颌骨的棱角显得柔和一点。涂腮红应由颧骨向耳朵方向延伸，唇型线条宜柔顺，避免勾出棱角，描眉时向下画线，眼角可稍往上挑。

⑤长脸型的化妆技巧。长脸型化妆的重点应集中在如何将脸型从视觉上变短，所以化妆时应以横向延伸作为突破口。较为普遍的方法，主要通过腮红的变换，以求视觉效果的变化。具体的做法是：涂腮红时以颧骨为中心，横向一直涂到发根；描唇线时可将实际嘴唇描得稍宽一点；下颌要加阴影，以使面孔看起来短一些；而眼睛部位则要在中央部位加阴影，或擦染睫毛油。

⑥三角脸型的化妆技巧。三角形脸庞，由于脸型上宽下窄或下宽上窄，所以这种脸型的化妆最重要的是尽量求得上下部的平衡。上宽下窄者要尽量设法使脸型的上半部显得窄一点，两腮显得宽一点（上窄下宽者反之）。为了不使下巴较窄的部位显得突出，可将阴影加宽并横向向两侧延伸（上窄下宽者反之）；涂口红则要力求曲线自然，尤其是下唇要有分量感。画眉要尽量画直，并接近眼尾，末端稍微向上。

⑦圆脸型的化妆技巧。圆脸型由于脸颊和下巴比较饱满，化妆时为了使面孔看上去显得狭长一些，画阴影需从脸颊后方往前，渐渐变得淡一些，然后由腮中央往下，也要涂得淡一点，直到下巴处逐渐消失。值得指出的是，脸颊上的腮红不能使人看起来有突出的感觉，而应在视觉上有一种逐渐减缓的效果。涂唇膏时，上唇的中央可多涂一些，两旁逐渐减少，下唇应从嘴角处向中央涂去。总之，涂完唇膏后不能给人造成一种嘴唇是圆形的感觉。

（五）讲究卫生礼仪

1. 手的清洁卫生要求

在社交场合，无论是热情地握手或传递物品，或翻阅报纸资料，手都会受到公众的注目。所以，手的卫生尤其重要。具体要求如下：

（1）要养成勤洗手的习惯，始终保持手上没有污垢，尤其是嵌在指甲内的黑垢。（2）经常使用护手霜，以使指甲及周围的皮肤保持光润。

（3）勤剪指甲使其圆滑且规整有形，指甲的长度不超过 2 毫米。

（4）不涂有色指甲油和留过长的指甲。

2. 公共场合注重的细节要求

参加社交活动，在公共区域尤其要注意自己的个人习惯，否则不仅会影响到个人的整体形象，而且会妨碍和干扰其他人。具体要求如下：

（1）按规范要求注意自己的口、鼻、手的卫生。

（2）头发要常洗常梳，尤其要避免带着满头的头皮屑出席公众场合，应考虑使用去头皮屑的洗发水和护发素。

（3）发型要朴实大方，符合职业要求，不留怪异发型或染成彩色头发。

（4）常洗澡，勤换衣，尽量避免身体有汗味、体味出席社交场合。

（5）注意面部清洁，化淡妆上岗。在工作环境，不可浓妆艳抹，更不要打扮得"花枝招展"。

（6）上岗不得佩戴除手表以外的饰物。

二、得体庄重的仪表礼仪

仪表是指一个人的外表。它是一个人总体形象的统称，包括言语、发型、服饰、身材和姿态等，是构成交际"第一印象"的基本因素。仪表美是一个综合概念，它包括三个层次的含义：一是指人的容貌、形体、体态等协调优美，如体格健美匀称、五官端正秀丽、身体各部位比例协调、线条优美和谐。二是指经过修饰技术打扮及后天环境的影响而形成的美。三是指一个人纯朴高尚的内心修养和蓬勃向上的生命活力的外在体现。简言之，仪表美就是自然美、修饰美和心灵美三者的和谐统一。因此，美的仪表不仅是指人的物质身体的外壳，而且是指人的性格气质、思想感情、道德情操、文化修养乃至社会文明的发展程度。

在旅游交际活动中，注重仪表是一个不容忽视的问题。人们之所以注重仪表，是因为仪表美是自重自爱的需要，更是尊重他人的表现，仪表美能给人留下良好的第一印象，从而产生"魅力效应"，有助于各种交际活动的成功。

（一）仪表美的作用

（1）良好的仪表，是服务人员内在文化素养的外在体现。在服务过程中，服务人员美丽俊俏的容貌、高雅大方的谈吐举止、协调和谐的服饰，往往是一个人文化内涵的外在表现；也是美的仪表风度的主要标志。如果说人的相貌是无法选择的，而仪容仪表则是可以潜心培养和训练的。

（2）良好的仪表，是增强服务人员自信的有效手段。服务人员良好的仪容仪表，不但会为宾客营造一个满意的消费环境和愉快的休闲氛围，使宾客感受到服务人员的彬彬有礼和稳重大方，而且会使服务人员表现出自身良好的精神面貌，从而带来轻松、愉快的心情和对工作的自信。

（3）良好的仪表，是满足宾客审美意识的需要。欣赏美、喜欢美都是宾客高层次的心理需求。"爱美之心人皆有之"，无论是对人、对事、对物，我们都会用审美的眼光去审视。只要是符合人们审美意识的现象，都是容易被人们所接受，并且会深深地记住和赞美。那么，旅游服务人员良好的仪容仪表，能够满足宾客审美意识的需求，从而使宾客赏心悦目，留下深刻的印象。

（4）良好的仪表，是树立良好的企业形象的基础。在旅游服务接待中，员工的一言一行、一举一动都能直接影响他们的公众形象。公众可以从服务人员的仪容仪表，来评价员工的文明程度、审美情趣和道德修养，同时在一定程度上也反映了该企业的管理水平和服务水准。因此，服务人员注重良好的仪容仪表，懂得如何塑造良好的自我形象，能够对企业起到积极的宣传效果，在公众心中树立良好的公众形象。

（二）着装的基本原则

着装是人形体的外延，是一种文化，又是一种无声的语言。而穿着则是一门艺术，显示一个人的个性、身份、涵养及其心理状态。莎士比亚曾说过："服饰往往可以表现人格。"一个人的穿着打扮直接关系到别人对其个人形象的评价。在社交场合中，得体的服饰与装扮可以将人体的曲线美、协调美、韵律美衬托得更加光彩照人，将女性的天生丽质与男士的俊秀潇洒展示得更加淋漓尽致。在日常生活和工作中，要使自己的着装得体稳重大方，又不失风度，就必须遵守以下几点着装的原则：

1. 着装的色彩搭配原则

色彩搭配的基本原则就是：从头到脚不能超过三种颜色。色彩搭配是很有学问的，并不是任何颜色凑在一起都好看，色彩搭配得当就会体现出美观、和谐的感觉，否则就会给人以不悦之感。色彩搭配的方法有三种：

（1）同类色搭配。即深浅、明暗不同的两种同一类颜色相配。例如：青配天蓝，墨绿配浅绿，咖啡配米色，深红配浅红等。同类色搭配的服装显得柔和文静。

（2）近似色搭配。即两个比较接近的颜色相配。例如：红色与橙色或紫红色，黄色与草绿色或橙黄色相配等。近似色搭配的效果也比较柔和。

（3）强烈色搭配。即两个相隔比较远的颜色相配。例如：红色与绿色，黄色与紫色等。强烈色搭配也会呈现出时尚的效果。

2. 整体协调性和整洁性原则

着装的整体协调性，是着装美的重要因素。服饰整体美的构成因素是多方面的，要通过服装的色彩、款式、质料的选择搭配和装束的匹配，塑造个体形象。一方面，服装本身在色彩、图案、款式、质料和风格上要统一和谐；另一方面，服装的饰品，例如帽子、围巾、手套、鞋袜、皮包等，要力求在色彩上、风格上、款式图案和质料质感等方面和服装本身相匹配，形成一种整体美。

服装的整洁性也是很重要的。因为整洁是最美的修饰，代表振奋、积极、向上的精神状态。服装要保持清洁，并熨烫平整。如果蓬头垢面、衣冠不整，就不可能给人留下好印象。

3. 着装的和谐原则

所谓和谐原则，就是指一个人的穿着要和他的年龄、形体、职业相吻合，表现出一种和谐，这种和谐能给人以美感。

（1）穿着要和年龄相和谐

在穿着上要注意你的年龄。不管年轻人还是老年人，都有权利打扮自己。不同年龄的人有不同的穿着要求。年轻人的着装几乎没有什么禁忌，但要尽量避免穿着过于华丽，而应穿得鲜艳、活泼、随意一些。这样可以充分体现出年轻人的朝气和蓬勃向上的青春之美。而中老年人的着装则要注意庄重、雅致、整洁，体现出成年人的成熟风韵，服饰质地要考究一些。

（2）穿着要和形体相和谐

①体型矮胖者宜穿竖条纹或深颜色的服装。这样可使人产生延伸感和收拢的效果，看上去体型有所改变，增加高度和健美。另外，穿单一颜色的衣裤可使身体显得高些。②体型瘦高者，宜穿横条纹或浅颜色的服装，上衣应适当加长，配以低圆领或宽大蓬松的袖子、宽松的裙子等，以产生体型丰满、膨胀的艺术效果。同时穿杂色的衣裤也可使瘦高者看上去略显低些。③身材矮瘦或矮胖者，穿衣时要注意不可将衬衣下部束在裤子里，以至于给人以身段分为两截的感觉；不宜穿大花图案或宽格条纹的服装，最好选用浅色的套装，上衣应略短些，使腿比上身突出，以便给人以高大的印象。④脖子短粗者，应穿无领、敞领、翻领、低领或V字领上装，再戴一条细长项链，以突出肌肤之美，借以分散人们对短脖子的注意力。⑤臀部肥大者，宜穿稍长的上衣遮盖住臀部，或选用深色的西装裤或连衣裙，避免穿浅色并带光泽的裤或裙，以免突出臀部，暴露弱点。⑥胸部狭小者，宜穿水平条纹的上衣，开细长缝的领口，并在胸部处多装饰些波浪边或荷叶边，以掩盖胸部扁平的缺陷，造成丰满的效果。

（3）穿着要和职业相和谐

不同的职业有不同的穿着要求，这一点是非常重要的。一般情况下，教师、职业女性的着装要庄重、雅致，不可打扮得过于妖冶，款式也不宜过于新潮；文艺工作者的着装则可时尚、浪漫一些；公关工作者的着装则要优雅、考究、大方；商界人士和企业主管的着装要追求干练、稳重、略带保守。

（三）男士正式场合的着装规范——西装

在正式场合，男士服饰以表现稳重、专业、令人信赖为首要，而不可过于休闲、鲜艳、轻浮。从国际礼仪的角度来看，男士在正式场合多以穿西装为主。西装起源于欧洲，于清朝晚期传入中国。现在西装作为一种国际性服装，是男士较为普遍选用于公务场合和社交场合的正装之一。因为西装可以充分展示男士潇洒、稳健的翩翩风采和凝重、深沉的职业特点。因此，西装的穿着从礼仪的角度是非常讲究的。

1. 选择高端、大气、上档次的西装

男士必须要注重西装的选择，应选择一套高雅不俗的西装能为自己增光添彩，否则即使是西装也未必能显示出你的魅力，因此，必须进行精心的选择。

（1）西装的面料

一般西装是在正式场合穿着，因此，其面料的选择应力求高档。一般毛料为西装的首选面料，如纯毛、高比例含毛的毛涤混纺面料，都可以作为西装的面料。而不透气、不散热、发光的各类化纤面料，则尽量不要做西装。

（2）西装的色彩、图案

男士正式场合下着西装，西装的色彩必须显得庄重、大气，而不应过于轻浮和随便。按照国际礼仪原则，西装的色彩应是深色系，例如藏蓝色就是国际惯例色彩。男士在正式场合不宜穿色彩过于鲜艳或发亮的西装。越是正式的场合，越讲究穿单色的西装，不宜穿两种以上颜色的西装。上乘的西装特征之一，就是没有任何图案。

（3）西装的款式

当前，西装的款式主要有以下两种分类：

①按西装的件数划分。男士在正式交往中，必须穿西装套装。套装就是指上衣和裤子成套，其面料、色彩、款式一致，风格上相互呼应的多件西装。通常西装套装又有两件套与三件套之分。两件套西装套装包括一件上衣和一条裤子；三件套西装套装则是一件上衣、一条裤子和一件马甲。

②按西装上衣的纽扣数量划分。西装上衣多为单排扣。单排扣的西装，有一粒扣、两粒扣、三粒扣三种。一粒扣、三粒扣两种单排扣西装比较时尚，而两粒扣的单排扣西装则显得更为正统一些。

（4）西装的造型

西装的造型又称版型，指的是西装的外观形状。目前，世界上的西装主要有欧式、英式、美式、日式四种。

①欧式西装的主要特征。上衣呈倒梯形，衣领较宽，强调肩部和后摆。代表

品牌有"杰尼亚""阿玛尼""费雷""皮尔卡丹""杉杉"等。

②英式西装的主要特征。不可以强调肩部，而讲究自然、贴身。多为单排扣款式，腰部略收，垫肩较薄，后摆两侧开衩。例如，"登喜路"品牌的西装就是典型的英式西装。

③美式西装的主要特征。外观上方方正正，宽松舒适，比欧式西装较短些。肩部不加垫肩，腰部宽大，后摆中间开衩。知名品牌有"麦克斯""拉尔夫·劳伦""卡尔文·克莱恩"等。

④日式西装的主要特征。上衣外形呈"H"形，不过分强调腰部与肩部，不过分收腰，后摆不开衩。

（5）西装的尺寸

穿西装必须大小要合身。在正式场合，一套西装无论是什么名牌，如果大小不合体，都将会影响你的人格魅力。因此，必须要选择尺寸合适自己的西装。

2.西装的穿着规范礼仪

（1）颜色的规范搭配

西装的颜色为深色；衬衣的颜色为白色；鞋子的颜色为黑色；袜子的颜色为深色；领带的颜色可根据场合来选择，例如庄重的场合以深色系为宜，喜庆场合以亮色系为好。

（2）衬衣的搭配

穿西装必须配长袖衬衣，应选择干净、熨烫平整、衣领硬且挺括的衬衣为佳。衬衣的下摆应塞进裤腰里，衬衣的衣袖应略长于西装衣袖的 1 ~ 2 厘米。衬衣的领口应略高于西装领口的 1.2 厘米。打领带时，衬衣上面的第一个纽扣要扣好。

（3）领带的规范使用与系法

在正式场合，穿西装应系领带或打领结。领带的颜色一般选用衬衣和西装中间的过渡色，也可按场合来选择领带的颜色。领带的长度以到皮带扣处为宜。领带夹应夹在衬衣的第三、四个纽扣中间（纽扣从上往下数）。

（4）口袋的正确使用

西装上衣左胸部的口袋可以装一小束鲜花或折叠成花式的手帕，不可装入其他东西。西装上衣下面两外侧的衣袋也是起装饰作用的，不可以装东西，否则就会使西装变形。西裤前后口袋也不要装东西。有些物品可以装在西装上衣内侧的衣袋里。更不要将手随意放在口袋里，因为这样会有失风度。

（5）纽扣的规范使用

西装的扣子也很有讲究。无论正式场合还是非正式场合，都要把双排扣西装的扣子扣好。单排两粒扣的西装，应扣上面一颗，下面可不扣；单排三粒扣的西装，可扣上面两粒，下面一粒可不扣。在一般场合，坐着时可将西装敞开，若将扣子全部扣上则是极不规范的，会显得生硬不潇洒。

（6）鞋子的搭配

在正式场合，穿深色西装必须和黑色皮鞋和深色的袜子搭配。只要穿西装就要穿皮鞋，其他任何鞋子，如布鞋、运动鞋、旅游鞋等，都不适合和西装搭配。穿西装不能配白色的袜子，否则会令人发笑的。

（7）内衣的搭配

穿西装时，要注意内衣的选择。不应选择有花纹、图案或是深色的内衣；也不要选择高领口的内衣，应选择低领口的内衣。总之，穿西装时内衣不能外露。

（8）西裤的搭配

西裤的长度不要过长或过短，应以裤脚接触脚背为宜。

（9）胸饰手帕

西服正式着装时一般都应配胸饰手帕。一条真丝胸饰手帕能给西服增添个性和创造性。选择真丝胸饰手帕的关键在于颜色与领带的颜色搭配协调。最稳妥的做法是两种饰品的颜色保持一致。

（10）注意搭配细节

①腰间不许佩戴钥匙、手机等物品。②西装的商标不能外露。③注意衬衣袖口处的扣子也要扣好。④绝不能挽袖卷裤。

（四）女士正式场合的着装—套裙

在正式场合，女士穿套裙是符合国际礼仪要求的，既是女性的标志，又能体现出女士的体态美。正式场合穿长裤是不符合礼仪规范的，会被人认为过于随便。在正式场合更不能穿超短裙和牛仔裤。西装套裙是女性的标准职业装，能体现出女士精明干练的职业形象。

1. 套裙的选择

套裙，往往是指上衣和下衣是与之配套的西装式套裙。准确地说就是上身为一件女士西装，下身是一件到膝盖处长短的直筒式裙子。这种款式是适合在正式场合穿着的职业套裙。这种套裙既能体现出女性刚柔相济的一面，又能展示女性柔美雅致的美感。

（1）套裙的面料

在外观上看，套裙所选择的面料应讲究平整、光滑、丰厚、柔软、悬垂、挺括。不仅要手感好，而且要弹性好，同时还要不起球、不起毛、不易起皱。

（2）套裙的色彩

第一，要根据场合而定。如果是正式较庄重的场合，就要选择冷色调或深色系的颜色，以显得典雅、端庄与稳重；如果是正式较喜庆的场合，可以选择暖色调或亮色系的颜色，以显得温馨、欢快与喜悦。第二，要与肤色、形体、年龄与性格相协调。不能盲目地为自己选定颜色，要根据个人的情况来选择适合自己的颜色。例如，肤色较暗的人要选择明快的亮色系列；体型较胖的人应选择深色系列的颜色，还要避免选择大图案和花纹的衣服。第三，用饰物点缀色彩。女士在穿着同一颜色套裙时，可以用与其颜色相协调的衬衣、领花、丝巾、胸针、围巾等衣饰，来点亮整体服装的颜色，使之生动而活跃，凸显女性特有的魅力。不过一定要注意：一套套裙的全部颜色最多不要超过两种，否则就会显得杂乱无章，不上档次了。

（3）套裙的图案

女士套裙的选择，一定要以朴素简单为原则。正式场合穿套裙可以选择不带任何图案。如果本人喜欢，可以选择各种或宽或窄的格子、或大或小的圆点、或明或暗的条纹为主要图案的套裙，也可以显得动感有活力。在正式场合，女士套裙不应以花卉、宠物、人物、文字、符号为图案，否则会显得过于夸张。

2. 套裙的规范穿着礼仪

套裙要想穿出优雅漂亮，就必须掌握规范穿着礼仪，才能真正展示出服装美与形象美。需注意以下几个方面：

（1）套裙大小要合适

套裙必须大小相宜。过大或过小，过肥或过瘦，都会影响美好的形象。套裙中的上衣一般最短可以齐腰。裙子最长可以达到小腿的中部，最短不宜短于膝盖处。裙子过长会显得人散漫不精神，过短会显得不文雅。

（2）套裙穿着要到位

穿套裙时，应将其认真穿好，注意以下几点：上衣领子要整理好，上衣的扣子要全部系好；不能当众将上衣随便脱下来；裙子要穿得端端正正；仔细检查穿着细节，例如，扣子是否全部系好，拉链是否拉好，袜子有没有破洞。

（3）着套裙要与妆容相协调

正式场合的女性着套裙，要注意着装与化妆相协调。套裙要突出什么风格，就应搭配相应的妆容。职业女性在穿套裙时，既不可以不化妆，也不可以化浓妆。不化妆会显得没精神，也是对他人的不尊重；化浓妆则会显得太夸张，不符合职业女性稳重大方的形象要求。因此，着套裙时应以淡雅妆容为宜，既能维护个人的形象，又能突出工作能力和敬业精神。

（4）着套裙要与举止相协调

正式场合女性着套裙一定要注意举止要稳重得体，不失文雅之感。职业套裙给人以优雅大方之美感，如果不注重个人的一举一动，就会影响风度与魅力。

3. 着套裙的和谐搭配

要想穿出套裙的庄重与美丽，就应注重与之相协调搭配的衬衣、内衣、衬裙、鞋子和袜子的选择与搭配。

（1）衬衣、内衣的搭配

①面料要轻薄而柔软。这样穿着舒服，又能显得高雅。

②色彩要雅致而庄重。除了"基本色"的白色之外，其他颜色，包括流行色在内的，只要不过于鲜艳，而且与所穿的套裙颜色相协调的颜色，都可以选择为衬衣的颜色。但最好还是以单色为佳。

③要系好衬衣扣子。除最上端的一粒纽扣不系外，其他纽扣不得随意解开，以免有不雅之态。

④不得在正式场合直接外穿衬衣。按照国际礼仪的要求，女性不可以在正式场合脱掉外衣，直接外穿衬衣，这样会给人一种不正式之感，也会显得不庄重。

⑤不许外露内衣。穿好套裙后一定要仔细检查，看一下内衣与套裙的大小是否相配套，不要有外露或外透，以免给自己的形象造成不雅之感。

（2）鞋子搭配

有人说："要了解一位职业女性的服饰品位，看一下她所穿的鞋子即可。"由此可见，鞋子对职业女性的重要性。在正式场合，鞋子颜色的选择，要和套裙的颜色相协调，深色系列的套裙最好配黑色皮鞋；浅色系列的套裙最好配与之相协调颜色的皮鞋，如果搭配不当或反差太大，会给人造成一种头重脚轻或头轻脚重的感觉；最好搭配4厘米以上的高跟鞋，会使女性精神焕发并充分展现出身材的曲线美。

在正式场合切忌穿露趾、平跟、镂空、拼皮、亮闪闪的凉鞋或高筒靴。这类款式的鞋子都不适合在正式场合穿，会显得不够庄重。

（3）袜子的搭配

①选择质量好的连裤袜。正式场合女士选择袜子时首先要考虑所选袜子的质地要好，再就是要穿连裤袜。

②单色为标准色。肤色、黑色、灰色都可以在正式场合搭配套裙，可根据季节来选择袜子的颜色。正式场合不可以穿网格、花纹的袜子。

③袜子要完好无损。要仔细检查袜子，不要有抽丝、破洞，也不要用指甲油涂抹抽丝之处，破洞或抽丝的袜子不应再穿。

④不可当众脱袜。有些女性平时有空时习惯把鞋子脱下或半脱下，甚至把袜子也脱下来。这些习惯都是有失身份的不雅行为，应注意避免。

⑤袜口不宜外露。女士在正式场合穿套裙，不能将袜口外露，这样会让人感觉腿部的视线很乱，很不好看，会严重地影响女性文雅的形象。

（五）工装的穿着要求

工装是标志一个人从事何种职业的服装。旅游工作人员穿上醒目的工装，不仅是对宾客的尊重，而且便于宾客辨认，同时自己也会产生一种职业的自豪感、责任感，是敬业、乐业在服饰上的具体表现。旅游行业的工装，是经过精心的设计与搭配而成，在穿着时无论是男士还是女士的总体礼仪要求是一致的。

①按标准着装。各岗位需按照规范的着装要求着装，不允许自己随便搭配工装以外的服装。

②整洁完好，无褶皱。应始终遵循整洁、雅致、和谐、恰当的原则。服装熨烫平整，扣子齐全，拉链完好。工装上不可有菜汁、油渍和其他污迹，不可有漏

缝、破边、破洞等。

③饰品佩戴要慎重。着工装时一定要考虑工作岗位的因素。管理人员可佩戴简单的饰品，如耳钉、项链；为客人直接服务的人员是不允许佩戴任何饰品的，如客房服务人员、餐饮服务人员。

④淡妆上岗为礼貌。着工装上岗必须化淡妆。这样既能体现个人靓丽的形象，也是对客人的一种尊重。素面朝天不化妆，是不符合旅游行业服务礼仪要求的。因此，女性人员必须学会化妆。这是旅游行业职业素养的要求。

（六）首饰的佩戴礼仪

与服装相搭配的饰品，永远只能是服装的一种补充或点缀。如果过多地在饰品的质地、种类上做文章，让自己披金戴银、满身"珠光宝气"，只会给别人留下"浅"和"俗"的不良印象。旅游接待人员，一般情况下是不能随便佩戴饰品的，只是在参加或出席一些重要的社交活动或礼仪活动，才可选择一些适合活动场所气氛的装饰品。选择饰品的基本原则是：大方、简单、单纯、雅致。

1. 男士饰品佩戴礼仪

（1）领带的佩戴

出席正式场合，所选西服的款式最好与领带风格协调。穿西服与打领带时应注意以下几点：①领带的宽窄应与西服领的宽窄、身材的高矮、场合相协调。②领带的颜色搭配应与同类色、类似色、对比色相呼应。③领带的系法应以场合、西服类型等方面的因素不同而不同。

（2）手表的佩戴

手表是男士非常重要的饰品之一，往往体现男士的地位和身份，也是象征男士文化涵养与人格魅力的外在表现。因此，男士在选择手表时，应遵循国际礼仪中男士绅士风度的要求去佩戴手表。①选择机械型手表。不能选择电子表、运动型手表，这些都不适合在正式场合佩戴。②选择价格适当的手表。手表的价格可根据个人的具体情况佩戴。一般在正式场合男士所佩戴的手表不要太低档，否则会有损自己的高雅形象；可否佩戴奢侈品手表要根据场合而定。③选择外形庄重大气手表。正式场合，男士应选择外形为正圆形、椭圆形、正方形、长方形手表，造型庄重、保守，适用范围广，比较适合男士在正式场合佩戴。④选择单色的手表。正式场合男士手表的颜色一般是金色、银色和黑色，也就是说表盘、表壳、表带均有金色、银色、黑色的手表，是最理想的选择。不可佩戴有图案、三种颜色以上的手表。

（3）手机的佩戴

手机这种本该属于通信工具的物品，逐步成为一种饰品而被社交圈的男士所青睐。①将手机放在公文包里或西装的内侧口袋里。有些男士将手机放在西装外衣口袋里，使衣袋看上去鼓鼓囊囊。这是非常不符合礼仪要求的。②接听电话要注意场合。有些男士有时不分场合地拨打或接听手机，以显示自己的富有和派头，这都是缺乏修养的表现。在正式场合要关闭手机，或调整为振动模式。③不可随便玩手机。现在很多人手机不离手已成为一种习惯，但一定要注意场合，如在开会、学习、与人交谈时，不能随便拿起电话玩手机。这样会显得心不在焉，给人以不尊重他人的感觉，是一种严重的失礼行为。

（4）腰带与手包的佩戴

①黑色皮带为宜。皮带是男士应重视的饰品之一，正式场合男士的着装应配黑色皮带，这样会显得简单和稳重。但有些男士盲目佩戴黄色、棕色、红色的皮带，都会让人感觉不协调，更不符合礼仪要求。②黑色皮包为宜。在正式场合男士应随身携带黑色皮包，皮包以正式款为好，不宜佩戴布包、休闲包等，会显得太随意不上档次。男士皮包样式的选择应简单大方，不宜太烦琐。

2. 女性饰品佩戴礼仪

与男士饰品的简单、单调相比，女性的饰品佩戴则要丰富得多，当然就有更多的讲究。女性佩戴饰品时，要坚持两点原则：第一，一般正式场合，佩戴的饰品首先应该是简单、精致、高雅。饰物以点缀为主，如果杂乱便会"喧宾夺主"，不仅衬托不了服装，而且会影响一个人的整体风格。第二，若需佩戴一种以上的饰品，要注意饰物的风格、外形、颜色要协调一致，最好是成套或成系列的。例如首饰三件套中的戒指、耳环、项链，若选择佩戴金项链时，耳坠、戒指最好也选金的。

（1）戒指的佩戴

一般只戴一枚戒指，而且戴在左手上。戒指戴在不同的手指上有不同的含义：戴在食指上，表示无偶求爱；戴在中指上，表示正在恋爱中；戴在无名指上，表示已订婚或结婚；戴在小指上，表示自己是一个独身主义者。在社交中，应注意准确地传递戒指的特定信息，以免造成误会。

（2）手镯与手链的佩戴

手镯与手链都是手腕部的装饰品。一般情况下，如果在左臂或左右两臂同时佩戴，表明佩戴者已经结婚。如果仅在右臂佩戴，则表明佩戴者是自由而不受约束的人。另外，戴手表不应同时戴手镯或手链。

（3）项链的佩戴

佩戴项链时，要注意与个人条件相配。脖子细长的人适宜戴颗粒较大或直径较粗的项链，但项链下垂得不要太长；比较粗壮结实的项链，年龄较大的人戴着更合适；双套链、三套链立体感强，美观雅致，少女佩戴倍添姿色。

（4）耳环的佩戴

佩戴耳环要与脸型相适应。圆脸型的人适宜选用链式耳环，不要戴又大又圆的耳环；方脸型的人适宜选用小耳环，不要戴过于宽的耳环；长脸型的人适宜选用宽宽大大或圆圆的耳环，不要戴过长而且下垂的耳环。

（5）手包的佩戴

女性在正式场合应佩戴手包为规范礼仪要求。应用不同颜色和不同款式的包包来搭配不同的服装。这样既能衬托服装与包包的独特之美，又能展现气质高雅、风度翩翩的个人形象。

第三节 旅游交往与接待礼仪

一、交往礼仪

交往礼仪是人们在社会交往中应该遵循的律己敬人的行为规范，也是处理人际关系和社会交往事务时约定俗成的习惯做法。在日常交往时，要充分运用行之有效的沟通技巧，善于从人际交往中获得有益信息，用礼仪规范指导自己的交际活动，更好地向交往对象表达自己尊重、友善之意，以增进彼此之间的了解与信任。

（一）握手礼仪

握手礼是在一切交际场合最常使用、适应范围最广泛的见面致意礼节。它表示致意、亲近、友好、寒暄、道别、祝贺、感谢、慰问等多种含义。从握手中，往往可以了解一个人的情绪和意向，还可以推断一个人的性格和感情。有时握手比语言更充满感情。握手时应当注意以下几个方面的问题：

1. 握手礼的正确姿势

握手时，一般距离受礼者 1 米左右，上身略微前倾，自然伸出右手，四指并拢拇指张开，两人的手掌与地面垂直相握，上下稍许晃动后即松开。握手时要注视对方，微笑致意或简单地用言语致意、寒暄。

2. 握手礼中谁先伸手

在公务场合，握手时伸手的先后顺序主要取决于职位、身份；在社交场合和休闲场合，主要取决于年龄、性别和婚否。握手礼应遵循"尊者居前"的原则。一般来说，伸手的基本顺序是：主人与客人之间，客人抵达时主人应先伸手，客人告辞时由客人先伸手；年长者与年轻者之间，年长者应先伸手；身份、地位不同者之间，应由身份和地位高者先伸手；女士和男士之间，应由女士先伸手。

3. 握手礼的力度

男士和女士握手一般不能握得太紧或太松，力度应适中。但老朋友可以例外，但也不能握痛对方的手。

4. 握手礼的时间

握手的时间长短应根据双方的身份和关系来定，一般时间以 3 秒左右为宜。

5. 握手礼的禁忌

①握手时不要将左手插在裤袋里，不要边握手边拍人家的肩头，不要在握手时眼看着别处或与他人打招呼，应用右手，不戴手套（特殊情况除外）。

②当别人与你握手时，切忌贸然伸手，更不能拒绝，不得应付。

③握手时手要干净，忌戴墨镜握手；人多时不要交叉握手和抓指尖式握手。

④与上级、长辈握手时，应双手捧握；军人与对方握手时，应先敬礼再握手。

⑤忌握手时目光左顾右盼，心不在焉。

（二）鞠躬礼

鞠躬礼是用来表示对他人的尊敬而普遍使用的一种致意礼节；也是中国、日本、朝鲜等国家的传统礼仪。鞠躬礼除了向客人表示欢迎、问候之外，还用于下级向上级、学生向老师、晚辈向长辈表示由衷的敬意，有时也用于向他人表示深深的感激之情。鞠躬礼常见的适用场合有演员谢幕、讲演、领奖、举行婚礼、悼念等。另外，各大商业大厦和饭店宾馆也应用鞠躬礼向宾客表示欢迎和敬意。

1. 鞠躬礼的正确姿势

行礼者在距受礼者两米左右进行；行礼时，以腰部为轴，头、肩、上身顺势前倾；双手应在上身前倾时自然下垂放两侧，也可两手交叉相握放在体前，面带微笑，互视对方，还可附带问候语，如"你好""早上好"等。施完礼后恢复原状。

2. 鞠躬礼的方式

①一鞠躬礼。适用于社交场合、演讲、谢幕等。行礼时身体上部向前倾斜约15° ~ 30°，随即恢复原态，只做一次。

②三鞠躬礼。主要适用于传统婚礼、悼念活动等。行礼时身体上部向前下弯约90°，然后恢复原样，如此连续三次。

3. 鞠躬的场合与度数

鞠躬的深度视受礼对象和场合而定。一般问候、打招呼时施15° 左右的鞠躬礼，迎客与送客分别行 30° 与 45° 的鞠躬礼，90° 的大鞠躬常用于悔过、谢罪等特殊情况。

4. 鞠躬礼的应用要领

①行鞠躬礼必须脱帽。用右手握住帽前檐中央将帽取下，左手下垂行礼，用立正姿势。男士在鞠躬时，双手放在裤线稍前的地方，女士则将双手在身前下端轻轻搭在一起。注意头和颈部要梗直，以腰为轴上体前倾，视线随着鞠躬自然下垂，礼后起身迅速还原。敬礼时要面带微笑，施礼后如欲与对方谈话，脱下的帽子不用戴上。

②受礼者应以鞠躬礼还礼。若是长辈、女士和上级，还礼可以不鞠躬，而用欠身、点头、微笑示意以示还礼。

③上台领奖时，要先向授奖者鞠躬，以示谢意；再接奖品；然后转身面向全体与会者鞠躬行礼，以示敬意。

（三）介绍礼仪

介绍是社交活动和人际交往中与他人进行沟通、增进了解、建立联系的一种基本方式。学会介绍自己和他人，是社交的一项基本功。通过介绍，可以缩短人们之间的距离，以便更好地交谈、更多地沟通和更深入地了解。在日常生活与工作中常用的介绍有以下四种类型：自我介绍、他人介绍、为他人作介绍和集体介绍。

1. 自我介绍

自我介绍是交际场合常用的介绍方式，主要用于为自己搭建平台认识对方、结交朋友。一般来讲，自我介绍时有三点注意事项：首先，先递名片，再做介绍，以加深他人对自己的印象。其次，自我介绍的时间要简短，尽量控制在 1 分钟之内。当然，如果对方也有与自己相识的愿望，并非常热情，可进一步做自己介绍。最后，自我介绍的内容要规范，一般应介绍单位、部门、职务、姓名四个要素。

2. 他人介绍

他人介绍，又称第三者介绍，即由第三者为彼此不相识的双方引见、介绍的一种方式，自己则处在被介绍人位置。如果你是身份高者、年长者，应立即与对方热情握手；如果是身份低、年轻者，应根据对方的反应而做出反应（如对方伸手，应立即回握）。

3. 为他人作介绍

为他人介绍，通常是介绍不相识的人相互认识，或者把一个人引荐给其他人的一种介绍方式。介绍时要注意以下礼节：

（1）介绍的姿势

介绍别人时，手势动作要文雅，无论介绍哪一方，都要五指并拢，掌心向上，指向被介绍一方。切记不要手指尖朝下，因为朝下是矮化对方的肢体语言。同时，不要以单指指人。

（2）介绍的顺序

一般是先将年轻的介绍给年长的、将职位低的介绍给职位高的、将主人介绍给客人、将男士介绍给女士、将晚到者介绍给早到者、将未婚的介绍给已婚的。简单地讲即为"尊者居后"的顺序。但在实际介绍中，还需要灵活掌握。尤其在政界、商界和军界的职场中，介绍不分男女老少，均以职位高低或受尊重程度为衡量标准并给予介绍。

4. 集体介绍

如果被介绍的双方，其中一方是个人，一方是集体时，应根据具体情况采取不同的办法。

（1）将一个人介绍给大家

这种方法主要适用于在重大的活动中对于身份高者、年长者和特邀嘉宾的介绍。介绍后，可让所有的来宾自己去结识这位被介绍者。

（2）将大家介绍给一个人

这种方法适用于在非正式的社交活动中，使那些想结识更多的、自己所尊敬的人物的年轻者或身份低者满足自己交往的需要，由他人将那些身份高者、年长者介绍给自己；也适用于正式的社交场合，如领导者对劳动模范和有突出贡献的人进行接见；还适用于两个处于平等地位的交往集体的相互介绍；适用于开大会时对主席台就座人员的介绍。将大家介绍给一个人的基本顺序有两种：一是按照座次或队次介绍；二是按照身份的高低顺序进行介绍。千万不要随意介绍，以免使来者产生厚此薄彼的感觉，影响情绪。

（四）合十礼仪

合十礼仪，又称合掌礼，即把两个手掌在胸前对合，掌尖和鼻尖齐高，手掌向外倾斜，头略低，兼含敬意和谢意双重意义。合十礼原为印度的一种礼节，后来为东南亚佛教国家及各国佛教徒普遍采用的一种见面和告别礼节。

合十礼一般分为三种形式：

1. 跪合十礼

行礼时，右腿跪地，双手合掌于两眉中间，头部微俯，以示恭敬虔诚。此礼节一般为佛教徒拜佛祖或高僧时所行之礼节。

2. 蹲合十礼

行礼时用于佛教盛行国家的人拜见父母或师长时用。

3. 站合十礼

将合十的掌尖举至两眉间，以示尊敬。此礼节行礼时，要站立端正，将合十的掌尖置于胸部或口部，以示诚意。此礼为佛教国家平民之间、平级官员之间相拜，或公务人员拜见长官时用。

合十礼讲究行礼的顺序和施礼手掌的高度。见面时，地位低、年轻者应向地位高、年长者先行合十礼，而地位高、年长者还礼时，手的位置可低些。一般来说，施合十礼的双掌举得越高，表示尊敬的程度越深，但一般不宜高过额头。另外，在行合十礼时，不可同时点头。

二、办公礼仪与网络礼仪

（一）电话礼仪

在日常工作中，正确地使用电话的语言很关键，它直接影响着一个公司的声誉；在日常生活中，我们通过电话也能粗略地判断对方的人品、性格。因而，掌握正确的、礼貌待人的打电话方法是非常必要的。

1.接听电话礼仪

①迅速接听。听到电话铃声，应迅速地拿起听筒，在三声之内接听。

②电话接通后，礼貌地问候并自报家门。常用"您好"，然后自报家门或自我介绍。如果是在单位接电话，要报出单位或部门的名称，例如"您好，××酒店前台。"如果需要，还可表达愿意为对方效劳。例如，"您好！××酒店，很高兴为您服务，请问有什么可以帮您？"

③通话过程中多用礼貌用语。应当根据具体情况适时选择运用"谢谢""谢谢贵单位的信任""请问您还有其他需要吗""请""对不起"之类礼貌用语。

④认真聆听，弄清来电话者的目的、内容。每个公务电话都重要，不可敷衍。如果对方要找的人不在，切忌只说"不在"就把电话挂了。要尽可能问清事由委婉地探求对方来电目的；如自己无法处理，也应认真记录下来，避免误事。这样还可以赢得对方的好感。

⑤认真清楚地记录通话内容。接电话时最好是左手拿话筒，这样做是为了便于右手记录或查阅资料。电话记录既要简洁又要完备。在记录时应牢记 5WIH 技巧，详细记下"When（何时）、Who（何人）、Where（何地）、What（何事）、Why（为什么）、How（如何进行）"等内容，并保留相关资料。认真记录对打接电话具有相同的重要性。

⑥想要主动结束通话时，应征求对方同意。例如："就谈到这里，好吗""您看，这样行吗""请问您还有其他事情需要我帮助吗"。若对方同意后，还要轻缓地挂上电话。

2.拨打电话的礼仪

①选择恰当的时间打电话。如无特殊工作需要，有四个时段不宜打电话给别

人：工作日早上 7 点以前、节假日 9 点以前，三餐时间，晚上 10 点以后。办公电话宜在上班时间 10 分钟以后和下班时间 10 分钟以前拨打。

②做好打电话前的准备。例如，考虑好通话内容，准备相关资料、记录本等。

③电话接通时，必须先问候、确定对方的身份或名称，再自报家门，然后再告知自己找的通话对象以及相关事宜。

④通话内容表达要尽量简洁明了。通话时注意控制时间，一次电话的通话时间一般控制在 3 分钟以内为宜。

⑤结束通话应由打电话者提出。结束通话，一般由打电话的一方提出，应客气地道别，说一声"非常谢谢，再见"。

⑥拨号后如无人接听，应待电话声响六七声后再挂断。如果要找的通话对象不在要道谢，拨错电话要道歉。

3. 接打电话时的共同礼仪要求

①面带微笑。面带微笑虽然不是对语言的直接要求，但能够直接影响有声语言的声音色彩及情感表达，使声音更加有感染力。

②使用文雅、礼貌的语言。使用文雅、礼貌的语言是对通话对象尊重的直接体现，也是个人修养的基本功。

③使用准确、规范的语言。用语规范首先是要求使用国家宪法明确规定推广的普通话，力求语音标准、吐词清晰，用词规范、表达准确。

④语调自然，语气温婉。为了达到良好的通话效果，通话中要注意语音、语调、语气等方面问题，力求语调自然，语气温婉。另外，通话中注意让话筒与嘴部保持 2～3 厘米的距离，能帮助保持音量的适度。

（二）手机礼仪

1. 遵守公德

在公共场所，要尽可能地不使用手机。在重要场所，应自觉地关闭手机，或者将铃声改为"振动"或者"静音"，特别是参加会议、宴会时；观看电影、演出时；在图书馆读书时；参观各类展览时，尽可能不接听电话或要接听也要到无人之处。如在火车、汽车、飞机上接听电话，应压低音量，切勿当众高声喧哗，以免影响他人。

2.注意安全

在自己开车时或对方开车时不要接打电话；不要在病房、飞机、油库等地方使用移动电话,以免信号干扰影响医疗器械的使用、干扰飞机的飞行、引发爆炸等。

3.放置到位

手机应放到既便于使用又合乎礼仪的位置。在正式场合, 应将手机放到随身携带的公文包或上衣口袋里。参加会议时, 为了既不误事又不妨碍他人, 可暂交由秘书或会务人员保管；与人坐在一起交谈时, 可将其暂放于不起眼之处, 如手边、身旁、背后等。

4.重要场合禁止携带手机

在重要的会议、重要的活动、保密性活动等场合, 不能将手机带入现场, 以免引起意外发生, 也是自觉遵守规则的体现, 更是讲究礼仪原则的体现。

5.在他人面前不可随意玩手机

在与人交流时, 不可以随意翻看手机, 会让他人感到你的不专心, 也是不重视他人的表现。如果与人交流时, 真有重要电话需接听, 可礼貌地说声："抱歉, 我需要接一下电话。"

（三）电子邮件礼仪

现在, 电子邮件是商务往来一种不可或缺的通信工具, 因为它使用便捷, 速度快, 为办公、日常生活带来了莫大的便利。在写电子邮件的时候, 要采用日常办公运用的商业信函格式, 使用正规的文字, 不用或避免使用网络语言。

1.主题栏

主题要明确, 一目了然, 避免使人一头雾水, 不知所云, 当作垃圾邮件删除。

①一定不要空白标题, 这是最失礼的。

②标题要简短, 不宜冗长。

③标题要能反映文章的内容和重要性, 切忌使用含义不清的标题, 如"王先生收", "有个问题"等。

④一封信尽可能只针对一个主题, 不在一封信内谈及多件事情, 以便于日后整理。

⑤可适当使用大写字母或特殊字符来突出标题, 引起收件人注意, 但应适度, 特别是不要随便使用"紧急"之类的词语。

⑥回复对方邮件时，可以根据回复内容更改标题。

2. 称谓

称谓要准确，切不可含混不清。

①邮件的开头要称呼收件人。这既显得礼貌，也明确提醒某收件人，此邮件是发给他的，要求其给出必要的回应；在多个收件人的情况下可以称呼"大家""ALL"。

②如果对方有职务，应按职务尊称对方，如"x 经理"；如果不清楚职务，则应按通常的"先生"或"女士"称呼，但要先搞清楚性别。

3. 正文

正文要简明扼要，不要啰嗦，拖泥带水。如果内容较多，最好是分成几小段，让人看得清楚明了。

①电子邮件正文应简明扼要地说清楚事情；如果具体内容确实很多，正文应只作摘要介绍，然后单独写个文件作为附件进行详细描述。正文行文应通顺，多用简单词汇和短句，准确清晰地表达，不要出现晦涩难懂的语句。

②在一封邮件中交代完整信息，最好把相关信息全部说清楚。不要过两分钟之后再发一封"补充"或者"更正"之类的邮件。这会让人很反感。

③电子邮件正文多用1、2、3、4之类的列表，以使之清晰明确。如果事情复杂，最好列几个段落进行清晰明确的说明。每个段落尽量简短，不可过分冗长。

④尽可能避免拼写错误和错别字，注意使用拼写检查。这是对别人的尊重，也是自己态度的体现。如果是英文电子邮件，最好把拼写检查功能打开。在邮件发送之前，务必仔细阅读一遍，检查行文是否通顺，拼写是否有误。

⑤合理地提示重要信息，但不宜过多，否则会让人抓不住重点，影响阅读。

⑥合理地利用图片、表格等形式来辅助阐述。包含较多技术介绍或讨论内容的邮件，单纯以文字形式很难描述清楚。如果配合图片和表格加以阐述，会表达得更加清楚。

4. 附件

①如果邮件带有附件，应在正文中提示收件人查看附件。

②附件文件应以有意义的名字命名，让人能够看明白。

③正文中应对附件内容做简要说明，特别是带有多个附件时应打包压缩成一

个文件。

5. 祝语

可以写："祝您工作愉快，工作顺利"，或者"顺祝商祺"等，表示真诚。

6. 落款

①落款至少应包括单位名称、个人姓名、日期等信息。

②在信件中一定要写明你的联系方式，最好是手机号，保持随时沟通。

③个性化表达，如一张笑脸、一朵玫瑰花等方式，会显得更加亲切友善。

④礼貌致谢，表示尊重与友好。

7. 回复

要及时回复电子邮件。收到他人发来的重要电子邮件后，立刻回复对方，往往是必不可少的礼仪。这是对他人的尊重。

（四）QQ 礼仪

现在基本上每个人都用 QQ，但是在方便联络的同时，你是否注意 QQ 礼仪？QQ 礼仪就如同人与人之间实际交往礼仪同等重要，如果你不懂，就会引来对方的反感，从而使自己在对方心中的印象大打折扣。所以，遵循必要的礼仪是非常重要的。

①以真诚交友为原则。加为 QQ 好友要以真诚为原则。如果是陌生人最好不加为好友，必要时要弄清楚对方的真实身份，不可以随意加为好友，在网络上结交素不相识的人要谨慎，以免带来麻烦。如果加为好友就应以诚相待。

②注重维护 QQ 自我形象。不论是发表说说还是空间内容，都应积极健康。有人认为在 QQ 里可以随意发表内容，这是非常不正确的想法。因为 QQ 交往也是一种交往的方式，你的 QQ 就展现了你的风格，包括性格、爱好、文化、品位等，别人通过你在 QQ 里的内容就能感知你是一个怎样的人。因此，要在 QQ 里注意自己的公众形象，不可以随意发表缺乏"正能量"的内容。

③在线应礼貌。在线时如果不是隐身，别人与你打招呼时，应礼貌回应。

④注意聊天用语。聊天时不能只用"呵呵""哈哈""哦""嗯"之类的感叹词或者表情符号。如果用了，必须在后面跟上一句完整的语言。

⑤传输资料时应提前告知。传输资料时，应提前与对方联系，讲明要传输资料，请对方接收资料。切不可冒昧给对方传送，会让对方感到突然，这是非常不

礼貌的做法。

（五）微博礼仪

微博是个人或组织发布信息，相互交流，表达看法的一种工具。大家在微博上彼此互动却不见其人，但微博绝非一个纯虚拟空间，微博上的一言一行，都能体现出每个人的不同学识、气质形象与品行素养。而官方微博则更是一个直接的窗口，可以与公众进行互动交流，建立良好的公众形象。个人微博也是展现自我，记录成长与经历，体现自我形象的一种公众形式。所以，要特别注重微博礼仪。

①语言要有礼貌、生动、风趣、真实。文明的微博用语，不仅有助于培养积极健康的心态，而且是一种热情、亲和、开放合作的精神体现。在互动中穿插趣味、生动性的回复，偶尔与大家开开小玩笑，也会起到很好的效果。微博文字中的"小表情"，也可很好地辅助传递情绪，体现人性化的感性内涵。同时，所有发布内容要确保真实。

②巧妙利用私信，进行私密对话。如果一些带有敏感性问题不适合公开交流的话，那么不妨给对方发私信。同时要注意，如果没有必要进行私密沟通的事宜，应尽可能不以发私信的形式来处理，以免让对方产生反感。

③积极参与公益活动的转发。这样不仅有利于树立良好的形象，而且有利于增加粉丝数量。

④对于公众的需求，积极给予协助。帮助别人等于帮助自己，付出越多，收获越多。对于他人的求助，应热情回应并给予帮助。你主动帮助了他人，他人会十分感谢你，增加对你的好感，对企业品牌更加信任。

（六）微信礼仪

微信是一种非常方便的交流方式。人们看到好的帖子、文字、图片都会转到朋友圈分享给大家。如今，微信给我们的生活带来了极大的便利，但是极少有人懂得微信使用礼仪。

①不要招惹是非。带有明显政治激进色彩的内容和图片不发为好，这样可使你远离是非。

②不能过于低俗。过分低级庸俗的内容和图片不宜转发。

③不能诅咒他人。在微信里不可强迫别人转发你的作品，比如："转了将走

大运、发大财，不转将会如何如何……"这是微信交流中的大忌。

④不能泄露他人隐私。不能随意发表未经他人同意、带有个人隐私性质的内容和图片。

⑤点"赞"了才能转。看到别人精彩文段和图片意欲转发时，应先点"赞"后转。这是礼貌，也是涵养。

⑥注意礼尚往来。别人向你"打招呼"时，应尽可能及时予以回应。

⑦发自己情况注意尺度。在朋友圈里不发有关个人生活琐碎和烦恼的事。这既影响朋友们的情绪，又耽误朋友们的时间，也会暴露个人隐私。

⑧注重保密性。涉及国家和工作单位机密时不要乱发帖子，哪怕一对一发送也不妥。在信息网络时代，这些信息都有被记录和泄露的可能。

⑨学会从中领悟。对经典的微信可加收藏，要经常看，经常读，领悟其内涵，就会不断有新发现、新感受、新提高、新收获。

⑩正式场合不玩微信。在正式场合玩微信是非常失礼的，除非双方要互加微信好友。因此，玩微信应注意场合。

k注意防盗。尽量使用公共 Wi-Fi 信号，千万不要轻易使用私人 Wi-Fi 信号。

三、接待礼仪

（一）拜访与接待

1.拜访礼仪

（1）事先有约

去他人的工作单位和住所拜访，可以提前通过写信、打电话等方式预约并把拜访的目的告诉对方。

（2）时间恰当

到工作单位拜访，最好不要选择星期一，因为星期一是一周的开始，往往是大家最忙的时间。如果是到家里访友，时间最好安排在节假日的下午或晚饭以后。尽量避开对方用餐时间，除非是对方请你赴宴。晚上访友不宜太晚，以免影响主人家的休息。

（3）认真准备

在拜访之前，应根据访问的对象、目的、场所等，将自己的衣饰、容颜适当地修饰一番。注意仪表仪容端庄，容光焕发。

（4）遵时守约

要按事先预定的时间如期赴约，不能迟到，也不要早到。按双方约定的时间准时到达最得体。一般比约定时间早或迟到两三分钟，原则上也是允许的。

（5）进门有礼

拜访时，进门之前应先敲门或按门铃。按门铃的时间不要太长，敲门声也不要太大，只要主人能够听到就可以了。待主人请你进房时，方可入内。进房前，应礼貌地询问是否要换鞋；随身的外衣、雨具以及携带的礼品或物品，应放在主人指定的地方。主人开门之后，如未邀请入室，不要擅自闯入。如果入室之后，主人没请你脱下外衣或就座，则表示主人不打算留客，你应简短地说明来意后立即离去。

（6）做客有方

进门后，应主动向所有相识的人（包括主人的家人或先到的客人）打招呼、问好。如主人没有向你介绍其他客人，不可随便打听其他客人与主人是什么关系。主人请你入座时，应道声"谢谢"，不要自己找座位，要根据主人的邀请，坐在主人指定的座位上。没有主人邀请，不应该提出参观主人的房间，更不应该到处乱闯，特别不应该随便进入卧室。即使是比较熟悉的朋友，也不要去触动主人的物品和室内陈设、书籍。对主人家的个人生活和家庭情况不要过度关心，否则也是不礼貌的。

（7）适时告辞

拜访的时间不宜过长。告辞时应对主人的款待表示谢意，并说一些"打扰了""添麻烦了""谢谢"之类的客套语。如有必要，还应根据对象和实情说"请你以后多指教""希望以后多多合作"等。若主人的长辈在家，应先向长辈告辞；若主人处还有其他客人，也要礼貌地道别。出门后应主动请主人留步，礼谢远送。

2.接待时的礼仪

（1）精心准备

第一，应保持接待环境整洁。第二，根据客人年龄、性别、爱好，备好茶水、果品和其他待客的必备物品。公事拜访还要准备客人所需的资料。第三，要做好个人仪表的准备。衣着要整洁大方。第四，根据需要，还可以做好膳食、住宿和交通工具的准备。

（2）热情迎客

对于来访的客人，主人可根据情况亲自或派人到大门口、楼下、办公室或住所门外迎接。对来自远方的客人，应主动到车站、码头、机场迎接。当接待人员带领客人到达目的地，应该有正确的引导方法和引导姿势。客人到来时，要立即请其入室，室内的人都应起身相迎。端坐不动随便请客人自己进来，会使客人感到不受重视。对家人、亲朋好友或同事，也要一一介绍，以表现出友好的态度。然后安排客人就座，应把最佳的"上座"位置让给客人坐。客人进屋后，主人要协助客人把携带的物品放好。

（3）周到待客

待客之礼，应是主动、热情、周到、善解人意。为客人上茶，茶水要浓度适中，一般斟 7 ~ 8 分满较为适宜。茶与果品应双手送上。

（4）礼貌送客

如客人提出告辞时，主人应婉言相留。如客人执意要走，也要等客人起身告辞时，主人再站起来相送。如果是非常熟悉的朋友，一般送到大门口、楼下，与客人说"再见"或"欢迎下次再来"的礼貌用语，目送客人远去，再返身回屋。如果是远道的朋友送行，要送到车站、机场或码头，要等火车、飞机、汽车或轮船开动后再离开。

（二）会议接待服务礼仪

会议接待是服务业的一个组成部分，是一项"朝阳产业"。会议接待可以说是一项繁杂的工作，提供的是一种高品位、高档次的服务。因此，接待工作人员要体现热情、礼貌、周到、细致的服务，应特别注意礼仪规范和礼仪细节。

1. 大型会议服务

大型会议的特点是：规格高、场面隆重；政治性、保密性强；与会人数多，代表性广泛；会场使用范围广，持续时间长。为此，需要做好以下服务工作：

（1）会前准备

①了解会议基本情况。接待人员应准确了解和熟悉所接待会议的目的、内容、会期、与会人员的构成情况（如层次、数量、性别、年龄、民族、来源等）；涉外会议还包括信仰、风俗、习惯、忌讳、饮食起居等方面的情况。这是搞好接待

工作的基础。

②建立接待机构，确定接待规格，拟订接待计划（如吃、住、行、娱乐、安全方面的安排）。接待机构内部要有明确的分工，职责到人。接待计划要有弹性，留有余地，在比较容易出现纰漏的环节，做好补救措施。这是搞好接待工作的保证。

③布置好会场。应根据会议主办单位的要求，明确会议服务要求，并提前落实会议场所及会场主席台、发言席、话筒、签到席、横幅（会标）、背景音乐、鲜花摆放、领导休息室等，并提前检测、检查音响、话筒等设备及会议各项要求的落实情况。

（2）会议接待服务规程

①贵宾室服务

贵宾室是接待重要领导会前、会中、会后休息交谈的地方，因此，服务应规范，特别要注意以下几点：第一，环境优美整洁，茶具卫生标准，摆放果盘、餐巾纸、湿巾和相关文字材料。第二，服务人员着装统一，仪表整洁，举止端庄优美，面带微笑。客人到时，服务人应热情主动表示欢迎、问候。第三，沏茶时，斟水至7~8分满为宜，仔细观察饮水情况，并及时续水。续水时随手带小毛巾，以便沾净壶外的水迹。第四，客人离开贵宾室时，要主动礼貌相送，并迅速检查桌面、桌下有无遗忘的物品。

②会议室服务

在会议室内为与会者提供礼仪服务的标准是：第一，整理环境和卫生，保证温度适宜、空气新鲜。第二，按要求摆好指路牌和带有各种标志的牌号。第三，熟悉场内区域座号，主动为与会者引座，做到准确无误。主动搀扶、照顾年老体弱者入座、站立、投票、上厕所等。第四，大会开始时站到工作岗位上，站姿端庄、大方，精力集中，认真观察场内动静。第五，会间休息或休会时，要及时开门，照顾与会者出入或退场。第六，与会者退场后，按分工划分的责任区域认真细致地进行检查，如发现遗忘物品，要记清座排号码，及时上交或汇报。第七，认真做好当日收尾工作，妥善收存各种牌号，准备次日大会的工作。

③主席台服务

第一，搞好主席台上的卫生，擦抽屉、桌面、椅子、地板，保持清洁。第二，穿好制服，着装统一，仪表整洁，精神饱满。提前1小时上岗，对会场进行检查。第三，明确主席台总人数和各排人数、主要领导的座位和生活习惯、招待标准、工作要求。第四，摆放好茶具、湿巾、席签、纸、笔和相关会议材料等。第五，茶杯把手向里，略有斜度（一般不大于90°和不小于45°）。倒水时步态平稳，动作协调，左手小拇指与无名指夹住杯盖，中指与食指卡住杯把，大拇指从上捏紧杯把，将茶杯端至腹前，右手提暖瓶将水徐徐斟入杯中，7~8分满为宜。然后将杯子放到垫盘上，盖上杯盖。第六，对行动不便的与会者要帮助戴好耳机。奏国歌时，照顾自己所负责的搀扶对象起立、落座。第七，第一次隔30分钟续一次水，以后每40分钟续水一次。要根据情况及时为领导和报告人续水。续水时按顺序排队统一上台。第八，会议进行中，舞台两侧各设一人观察台上情况，处理应急事务。对中途退场或上厕所的与会者，要跟随照顾。第九，会议结束时，礼貌地恭送嘉宾，并做好收尾工作。

（3）主席台座位安排

较为大型的会议通常应安排席卡，其颜色、规格、字体应统一。主席台上的座位安排一般是尊者坐正中间，其左手为次尊者，右手再次；依次类推（国际活动时以右为尊）。如果发言人席设在主席台上，一般位于台上最右侧，主持人席在发言人席的左侧；如在主席台外另设发言人席，则主持人席设在主席台的最右侧；有时主持人席也设在主席台的中央。

2.中、小型会议服务

会议按规模分，有几个人到十多人的小型会议；有上百到几百人的中型会议；有上千到几千人的大型会议；有万人以上参加的特大型会议。中、小型会议不仅在机关、企事业单位召开最为普遍和频繁，而且因参加会议的人数、会议的内容、时间的长短不同，对会议的组织方法、礼仪要求也各不相同。

（1）会议的筹备工作

①根据会议规模，确定接待规格。会议规模一般由主办单位决定。如果请上级领导到场，出于对上级的尊重，对外宣传的需要，可将形式搞得隆重些。上级单位主持的会议，因邀请各单位的代表参加，所以会议的接待工作要求比较规范。为了完成上级布置的任务，通常由本单位的一位主要领导直接抓会议准备工作，成立会务组，专题研究布置会议接待的有关工作，明确各部门的职责。

②及时发出会议通知。会议通知必须写明开会时间、开会地点、会议主题及会议参加者等内容。为了使会议参加者能对自己的工作做好安排，还应写明闭会的时间。会议通知要提前发出，以便会议参加者有所准备。根据会议的内容和参

加者的范围，会议通知可采用张贴、邮寄、电话通知等方式。对外地的会议参加者，应在通知上写明住宿的宾馆、到达的路线、应带的材料、会务费等。

③会场的布置。会场的布置包括四周的装饰和座席的配置。较重要的会议，根据需要可在场内悬挂横幅，门口张贴欢迎和庆祝标语。会场可摆放适量的青松盆景、盆花。桌面上的茶杯、饮料等，应擦洗干净，摆放整齐。

（2）会务接待礼仪

①会前检查。会议开始前要对准备工作进行一次全面、详细的检查，如有考虑不周或没落实的要及时补救，以保证准备工作万无一失。

②提前进入接待岗位。会务接待人员必须在与会者到来前30分钟进入各自的岗位并进入工作状态。

③一般会议接待岗位礼仪。

A.签到。设一个签字台，安排多名工作人员，如果是要求接待档次比较高的可派礼仪服务人员承担。签字台上备有毛笔和钢笔及签到本。向客人递钢笔时，应摘下笔套，笔尖对自己，将笔双手递上。如果是毛笔则应蘸好墨汁后再递上。如需要发放资料，应礼貌地双手递上。

B.引座。签到后，会议接待人员应有礼貌地将与会者引入会场就座。对重要领导应先引入休息室，由本单位领导亲自作陪，会议开始前几分钟再到主席台就座。

C.接待。与会者坐下后，接待人员应递茶、递上毛巾，热情地向与会者解答各种问题，提供全面周到的服务。

D.倒茶。会务接待服务人员要注意观察每位与会者，以便及时为其添茶水。倒水时动作轻盈、快捷、规范。杯盖的内口不能接触桌面，手指不要触及杯口，防止杯盖发出碰撞的声音，注意不要让茶水溅到桌面上或与会者身上。如操作不慎，出了差错，不要慌张，应不动声色妥善处置。

E.会后服务。会议结束后，会务接待人员应分工明确，做好善后处理工作，例如清理会议文件，为与会代表送别，安排好交通工具，使其愉快地、及时地踏上归程。

（3）茶歇服务礼仪

茶歇是中小型会议服务中的较高层次的服务程序，主要是在会议中间休息时，为与会者提供饮料、咖啡、糕点、小吃、水果等。在服务时，应主动热情地为每一位与会者服务，并及时添加食物和饮料，不能使茶歇台上出现"空空荡荡"的情景。

3.新闻发布会服务

新闻发布会又称记者招待会。党政机关、企业、社会团体都可以公开举行新闻发布会，邀请各新闻媒介的记者参加。

（1）厅室布置

召开新闻发布会，应选择一个良好的环境。室内气温、灯光要适宜，要有比较舒适的座椅，要安静而无噪声，最好不设电话分机。在厅室正中上方设主席台，主席台由会议桌、扶手椅布置而成。面对主席台摆设椅子、茶几，供与会者使用。布置椅子时，第一，要根据出席的记者人数而定；第二，4～5个椅子一组摆成若干排，留出走道。厅室两侧各摆一张长条桌，铺上台布。把冷饮容器擦净上桌，并用一个玻璃杯放置吸管，供客人自取。

（2）闻发布会服务规程

记者入场后，会议接待人员应热情照顾记者饮水，注意续添桌上的冷饮，及时收回空瓶。会前10分钟，把高杯、冷饮、毛巾端上摆好。引领主席台人员入座，所有服务人员退到厅内两侧。新闻发布会一般时间较短，服务程序也较简单。需要注意的是，当主持人入场时，会议接待服务人员要协助主办单位人员疏通走道，同时要防止记者因抢拍镜头而碰倒厅内陈设和用具。有些单位为了开好新闻发布会，事先准备好一些图表、画片、放大照片、录音带、录像带等。会议接待服务人员应给予协助，以方便记者在现场参观。新闻发布会结束后，要立即清理现场，做好收尾工作。

154

第五章　导游常用带团方法、团队合作与接团服务训练

第一节　导游常用带团方法与团队合作能力训练

一、导游常用带团方法训练

总之，导游员就是一个团队的领导，必须有效地驾驭旅游活动的节奏和内容，主导游客的情绪和意向，努力使游客的行为趋于一致，使一个临时组成的松散团队成为一个井然有序的旅游团队，这样才能带领团队愉快顺利的旅行。

（一）把握全局法

把握全局法是指导游员有计划、有步骤、妥善而又完整地把握团队旅游活动的全过程，并运用灵活机动和确实有效的做法，完成旅游接待任务的带团方法。把握全局法是导游员最重要的工作方法之一，也是导游员工作的灵魂和核心，更是导游员必须具备的职业素质。要把握好整个旅游团队的全局，必须注意以下几个方面。

1.依据游客体质差异，合理布局游览节奏

对一个旅游团来说，体质上的差异是十分明显的。导游员在参观游览时就要重视和注意该问题。导游员应以"我"为核心，四周是紧紧围着或者相对紧跟着你的游客，而不是七零八落、"溃不成军"的"散兵"。因此，导游员一方面要满足游客求新、求美、求知的需求，另一方面又要照顾好年老体弱的游客。

导游员也应该十分清楚，如果走失了一名"弱者"游客，那是导游员的失职行为，同时要把走失者找回来，其消耗的精力巨大。导游员要善于将较长距离的路程（包括爬山等），有计划地分割成几个较短的路程，同时加上导游员在此期间风趣、幽默、出色的"表演"以及得当的宣传鼓动工作，可以比较妥善地解决

游客在体质上的差异问题。

2. 管大抓小，有机结合

所谓"管大抓小"，是指导游员如何正确处理多数游客与少数游客利益关系的问题，同时又是如何把握两者关系的，以尽量圆满解决问题。作为导游员，总是希望游客在他的带领下"步调一致"，但实际上往往事与愿违。这是因为一个旅游团的游客各有所需，游客之间虽然彼此认识，或者同属一个企业，但是他们之间毕竟存在经历、层次和修养等的不同。出于这些原因，加上游客普遍存在"我们是出钱旅游的，导游员应该满足游客需要"的意识，在旅游过程中，时常会出现多数游客与少数游客发生利益矛盾的冲突。在这种情况下，导游员应努力使自己所带领的团队在完成任务的前提下，尽量满足他们合理而又可能的要求，而不应该有意或无意地去伤害少数游客的自尊心。导游员对待游客发生利益矛盾冲突的问题，最为恰当的办法莫过于事先把工作做得尽善尽美，至于游客提出的过分和不合理的要求，应另当别论。

3. 处理好领队与"群头"的关系

一名导游员带团顺利与否，和导游员与团队领队的关系是否密切相关。一般来说，游客把领队视作"保护神"和可信赖者。导游员首先要积极争取领队的支持和配合，不能怀有"我的地盘我做主"的思想。同时，应在尊重和支持领队的基础上，建立起良好的、正常的感情。一方面尽可能地满足对方的需求，合情合理地做到做好"主随客便"，另一方面可以通过领队了解游客的心理和愿望，速记每位游客的姓名，尽早地说出他们的姓和名，这样彼此感情的距离就拉近了。

作为导游员也许都会有这样的体会，就是每一个旅游团中都会自然产生一个或几个"群头"。这些"群头"大都好胜心强，好表现自己的行为。他们在旅游团队中有威望、影响大、说话灵，旅游团队中的游客也都比较支持他们，如果导游员在某些问题上的意见和游客不一致，并且在众人面前指责他们，游客就会煽动"群头"向导游发动"反击"和"进攻"，就会给带团带来不利影响。导游员要妥善处理好与"群头"的关系，办法有两个；一是利用"群头"的特点来积极配合组织好导游工作，充分发挥"群头"的"责任心"；二是导游员主动找"群头"做工作，磋商问题，以满足"群头"的自尊心和荣誉感。

导游员和领队、"群头"的关系处理好了，即使在以后的旅游过程中出现一些遗憾和不足，由他们出面说几句话，遗憾和不足就会得到弥补，游客不愉快的情绪也会很快过去。

4.灵活机动组合活动内容

导游员是旅游活动的组织领导者。在整个游览活动过程中，导游员不仅要当好讲解员，而且要关心游客的各方面需要，要灵活、机动、合理地安排游览活动。

（1）有张有弛，先张后弛

"有张有弛，先张后弛"，生动地反映了导游在带团过程中掌握游览活动节奏的三部曲。导游员对景点景区的考虑应首先遵循"旅速游缓"的原则，对景点的选择采取"先一般后精彩、渐入佳境"的方法，高潮要放在最后。比如，导游员带领游客参观南京时，可先游玩中华门、雨花台、玄武湖等景点，然后再安排东郊三个景点，即中山陵、明孝陵、灵谷寺，不走重复路线和回头路线。总之，导游员要视时间和需要等情况而定，不要一概而论。

（2）先远后近，先高后低

导游员在带团中要兼顾"先远后近"和"先高后低"的原则。所谓"先远后近"，是指在游览活动中，先到离游客住宿点最远的一个景点游玩，然后逐渐向游客住宿点靠近，这样做的目的是给游客一个安全感，等到游览结束，旅游团也离住宿地很近了。

所谓"先高后低"，是指导游员可以先安排爬山项目，这是因为游客在游玩第一个景点时，其精神状态以及体力最为充沛。反之，一天游玩结束前再安排登山活动，也许相当一部分游客由于体力关系，只能望山却步了。

（3）游览内容艺术搭配

导游员是组织游览活动的核心人物。导游员在活动内容的搭配上是否妥当，活动节奏是否合理，都会影响着游客的情绪和心理活动。把握好游览活动中的内容搭配，实质上是掌握导游工作主动权的方法。一般来说，游客参加旅游活动的兴趣既是浓厚的，又是广泛好奇的。这为导游工作提供了良好的前提，问题是如何将这种兴趣和好奇进一步发展和满足，让游客高兴而来，满意而归。

首先，当天的游览景点安排要避免雷同。游客来到异地他乡，他们需要的不仅仅是"到此一游"，更多的是陶冶情操，以及更高的精神追求。现代导游员所提供的服务不仅仅局限在游览层面，还应体现在满足游客多方面、多层次的需求上，并适应游客不断变化的心理需要。

从现代旅游者心理的一般特征来看，共同的心理需求是探奇、求知和美好的期望等，所以，导游员在安排当天的游览内容时应尽量避免重复。如上午安排参观寺庙，下午就可以安排游览园林或参观工厂；又如上午安排游览溶洞，下午最好安排游湖等，参观与游览兼顾是避免内容重复的好方法。

其次，游览要与购物、娱乐活动相结合。旅游中"游"是龙头，其余行、吃、住、购、娱五个环节是龙身龙尾，缺一不可。导游员水平高低就表现在行、吃、住、游、购、娱六个环节调节运用水平的高低，调节运用得法，游客才能得到更大的满足。

5. 交代注意事项永不忘

不少导游员认为，交代注意事项只要选择一个机会总体讲一讲就可以了，何必要谈"重视"二字呢？其实，只要冷静地想想，导游员在整个旅游活动中交代注意事项的数量还少吗？介绍注意事项的实质就是交代安全问题，没有安全就没有旅游。因此，导游员交代注意事项不能一蹴而就，而应体现在时时处处。从导游工作角度考虑，比如游客在景点逗留多长时间，游客怎样解决在异地他乡的诸多不便，游客如何尊重当地的民俗礼仪，游客必须清楚所遵循的规定，特别是国内旅游还要告诉游客在购买土特产品时应妥善处理与当地商家的关系等。导游员轻视或忽略注意事项的交代工作，所造成的后果在导游界是有目共睹的，应该引起广大导游员足够的重视。同时，导游员在带团过程中哪些已经交代过，哪些还没交代过，思路必须清楚，方法必须灵活机动。

6. 灵活掌握，排除干扰

往往有这种情况，导游员在景点或旅游车厢内向游客讲解时，游客不愿听讲，有的还聊天、开玩笑，甚至做其他事情。这些干扰因素既妨碍了其他游客的听讲，同时也使得导游员内心很不快。此时导游员必须控制自己的情绪，并且迅速查找游客产生干扰的原因，及时调整讲解内容、方式方法以及讲解时间，努力使游客产生听讲兴趣。

（二）最佳控制法

1. 控制要得法、精练

经验告诉我们，游客注意力往往集中在对新事物的开头，而不是在末尾。导游员对某一景点的讲解最佳时间控制在 15 分钟之内，如果天气异常冷热，那么讲解时间还要缩短。经验丰富的导游时常有这样一个感觉，在对新的景点讲解或介绍时，时间过长，游客的兴趣会大打折扣，注意力也会下降。

因此，导游员的讲解内容一般要以短小精悍为宜，时间过长和内容枯燥的介绍只能让游客产生疲劳和厌倦情绪，导游员辛勤的劳动也只能在游客这种情绪中付诸东流。当然，制约导游员的因素有许多，善于控制各种因素，结合游客特点和需求进行短小精悍、内容丰富的精彩讲解，是导游员取得成功的关键。为此，导游员面对游客进行讲解时，应当尽可能地简短精练，力求控制。

2. 控制应因人而异

导游员的带团过程均需按旅行社制定的"节目单"进行，"宜长宜短"要由导游员控制。假如是"休闲式"旅游，时间上允许放宽，导游员必须全面生动地讲解；假如时间有限，导游员对景点的讲解需短小精悍，要在有限的时间内把精华部分充分地表达出来。

在旅游过程中，导游员时常会碰到旅游景点游人如织的局面，这种情况下，若导游员讲解时间过长，不但自己很累，游客也容易产生焦虑情绪和分散注意力，有个别游客还可能会走散。此刻，需要导游员在尽可能短的时间内把内容介绍完，避免出现以上情况。有位刚踏上导游工作岗位的导游员，原先准备了一套非常美妙动听的导游词，曾打算在上海豫园门口露一手，谁知带团到了豫园门口一看，真是人山人海，热闹非凡，于是导游员放开嗓门讲了几句话："刚才我介绍了上海的豫园如何的美，有人还存有怀疑，看看现在的场面，豫园的美我就不用提啦。"在场的游客听他这么一说，再亲身体验眼前的情景，都说导游员虽没漂亮好听的导游词，但这是他们听到的最动人、最精彩的导游词。

3. 控制需要随机应变

经验丰富和老资格的导游员常有这种体会，即讲解时间有控制，讲解内容短小精悍和风趣幽默，游客的兴趣就越大；反之，游客就会产生厌倦和疲劳感。如果讲解内容压缩不了，那讲解中间一定要穿插一些生动活泼的提问和对答等之类的导游技巧，其目的是转移游客厌倦情绪和防止疲劳感的产生。

当然，最佳控制法并不是要求所有讲解或介绍都必须控制在 15 分钟以内。最佳控制法要突出一个"佳"字，使讲解内容和游客兴趣有机地结合起来，创造出一种和谐与轻松愉快的气氛，使旅游活动能顺利健康地发展。

（三）话随境迁法

所谓"境"，通常是指导游员和游客之间说话、交流沟通等的具体场景。说话做事不顾及场合，再好的语言、再大的努力也收不到应有的效果，有时可能会适得其反。比如，游客在生气时，你像相声演员那样通篇笑料之语；游客因不慎遗失贵重物品，你像歌唱家那样拉腔拉调，这将会产生怎样的后果？游客心里又会怎样想呢？因此，导游员的一言一行都要符合话随境迁的原则。

所谓"话随境迁"，"随"要随得有艺术，"迁"要迁得有魅力，导游员要充分利用话随境迁的功能，更好地为游客服务。同时，导游员也不要刻意地制造出话随境迁的意境。导游员只有通过努力，积累知识到相当的层次才能对话随境迁运用自如。

话随境迁的方法大体可以分为借景增情、借景增效、借景造绝、借景避直、正话反说等，总之，就是利用场景的微妙关系，言此意彼，达到彼此之间心领神会，摆脱不利困境的目的。

（四）弥补缺陷法

导游员在带团过程中或多或少地会出现各种各样、程度不同的旅游服务缺陷。

所谓弥补缺陷法是指导游员在整个带团过程中，游客应得到的服务出现偏差或不到位时，导游员通过积极努力并且利用各接待部门积极配合，把旅游服务的缺陷降低到最低限度或比

1.弥补缺陷的方法与措施

弥补缺陷的办法必须根据"谁发生缺陷，谁来弥补"的原则来制定。如果是导游员的服务出现缺陷，由导游员本人负责，其余的缺陷如宾馆、饭店、景点、旅游车等出现的问题，导游员只承担积极配合的工作义务，没有承担全部责任的义务。为了妥善圆满解决旅游服务缺陷，根据游客投诉时的心理特征，可采取以下措施。

（1）认真倾听，做好笔记，满足游客发泄的心理需要

在现代旅游中，旅游者的法制意识在不断增强。一旦出现服务缺陷，特别是重大服务缺陷，作为游客完全有权终止与旅行社的签约合同，同时也可提出要旅行社赔偿损失。极个别游客还会自行解决矛盾和问题，比如饭店菜肴不好，他们

会自选一家餐馆吃饭而离开旅游团队；宾馆卫生设施差，隔音效果差，服务不到位，游客自己会去附近找一家较好宾馆住下；等等。最后游程全部结束，他们会去旅行社投诉。为此，导游员必须重视在游客自行解决问题之前的弥补工作。

首先，认真倾听、做好笔记是导游员真诚弥补服务缺陷的态度，也是减轻游客发泄程度的办法，更是解决矛盾和问题的第一步，要知道，只有当你拿起笔认真记录和倾听时，游客才容易理解导游员弥补服务缺陷是有诚意的。其次，了解游客的观点，善于听出游客的弦外之音。同时，面对发泄的游客时，导游员要有耐性和"肚量"，要经得起游客的指责和谩骂。此时导游员要格外地注意自己的一言一行，事先最好自我估计一下，这句话说出来产生的后果将是怎样的。

（2）调查研究，做好笔录，为弥补缺陷提供依据

一般来说，在旅游中出现某些轻度和重大服务缺陷时，游客首先想到的是要求赔偿损失，而这种要求往往会超出接待部门所能承受的能力。首先，导游员要搞清楚游客所投诉的内容和性质，必须对导致服务缺陷的情况进行广泛的调查研究与核实，认真做好笔录。旅游产品的服务缺陷绝大多数是人为因素造成的，比如说组团社的接待计划与地接社发生偏差，企业工作人员玩忽职守造成当地接待部门漏接、客房饭店没落实等，又比如各接待部门擅自降低游客的各种接待标准等。其次，导游员必须迅速及时地向旅行社以及当地有关部门汇报，然后做出预期的判断。其依据有两条：一是确定服务缺陷的性质与程度，二是找出缺陷的起因与时间，必要时还要请游客签名留据，为妥善圆满解决服务缺陷提供足够的依据。

（3）合情合理妥善处理

弥补是一种消除服务缺陷的办法，一旦问题弄明白后，导游员首先应该遵循"谁接待，谁负责"的原则，并耐心细致地做好解释工作和诚恳的赔礼道歉工作。最好的办法是"就地消化，当场解决"。总而言之，合情合理妥善处理是弥补服务缺陷的核心，既尊重游客，也能对游客提出的要求有个合理的交代，更能使出现服务缺陷的接待部门有提高服务质量的"机会"。

（4）做好预防，继续努力

从心理学角度讲，服务缺陷得到解决后，许多游客的内心仍会存在着阴影，害怕在以后的旅途中发生类似的缺陷。要消除这种阴影，唯一的办法是加强预防工作，做好各接待部门的衔接工作，确保万无一失。同时，导游员更应提供热情

周到的服务，一切从头开始。

2.弥补缺陷应注意的几个问题

（1）游客在旅途中一旦发生问题，提出投诉或者要求赔偿损失等，并不等于全部是正确的，但是也可能是合情合理的，因此，在听取游客投诉和要求时，切忌采取全面否定和全盘接受的态度。

（2）导游服务是整个旅游产品中的一项服务。其他服务环节出现缺陷，游客冲着导游员也没错。因为游客购买的是旅行社的旅游产品，而不是其他服务项目的产品，导游员是代表旅行社负责接待游客的，导游员有权利和义务帮助游客解决服务缺陷问题。

（3）导游员既要维护旅行社的利益，也要维护游客的利益，两者必须兼顾，绝不可偏袒任何一方，绝不允许导游员为了个人利益而联合游客把矛头指向旅行社和其他接待部门。

（4）有时游客会提出一些莫名其妙的投诉，也许是心情不好、旅途太累、对旅游景点不太满意等因素造成的，导游员应区别对待，不要前怕狼后怕虎，应一如既往地开展工作。

（5）游客的旅游动机与目的各有不同，其中少不了有抱着过分奢望的人来观光游览的。对待这些游客，导游员也要做好工作，他们怎样发牢骚，你都要有耐心并且克制自己。

（6）一旦发生服务缺陷，游客怒不可遏而大吵大闹时，唯一的办法是让他们充分发泄完，再以友好和开诚布公的态度对待。同时，尽早尽快弄清发生服务缺陷的原因，是正确的判断和合情合理地解决问题的基础。

（五）对付扰乱法

每次带团，作为导游员都有一种愿望，那就是高高兴兴带团、平平安安回家。然而往往事与愿违，有时在旅游团中或多或少会出现些"难弄的游客"以及"小团体"。这些扰乱旅游正常秩序的因素，常常搞得导游员头昏脑涨，严重影响带团质量。为了带好旅游团，做到既不受扰乱因素干扰而影响整个团的情绪，又要用导游员的智慧去对待这些扰乱行为，要做好以下几个方面的工作。

1.对待"难弄"的游客要用"心计"

有时在旅游团队中会出现一个或几个"难弄"的游客，他们中间有些人做人精明，办事老练，时常用自己的处世哲学去衡量导游员的所作所为。他们在旅游过程中也常常表现出与导游员对着干的姿态，好胜心又极强。在游客眼里，他（她）像个"旅游批评家"，专门从事评头论足的"专业工作"。比如导游员要安排游览行程，他却要打乱导游员的安排并且发表自己的另一套高论；又比如在旅游餐厅用餐时，尽管膳食质量无可挑剔，但也少不了这位评论家的评判等。这些人的种种表现自然也会引起其他一些游客的注意，因而使不少游客"人云亦云"起来。

作为导游员，此时心里必须明白，在某些处事方面你可能远不如这些人，但你应该扬长避短，主动权还是在导游员手中，关键是用智慧去对待这些游客。首先，导游员切忌用语言和行动去迎合这些人的胃口，对于那些奇谈怪论和歪点子要及时给予制止。与此同时，也可及时赞赏这些人所提的合理化建议，但必须有节制。此举是为了让这些人懂得，如果是真正想把事情办好，自然会得到绝大多数游客的拥护；如果是扰乱，那只会受到反对和谴责。其次，关于游览行程的安排问题，导游员既可充分肯定旅行社安排的科学性、紧凑性和合理性，或拿出旅行社所规定的行程安排表，以示遵照游客与旅行社所签合同执行，亦可采用因人、因时、因地的旅游原则作一解释。这些人可能多次来到此地，但是新变化的情况肯定没有导游员清楚。

总之，对待某些游客的扰乱，导游员处事为人要小心谨慎，事先要有一个明确和周密的安排和计划，不要给这些人"抓辫子"和"钻空子"的机会。

2. 对待"有些游客"必须认真

在旅游团中，或许有极少数为心术不正、品行不端、时时处处想占便宜之人，这些人在观光游览中总是在寻找各种机会和借口，一旦出现服务缺陷，他们马上跳出来扩大事态，并且提出过分的要求和赔偿目标，不达目的誓不罢休。这不仅会影响正常的旅游秩序，而且会使全团产生不稳定情绪，最为严重的还可能会搞得全团乱七八糟，旅程也被迫终止。

事实告诉我们，一名成熟的导游员从带团开始那一刻起就必须以敏锐的眼光观察周围的一切，同时要使出浑身的本领牢牢掌握和控制整个旅游团的情绪，确实做到眼观六路、耳听八方。当服务缺陷苗子一抬头，就必须以十倍的努力、百倍的热情全力以赴地把隐患消除在萌芽状态。

同时，导游员要多花时间和精力去关心和了解游客的意见，特别是对那些意见的传播者，因为那些传播意见的人有可能掺杂着个人的目的和私利。因此，导游员对全团情况掌握得越详细、越彻底，就越能做出正确的判断和决定。同时在听取游客意见时，也能从游客口中得到真正实质性的内容，这会给导游员带来另外的好处，至少此刻你能大致分辨出哪些游客是真心提意见，哪些游客带有私心杂念。

值得一提的是，导游员不能盲目轻信游客和旅游接待部门的意见，因为这两者都会站在自己的利益角度发表有利于自己的意见，导游员必须站在公正的立场上做出公平的评判。

3. 对待"小团体"要巧妙

有时，导游员们所带的旅游团是个大团体，而旅游团又是由好几个小团体组成的，其组成的对象有家庭成员、亲戚朋友、单位同事等；还有一种小团体成员原先互不认识，后来经常在一起接触彼此间有了感情，于是无形中也成了小团体。旅游团队中的小团体是客观存在的，谁都无法将之打破，我们提倡的是具有积极健康意义上的小团体，它确实能起到满足游客交际需要的作用，同时我们也反对那些仗着人多势众滋事生非的"乌合之众"。

旅游团队中的小团体之间发生矛盾或产生敌对情绪的事是经常发生的，它会影响整个团队的情绪，但总体上问题还不算严重。如果那些小团体把矛盾指向导游员，那么就可能导致致命的打击，造成整个旅游计划不能实现。作为导游员，如果控制不住整个局面，那就意味着失职和失败。导游员是为整个旅游团队服务的，因此，正确的态度应该是保持具有积极意义的"中立"，除需要特殊照顾的老弱病残者之外，对待每位游客以及小团体既有同等的亲近，又有一定"友好"的距离，不然会使游客产生误解和怀疑。但是，导游员这种"中立"立场又不是一成不变的。当游客的自尊心得不到满足时，导游员就得采取措施，临时偏离一下中立立场，满足游客的自尊心，到了一定程度后导游员就应微笑得体地"撤军"，再回到中立立场上，这种"中立偏离、偏离又中立"不断循环重复的做法是制止小团体朝不良方向发展的有效办法。

同时，导游员也可想方设法使某些小团体重新组合，该方法的好处在于既能使游客享有更多的交际机会，同时也能分化瓦解不利于旅游进程的因素。具体的方法可以是导游员有目的地向游客介绍某某先生是何种职业，某某女士又有何种特长等，这样既可满足被介绍人的荣誉感，同时也使个别游客的好奇心以及兴趣得到刺激。事实也证明这是一种行之有效的办法。

小团体原则上是随着旅游团队进行活动的，但是一旦出现自由活动时间，他们立刻会抱成一团，而且喜欢做他们认为值得的事情，更为严重的是向导游员提出集体离团进行活动。

综上所述，作为一名成熟的导游员，要对自己所带团队的情况有充分的了解，要了解他们是什么样的人？哪些是小团体的"灵魂"和"代表人物"？同时，导游员要知道，不管他们身份如何、目的怎样，他们都是你服务的对象，你都要尽心尽职地做好服务工作。此外，在旅游过程中应该支持他们积极有利的方面，警惕和防止他们利用服务缺陷制造消极不利影响。

（六）投诉处理法

所谓投诉处理法，是指导游员在旅游过程中巧妙、灵活、妥善地处理游客各种投诉的方法。游客投诉所涉及的相关问题大致可归纳为两类：一类是人为因素造成的，另一类是非人为因素造成的。

从导游实践来看，越是旅游旺季，导游人员所带团队的时间越长，游客投诉的概率也会越大。游客投诉是难免的，投诉涉及面较广，情况较为复杂，原因也是多方面的。比如，有些旅游接待部门的软、硬件不符合服务标准，游客情绪不佳，个别人提出不切实际的要求，导游员的活动日程安排存在缺陷和失误，以及各种不可抗拒的因素制约旅游活动顺利进行等。面对游客的投诉，导游人员该如何处理呢？

1. 尽量采用个别接触的方式

一旦游客向导游员提出投诉，其复杂心理和不满情绪是可以想象的，问题在于这种不满情绪可能引起其他游客的注意和响应。因此，把游客的不满情绪降低到最小限度、控制在一定范围，是导游人员必须重视的问题。此时导游员要采取积极认真的态度，最好把游客请到远离旅游团队的地方，如在导游员单独住的房间里或把游客请到另一边等，切忌在游客中间议论交谈，也不要在乱哄哄的环境中交谈。即使是集体投诉，也应要求游客选派少数代表前来进行谈判。要知道游客人数越多，情况越混乱，越不利于达成解决问题的协议。同时，要防止因事态进一步扩散而造成不良后果。

2. 头脑冷静，认真倾听

一般而言，游客向导游人员提出投诉时，情绪往往比较激动，声调较为高亢，甚至带有一些侮辱性的语言。游客的观点可能是合情不合理，也可能是合理不合情。此刻，导游员要保持冷静的头脑，认真倾听和理解其投诉的内容和实质，必要时做一些记录，使游客觉得导游员是在认真听取他的陈述，态度是端正的。同时，导游员要善于引导游客尽量把投诉内容讲得详细和具体，以便把情况掌握得更全面、更准确。另外，头脑冷静是指导游员既要有耐心，又要不带任何框架。因为带有框架的头脑，容易产生偏见，这是极为有害的。假如因游客情绪激动而无法交谈下去，导游人员也必须有礼貌地向游客提出建议，另找时间再谈，使紧张的气氛逐渐缓和下来，同时使游客情绪慢慢地趋于稳定。需注意的是，不管游客的投诉正确与否，导游人员均须持认真的态度，那种无所谓或与游客争吵的态度都是不可取的。

3. 努力找出投诉的核心问题

游客提出投诉必然有其目的和要求，这些目的和要求是属于什么性质的问题？其核心又是什么？导游员必须花大力气去搞懂弄通，不然，连自己还没搞清楚投诉的问题及其实质，下一步的处理建议和意见又从何而来呢？处理投诉的关键在于搞清问题的实质，主要矛盾抓住了，其他问题就迎刃而解了。比如，游客投诉的是住宿问题，那么问题就涉及宾馆，是宾馆不达标，还是房间脏、乱、差？是服务员的态度不好，还是菜肴不佳等？搞清了这些问题，就可以顺理成章地找到解决的办法。如果是宾馆不达标，请有关部门出示可以证明宾馆等级的有关材料；如果是房间不够卫生，请宾馆领导速派人清理打扫；如果是服务员态度不好，赶紧换人或督促有关方面改善服务；如果是菜肴不佳，应及时调整。当然，导游人员有权促使宾馆作出表态，除向游客赔礼道歉外，还可根据情况适当补偿游客的一些实际损失。

4. 分析游客投诉的性质

导游人员对游客投诉的性质一定要搞清楚，进而为"谁接待，谁负责"打下投诉处理的基础。在分析游客投诉的性质时，一是分析投诉的事实是否属实，二是分析其核心问题性质的轻重程度，三是分析解决投诉的初步方案，四是选择最佳解决办法。值得注意的是，导游员千万不可轻易对解决问题的方案表态，即使是旅行社的责任，也须向旅行社汇报，得到认可后方可明示。解决投诉问题，导游员的基本态度十分关键，他既是游客、旅行社和各旅游接待部门三者之间的协调者，又是这三者利益的维护者，更是确保旅游顺利进行的执行者。因此，"实事求是，妥善解决"的指导思想显得尤为重要。导游员可以这么说："给我一点时间让我好好想想。"（此举是为了缓和紧张气氛，争取时间做好调查研究）"让我了解一些情况。"（此举是为了与被投诉单位取得联系，以达成共识）"让我和有关部门联系一下。"（此举是为了避开游客单独和有关部门联系，因为协商的过程不宜让游客知道）总之，导游员要注意方式方法，确实做到有理、有利、有节、有步骤地处理投诉问题。

当然，作为投诉者的游客，从内心上讲是希望尽快解决问题的，同时也想在最短的时间里得到答案，这自然和导游员暂不表态的做法产生了矛盾，为了使这种矛盾降到最低限度，承诺给游客答复的时间要有一定期限，说话要算数，千万不可失信于游客，即使一时还解决不了问题，也要及时通知游客。

5. 向游客转达答复的方法

给游客做答复，在某种意义上说是一个经过协商而产生的成熟的结论。作为导游员，首先要考虑游客是否能接受这种"答复"，要充分做好两手准备。这是因为游客的投诉要求并不一定都是正确的，或者是游客提出了过高、过多的不合理要求，从而使被投诉方的"答复"不能或不能完全满足投诉者的要求。

游客的投诉并不是每一项都与导游人员有关系，但游客往往每一项投诉都要向导游人员提出，并同时希望和要求导游人员帮助他们解决问题。由此可见，解决投诉问题要看"答复"与游客要求之间的距离相差有多远，是差一步、两步，还是相差甚远。比如，游客提出要赔偿 800 元，而旅游接待部门只同意少量的额度，有的甚至不同意赔偿等，这就需要导游人员来协调和减小这种差距。

向游客转达答复的方法有如下几种：一是由自己直接向游客表达。这种方法必须是在"答复"单位同意游客要求的前提下方可使用，如果双方意见有一定差距，就必须事先做些解释工作，争取游客的理解与支持，然后再转达答复内容。二是请"答复"单位出面协调解决。该方法一般是在双方意见相差甚远的情况下采用。三是由导游员参加双方协商交谈会。必须说明的是，此法的主角是当事双方，导游员应该持促使谈判成功的调解和中间立场，不可有意无意地偏袒任何一方，更不可妄下定论，而应敦促双方各自作出合理的让步，这才是上策。

需注意的是，导游员不可将"答复"内容轻易地由第三者或其他无关游客转达，以免误传信息和产生麻烦。

二、团队合作能力训练

（一）导游员与旅游者的交往

旅游活动中，游客不仅是导游员的服务对象，也是合作伙伴，只有与游客的通力合作，旅游活动才能顺利进行并达到预期的良好效果。为了得到游客的支持，一个很重要的方法就是导游员设法与游客建立正常的伙伴关系。

在主客关系中，起关键作用的是导游员，因此，导游员在带团过程中应注意把握以下几点。

1. 自信谦恭

为了满足旅游者对导游员的期望，首先，导游员要表现出自信，始终精神饱满，遇事沉着果断，办事干净利落，说话不模棱两可，不推诿责任；其次，要谦虚谨慎，忌狂妄自大、夸夸其谈，更忌不懂装懂、目中无人，以赢得旅游者的尊敬和信赖。

2. 热情诚恳，建立客、导之间正常的情感关系

游客渴望导游员能尊重他们的人格，达成他们的愿望，满足他们的自尊心和虚荣心，因此，导游员在工作中必须做到：对待游客的态度要热情友好；重视游客的意见和建议；尽量满足游客合理而可能的要求；礼貌待客，不破坏游客的隐私；真诚公道，不欺诈游客；对待游客要一视同仁，不能厚此薄彼。只有如此，导游员才能与旅游者在短暂的旅程中建立良好的伙伴关系，才能赢得旅游者的理解、体谅、合作与帮助。

尊重旅游者的人格，尊重他们的习俗，满足他们合理合法且有可能实现的要求，是导游员应尽的义务。旅游者可以借故出气、可以投诉，但导游员绝不能意气用事，要始终主动、热情、诚恳、礼貌地为旅游者服务。

3. 细微之处见真情

旅游者需要真情、渴望真情，他们可能会忘却某一次旅游经历中看过的景物、住过的宾馆，但忘不掉导游员真诚的关怀。有时导游员为旅游者所做的一件小事、一个细致的礼貌动作、一句暖心的话语，都会给身在异地他乡的旅游者留下深刻的印象。如在旅游过程中，帮助旅游者买到了他想要的书刊、纪念品、土特产品，记住了旅游者的姓名，为旅游者过生日等，这些细微的、不经意间做的事会让旅

游者感受到温暖，从而收到意想不到的效果。

4. 正确把握与游客交往的心态

导游员要与游客保持平行性交往的心理状态，力戒交锋性交往的心理状态，尊重游客，努力与游客建立融洽无间的关系，使他们产生满足感；要积极主动地了解游客的兴趣爱好，为游客提供从大处着眼、小处着想、有针对性的、体贴入微的、富有人情味的服务。

（二）地陪导游与全陪导游的合作

地陪导游在具体接待工作中，遇事要多和全陪商量（没有全陪时多征求领队的意见）。同时，在团队接站后要找合适的机会快速和全陪商定接下来的具体行程，一是全陪有权审核该团旅游活动计划的落实情况，二是地陪导游可以通过与全陪沟通更清楚地了解团队客人的兴趣爱好以及生活、游览方面的具体要求，从而向团队客人提供更有针对性的服务，掌握工作的主动权。

在游览项目被迫变更、旅游计划发生变化、增加新的游览项目、团队客人与地陪导游发生矛盾等情况出现时，地陪导游要多与全陪商量，实事求是地说明情况，争取全陪的理解和合作。相互尊重，相互支持，是地陪与全陪合作的重要基础。

（三）导游员与领队之间的合作

通常，在组织和接待国际旅游团队的过程中，全程导游员、地方导游员和旅游团领队构成了导游服务集体，其相互间的配合协作至关重要，直接关系到导游工作的服务质量和接待效果。导游工作中，全陪、地陪、领队代表不同的层面，具有各自的工作职责，各方要明确自己的职责，相互协助。

地陪、全陪带团顺利与否，与其和旅游团队领队的关系处理得好坏大有关系。因此，导游员必须做好以下几点。

1. 尊重领队的权限，支持领队的工作

领队的主要职责是维护旅游团队的团结以及与接待方旅行社导游员的联络沟通。当领队提出意见或建议时，导游员要给予足够的重视；当领队在工作中或生活上遇到麻烦时，导游员要给予必要的支持和帮助；当旅游团内部出现纠纷、领队与旅游者之间产生矛盾时，导游员一般不要介入，以尊重领队的工作权限，但必要时可助其一臂之力。这有利于双方的互相信任，有利于彼此的合作。

2. 多同领队协商，主动争取领队配合

导游员遇事要多与领队磋商，在旅游日程、旅行生活的安排上，一定要先征求领队的意见。一方面，领队有权审核旅游接待计划的落实情况；另一方面，导游员可以通过领队更清楚地了解旅游者的兴趣爱好以及生活、游览方面的具体要求，从而向旅游者提供更有针对性的服务，使导游服务更具有主动性。在旅游计划因故发生变更时，在游览项目被迫改变时，在旅游者与导游员之间产生矛盾时，导游员要多与领队商量，实事求是地说明情况，争取得到领队的理解和配合。

3. 多给领队荣誉，调动领队的积极性

导游员要搞好和领队的关系，首先要尊重领队，尊重领队的人格，尊重领队的工作，尊重领队的建议和意见。在一些可以显示权威的场合，应多让领队尤其是职业领队和业余领队出头露面，使其博得旅游团成员的好评。比如在品尝风味小吃、逛集市、欣赏民族歌舞时，导游员可以把宣布活动的事交给领队去做，自己做实事，让领队得到掌声。只要导游员诚心诚意尊重领队，多给领队荣誉，一般情况下领队会领悟到导游员的良苦用心和诚意，从而采取合作的态度，同时在遇到困难时也会主动出面替导游员解围。

4. 坚持有理、有利、有节，避免正面冲突

在导游服务中，接待方导游员与领队在某些问题上有分歧是正常现象。一旦出现这种情况，导游员要主动与领队进行沟通，力求及早消除误解，避免分歧发展。一般情况下，导游员要尽量避免与领队发生正面冲突。对于某些不合作的领队，导游员可采取有理、有利、有节和适当的方式与其进行交涉，最好采取伙伴间的交谈方式，以理服人，不卑不亢，不与之当众冲突，适时给领队台阶下，事后仍要尊重领队，争取双方以后的友好合作。

（四）导游员与司机的合作

旅游车司机在旅游活动中是个非常重要的角色。司机一般比较熟悉线路和路况，导游员与司机之间合作配合得好，就能够保证旅行活动顺利进行。导游员与司机合作应注意以下几点。

1. 及时向司机通报相关信息

旅游线路有变化时，导游员应提前告诉司机。如果接待的是外国游客，在旅游车到达景点时，导游员用外语向游客宣布集合时间、地点后，要记住用中文告

诉司机。

2. 协助司机做好安全行车工作

导游员可为司机做一些力所能及的事情，例如：帮助司机保持旅游车挡风玻璃、后视镜和车厢的清洁；帮助司机更换轮胎，安装或卸下防滑链，或进行小修理；遇到险情，由司机保护车辆和游客，导游员去求援等以减轻司机的工作压力，便于司机集中精力，安全行车。

3. 征求司机对活动日程的意见

导游员在旅游过程中应与司机研究日程安排，注意倾听司机的意见，从而使司机产生团队观念和信任感，积极参与导游服务工作，这样有利于旅途安全顺利，帮助导游员顺利完成带团的工作任务。但是，不能任由司机摆布，要记住导游员才是旅游计划的执行者。

（五）与其他旅游接待单位的合作

旅游产品是一种组合性的整体产品，需要旅行社、饭店、景点和交通、购物、娱乐部门等旅游接待单位的高度协作。作为旅行社的代表，导游员应搞好与旅游接待单位的协作。

1. 多与旅游接待单位沟通，及时了解信息

由于旅游接待中涉及的环节多，情况经常发生变化，为了保证旅游接待环节不出现问题导游员应提前与宾馆、餐厅、机场（车站、码头）联系，及时了解各种信息，以确保旅游活动顺利进行。

2. 尊重相关旅游接待人员

导游员应尊重自己的同事，尊重同事的劳动和人格。当其他专业人员登场为旅游者服务时，导游员应起辅助作用。

3. 工作上互相支持

旅游者消费的是综合性旅游产品，在与饭店、交通、景区景点以及其他部门的接触中，导游员应注意在工作中给予他们支持和帮助，使旅游者在旅游活动的各个环节都能得到满意的服务。因为接待单位即使再优秀，也难保工作上的万无一失，所以，导游员一定要和相关部门的工作人员配合好，共同做好旅游接待工作。

第二节　旅游团队接团服务训练

良好的开始是成功的一半，接团服务是导游工作程序中一个重要环节。导游在接到旅行社下达的接待任务后，要做好接待准备，按时前往指定的接站地点迎接旅游团，按照团队接待计划单的要求开始整个团队行程。

在阅读接待计划时，要注意以下几点。

（1）明确接待任务。在每次执行接待任务时，要仔细察看接待计划，明确执行任务的内容、时间、地点以及其他工作，以避免盲目。

（2）分析计划，认真准备。仔细分析计划，认真做好各项接待准备工作，有助于避免在接待工作中出现的错误。

（3）复查计划。时常确认、复查计划可以预防接待中出现的不测。在接待中经常会出现一些影响工作质量的可控或不可控因素，复查计划可以帮助我们做好问题预测及处理准备，将问题消灭在萌芽状态。

一、阅读熟悉旅游接待计划

导游在接到旅行社计调的电话通知后，应该最晚在团队抵达前一天到旅行社计调处领取计划单，认真阅读并和确认单进行核对。

一般来说，各旅行社的接待任务书并无统一格式，一份完整的任务书通常包括以下文件：接待计划书、团队确认单、游客名单、分房名单、行程安排单、接待注意事项等。

（一）团队确认单

团队确认单，简单地讲是地接社和组团社之间就团队具体行程、接待标准、付款方式等的确认文书，通常以传真的形式相互发放并需盖章确认。

一般情况下，地接社在接到组团社书面或口头询价后，会将组团社名称、人数、国籍、抵/离航班（车次）时间、大概行程等相关信息登录在本社的团队动态表中。随后，地接社计调会编制接待计划，将人数、陪同数、抵/离航班（车次）时间、住宿酒店、餐厅、参观景点、接团时间及地点、其他特殊要求等逐一列入报价单中，然后快速地向相关接待单位询价并给组团社报价，得到组团社计调的确认后，接下来地接社计调会向各有关单位发送计划书，逐一落实。

1. 用房

根据团队人数、要求，以传真方式向协议酒店或指定酒店发送"订房计划书"并要求对方书面确认。如遇人数变更，及时作出"更改件"，以传真方式向协议酒店或指定酒店发送，并要求对方书面确认；如遇酒店无法接待，应及时通知组团社，经同意后调整至同级酒店。

2. 用车

根据人数、要求安排用车，以传真方式向协议车队发送"订车计划书"并要求对方书面确认。如遇变更，及时作出"更改件"，以传真方式向协议车队发送，并要求对方书面确认。

3. 用餐

根据团队人数、要求，以传真或电话通知向协议餐厅发送"订餐计划书"。如遇变更，及时作出"更改件"，以传真方式向协议餐厅发送，并要求对方书面确认。

4. 关联地接社

由于地方保护主义等缘由，有时一个团队中会出现组团社所找的地接社只能接待一段旅游行程，这就需要接下来的旅游行程由地接社找相关联地接社来共同合作完成组团社的整个接待任务）。以传真方式向关联地接社发送"团队接待通知书"并要求对方书面确认。如遇变更，及时作出"更改件"，以传真方式向关联地接社发送，并要求对方书面确认。

5. 返程交通

仔细落实并核对计划，向票务人员下达"订票通知单"，注明团号、人数、航班（车次）、用票时间、票别、票量，并由经手人签字。如遇变更，及时通知票务人员。

逐一落实完毕后（或同时），地接社计调要编制团队接待"确认书"，加盖确认章，以传真方式发送至组团社并确认组团社收到后盖章回传，这个确认件的最终版本就是双方计调给导游下计划书的原始依据以及日后进行相关结算等工作的重要依据。

（二）核对事项

1. 旅行社基本信息

旅行社基本信息包括：组团社名称，客源地，领队、全陪、联系人姓名及电话；地接社名称，计调、地陪姓名及联系方式；旅游车信息（司机姓名及联系方式、车牌号、座位数、车队信息）。

2. 旅游团的基本情况

旅游团的基本情况包括：旅游团名称、团号、领队（或旅游者联系人）姓名及电话、全陪姓名及电话、团队人数（总人数、男性、女性、成人、儿童等）、旅游团国别及使用语言、费用结算方式、旅游团成员情况（该旅游团成员的情况，包括职业、年龄、性别、学历、信仰等情况，是否有老弱病残等需要特殊服务的客人，是否有儿童等）。

3. 团队接待信息

①住宿服务安排及其标准：下榻酒店的名称、地址、电话、星级标准等，床位数、房间数、是否大床房，是否有特殊要求等。对于房间的分配，全陪要根据团队的实际情况，如夫妻、亲戚、朋友、同事等，尽量安排在一起；有无 VIP 房、有无加床、有无自然单间。

②核对团队用餐次数以及结算方式：用餐次数、标准、地点、旅途中餐饮安排、是否有特殊要求等。有的旅行社只确定了用餐的标准，没有确定具体的用餐地点，地陪应根据当天行程就近安排合适的餐厅，要提前联系落实。

③交通服务安排及标准：团队抵达 / 返程站点（火车站、飞机场、汽车站、码头、约定地点），抵达时间，抵达航班 / 车次，返程票是否已出（尤其是外宾团队中的国内段国际联城机票，需要在飞机离机场前两天的中午 12：00 前确认；出境机票的票种不管是 OK 票还是 OPEN 票，如果是联城机票在离境前 72 小时加以确认），该团返程或去下一站的交通票据是游客自理还是旅行社代订等。

4. 旅游行程

旅游行程包括：旅游团出发地、途经地、目的地，线路行程时间和具体安排。

①游览项目的安排：核对团队具体行程，所包含景点，是否含小交通（电瓶车、索道等），是否有自费项目，是否安排购物（购物次数），团队行程中有无需要办理通行证地区的游览项目或者需要提前预约的参观点等（若有则要及时办好有

关手续等），需另行付费的游览项目名称、收费标准及游览时间，儿童门票等。

②购物和娱乐活动安排：旅行社安排的购物场所名称、停留时间等，合同包含的娱乐活动项目名称及活动时间，需另行付费的娱乐活动项目名称、收费标准及活动时间。

5. 备注项

仔细查看团队计划单中的备注项，有无特殊要求和其他注意事项；有无赠送项目和礼品；游客在住房、游览、用餐等方面的特殊要求；有无老人、小孩、残疾人等需要特殊照顾的客人；有无需要现收费用的游览项目等。

6. 接待标准和费用开支情况

①了解本次接待是综合服务还是单项服务、团队接待等级及收费标准。

②了解费用开支的方式及数额，准备好相应的空白结算单据和现金团款。

③了解团队中特殊成员的费用收取标准，如未成年人、70 岁以上老人、持有残疾证的残疾人、复员军人、领队和全陪等。根据不同地区的规定和国家有关规定确定收费项目和数额。

导游在核对计划单时，如果有不确定或者计划单和确认单有出入的地方，应该及时和派团计调进行沟通，以团队最后确认为主。如果出入较大，要求计调重出计划单；如果出入不大，可在原计划上更改后，由派团计调签字后确认。

二、接团物资准备

地陪导游在旅行社计调处领完计划单并核对行程后，紧接着要到旅行社财务处领取团款以及上团物品。

（1）团款（分现金和签单）。地陪导游带团的过程中，需要支付景点门票、团队用餐费用、酒店住宿费用、司机车费等，并按照团队计划单的要求选择不同的结算方式。地陪导游在领取团款的过程中要自行对团队需要支出的费用进行预算，如果和计划单上有出入，应该及时和派团计调沟通后更改预借金额，以免在带团过程中垫付太多；团队签单也应该多借最少一份，防止在签单的过程中出错。

（2）相关票据、结算单据、接待协议等。如返程火车票、团队运行变更单、团队质量反馈表、三联单（多用于购买山岳景观的索道票）、接待协议（景区和旅行社签订的接待协议复印件，多用于周边游）、手写计划单等。

（3）上团物品。地陪导游的上团物品分两类：一类是需要自己准备的，如本人身份证、导游证、银行卡、旗杆、扩音话筒、其他上团必备物品等；一类是在旅行社领取的，如导游旗、接站牌、发送给游客的小礼品等。

三、落实接待事宜

导游在旅行社领取了团队运行计划单、团款以及带团物品后，还有一项非常重要的工作就是要进行相关的团队接待落实工作。一般情况下，团队落实工作多是通过电话沟通来进行的，主要包括以下几个方面。

（一）车辆落实

车辆落实工作的对象为地接司机，地陪导游在领取计划单后，第一时间应该和司机取得联系，进行团队接待车辆的落实工作。具体落实事项为：接送站时间、地点，告知司机团队抵达的航班/车次时间，落实车型，确认车号。接飞机团队，还要和司机约定一起去机场的时间和地点；接火车团队（多为抵达车站），注意和司机约定停车位置；另外，如果是自备车旅游团队，地陪导游要提前和全陪电话联系确认出发时间、大概线路、大约抵达时间等信息，如果有必要，需要和自备车司机亲自通话。

（二）酒店落实

酒店落实工作的对象为该团的具体接待酒店(销售部/酒店前台)的工作人员，落实事项为：团队入住/离店的日期、大约抵达时间、用房间数、能否用早（正）餐、早餐餐厅位置、用餐方式和用餐时间等。

（三）用餐落实

用餐落实工作的对象为餐厅前台工作人员，尤其是接早班机/早班火车抵达、非正常时间（时间较晚或非用餐时段需要用餐）抵达、旅游淡季或者非常规线路途中的旅游团队，如果有用餐需求，地陪导游在领取计划单后一定要进行用餐落实工作。落实事项为：是否可以用餐、大约抵达时间、结算方式等。如果是正常时间段用餐，地陪导游可以在团队抵达餐厅前2小时直接进行电话预订。

（四）接团落实

接团落实工作的对象为全陪导游（若团队无全陪，落实对象为客人领队）。

地陪导游在旅行社领取计划单后，首先应该主动编辑短信发送给全陪导游，告知全陪导游自己的姓名、地接社名称、具体的接站地点、向团队表示欢迎等，然后电话联系全陪，提醒其查看短信，再次确认团队人数等（如果是散客拼团，要依次短信/电话通知到每一组客人）。

（五）航班信息落实

航班信息落实工作的对象为机场问询处，地陪导游在接团当天、在准备前往机场前都可以拨打机场问询处的电话进行团队所乘航班信息情况的问询。具体落实（问询）事项为：航班抵达的具体航站楼、抵达时间、有无延误信息等。

四、旅游团活动日程安排

导游员在安排活动日程时应遵循以下原则。

（一）主要活动应既适合该团的特点，又体现当地特色，并做到点面结合

在安排活动日程时，导游员首先要考虑到团队的性质与特点，以及旅游者的兴趣与爱好。如果旅游团队是一般的观光团队，旅游者一般是以游览名胜古迹、自然景观和领略当地风情为主要目的，安排日程时就应考虑这一点。如果旅游团是专项团队，导游员安排活动时，就必须突出旅游团的专项要求。同时，人们外出旅游，最希望看到的是旅游目的地最具特色的景观。所以，导游员在安排日程时，必须将本地最具有代表性的游览项目呈现给旅游者。如西安接团，若地陪不安排客人游览兵马俑，他们将会牢骚满腹，甚至会认为"等于没有来过中国"。西安是一座历史文化名城，是一座巨大的博物馆，值得参观的景点很多，但旅游团在西安停留的时间是有限的，所以地陪一定要以最有代表性的游览项目为主要安排对象，而后酌情安排其他活动。

另外，点面结合得当，会使旅游者获得更美好的享受。所谓"点"，是指参观游览点等日程上的既定项目；"面"指参观游览点以外的较为广泛的风貌，如市容、重要街道、商业区等。比如在西安接团，导游员带领旅游者游览了陕西历史博物馆，向旅游者展现了陕西灿烂的历史文化瑰宝，然后再去大雁塔广场，是一种较好的点面结合方式。从陕西历史博物馆到大雁塔广场、大唐不夜城、汉长

城遗址、南湖公园、曲江新区，短短的路程向游客展现了西安作为十三朝古都悠久的历史和改革开放发生的巨大变化。

（二）各项活动劳逸结合，合理兼顾参观、游览、购物等各项活动

首先，导游员安排活动日程时，要考虑到团队成员的年龄、身体等情况。特别在旅游团有需要特别照顾的老、弱、病、残成员时，更应注意劳逸结合，给客人安排充足的休息时间。

其次，安排旅游日程时，应兼顾各项活动，使客人在当地逗留期间既感到充实，又觉得轻松、愉快，但一定要防止某些不良现象的产生。如有的地陪在带客人游览时，一天参观多少个景点，就带客人走进多少个购物商店，甚至在参观兵马俑时，让游览车不停在展览馆门前，而停在另一条街。这样，客人必须"很自然地"穿过一家购物走廊才能抄"近道"抵达展览馆大门，其目的客人一看便知。

（三）活动内容多姿多彩，避免雷同

除专项旅游外，雷同的活动安排往往令大多数追新猎奇的旅游者失望，重复的安排也往往使本来充满美感的项目变得平淡乏味。雷同的日程安排既指本地的活动内容相同，也包括异地的活动项目相似。前者，相对来说较容易避免，如果上午安排的博物馆、寺庙，下午就应该安排游览园林或街景；而后者则需要地陪经过细致的调查研究才能防止，如查阅计划、传真，以及了解前站的情况等。比如，武汉的归元寺以其独特的五百"脱胎漆塑"罗汉而闻名是游览武汉的重点项目之一，但若旅游团已在北京参观了碧云寺或在云南参观了第竹寺，并在沿途各站也游览了不少大大小小的庙宇，客人们已经对参观寺庙产生了厌倦情绪，如果武汉地陪已掌握此种情况，则应事先做好调整活动日程的准备，安排更具武汉特色的活动做"后备"项目，如"走访汉正街"等。一个周密合理的旅游活动日程，不但能增强地陪工作的主动性、计划性，同时也能使客人的各种要求得以满足，给旅游团留下一个美好的印象。

（四）从旅游者的兴趣和需要出发安排活动

由于旅行团成员之间兴趣和爱好各不相同，有时对参观路线意见各异，因此地陪需要在最短的时间内，根据绝大多数人的要求，以及当时当地的实际情况，

提出自己的最佳方案。例如，外国人不远万里来到中国，除了渴望游览我国的美丽河山和名胜古迹外，还希望了解我国人民的生活，体会我国的民俗风情，他们常常会提出参观工厂、农村、医院、学校，甚至普通人的家庭。所以，安排游览节目不要太主观，不要认为自己喜欢看的东西，外国人就一定喜欢。如：当地人常引以为自豪的高楼大厦、立体交通桥，往往引不起旅客多大的兴趣，尽管导游们"言者谆谆"，而游客们却"听者藐藐"。

（五）游览活动要做到"渐入佳境"

导游员在安排团队参观游览的顺序时宜采用"先一般后精彩、渐入佳境"的方法，将高潮放在最后，使旅游者越游览越有兴致，精彩的结尾往往能给游客留下满足舒服的感觉。

五、旅游团队的服务

（一）接站的服务

1. 确认旅游团抵达的准确时间

接团当天，导游员应密切关注天气情况，通过多种途径了解旅游团抵达的准确时间，一般要做到三核实——计划时间、时刻表时间、问询时间三核实，如果三个时间不一致，应该进一步核实确认。导游员应及早与旅游团领队或全陪取得联系，了解交通工具的运行情况。一般应在飞机预计到达时间前 2 小时，火车、轮船预计到达时间前 1 小时询问，以便有充足时间前往机场、车站、码头。

2. 与旅游车会合

确定了旅游团到达的准确时间之后，地陪要立即与为该团在当地提供交通服务的旅游车司机联系，商定出发时间和会合地点，确保提前 30 分钟抵达机场（车站、码头）。在接站途中，地陪应告知旅游车司机该团的主要活动日程和具体时间安排，核实旅游车座位数量，检查卫生情况，还应了解话筒的使用情况，告诉司机客人的特殊要求，征询司机的意见等。到达接站地点后，应与司机确定旅游车停放的位置、行李箱的使用、客人上车的位置等。

3. 再次核实旅游团抵达的准确时间

到达机场（车站、码头）后，再次向问询处、服务台，或者观察电子显示屏，核实旅游团所乘交通工具的抵达时间及出站口位置。

4. 等候旅游团队

旅游团所乘坐的飞机（火车、轮船）抵达后，地陪要在旅游团出站前，站在出站口的醒目位置，面向出站口高举导游旗、接站牌，迎接游客的到来。

5. 认找旅游团

旅游团客人出站后，地陪导游要举接站牌和导游旗站在醒目的位置，方便全陪或领队以及团队客人来联系，同时地陪导游还应该根据旅游者的特征、衣着、组团社发放的徽记、旅行包、旅行帽等作出判断，主动询问，问清该团的人数、出发地、国籍等，一切相符后确定自己所要接的旅游团。同时提醒已出站的客人集中等候，主动和全陪打招呼，在全陪的引荐下认识领队，且热情主动地和团队客人打招呼。

6. 和全陪（领队）确认团队信息

地陪导游在认找到自己的旅游团队后，应该进一步和全陪（或领队）确认团队信息，包括：确认全陪或领队姓名（谨防同一家组团社发人数相同的两个团同时接站）、团队实到人数（如有变化，应及时和旅行社取得联系，变更后需要确认人数的接待行程）、接团的首站行程安排等；如果是入境旅游团，还应该注意协助旅游团将行李集中在指定位置，提醒客人检查行李有无破损，填写行李卡，与领队、全陪、行李员一起办理好行李交接手续。

7. 清点人数并引导团队客人登车

地陪导游在和全陪（领队）确认完团队信息后，应该在全陪或领队的配合下清点团队人数，提醒团队客人带好所有行李物品，用导游旗引导团队客人上车；团队客人上车时，地陪导游应该配合司机一起把客人的行李归置放好，然后站在车门一侧恭候客人上车；团队客人全部上车后，地陪导游应礼貌地再次清点团队人数，等所有人员到齐、坐稳后，示意司机开车。

（二）不同旅游团队的接站

迎接乘坐不同交通工具的旅游团队，在接站过程中，地陪导游还应根据所乘交通工具的差异，区别对待。

1. 接飞机团

地陪导游接飞机团队，要和接团司机从约定地点提前一起出发前往机场，和司机碰面后明确告知司机接站的具体机场的名称（有些城市有多个机场），在前往机场的途中，电话确认团队接站具体的航站楼，抵达机场后确认司机具体的停车位置，然后前往抵达大厅迎候旅游团（者）的到来；如果遇上旅游旺季司机套团，地陪导游需要自行（乘坐机场大巴或顺车）前往机场，这时，地陪导游一定要注意把握接团时间，宁早勿晚，到机场和司机会合后确认司机的停车位置，督促司机打扫车内卫生，然后前往机场抵达大厅迎候旅游团（者）的到来。

2. 接火车（轮渡等）团

地陪导游接火车（轮渡等）旅游团队，一般情况下是分别和司机抵达接站地点的。地陪导游抵达火车站后，应该第一时间到火车站出站口动态显示屏查看团队的车次现状，然后电话确认司机是否已经抵达，明确其停车位置和车牌号码，且随时注意收听车站广播通知抵达车次，听到广播通知后，在火车站出站口准备好接站牌、导游旗等，并站在醒目的位置迎接旅游团的到来。

3. 接自备车旅游团

地陪导游接自备车旅游团队时，需要提前自行抵达约定的接站地点，随时和自备车旅游团队保持电话联系，以便电话指引自备车旅游团队下高速后的行车线路，并且再次确认自备车旅游团队的车型／车牌号，站在方便停车的地方接团。

（三）全陪首站接团与离站服务

1. 首站接团服务

全陪导游的首站接团服务是全陪在游客面前的第一次亮相，决定着游客对全陪的第一印象，所以全陪导游一定要提前到达约定的接站(集合)地点迎候旅游团。

（1）约定地点集合出发

全陪导游出团时，和客人在约定地点集合出发，这一类团队大多是含接送站（飞机场／车站）的旅游团或者是自备车出游的团队。全陪导游一定要注意和出团司机提前半小时抵达集合地点，客人陆续抵达时，要主动跟每位客人打招呼，认找领队并第一时间和客人领队核实团队信息，提醒客人核实是否携带身份证件，清点团队人数等，待全部人员到齐后引导团队上车出发。

（2）客人自行前往火车（高铁）站

全陪导游出团时，按照约定，团队客人自行前往火车（高铁）站集合出发，这一类团队大多是火车（高铁）出游的旅游团队。全陪导游要注意提前在旅行社领取出团车票，和客人约定在相对空闲但显眼的区域集合，提前抵达集合地点等候游客。等游客陆续抵达时，提醒到集合地点的游客，身份证件是否携带，主动认找领队并核对行程（如果是散客拼团，一定注意要逐个核对行程），提醒客人注意随身财物的安全，等团队游客到齐后，配合领队一起分发火车票并做简单的自我介绍和对本次团队行程的介绍，然后用导游旗引导团队游客进站集中候车。

（3）客人自行前往飞机场

全陪导游出团时，按照约定，团队客人自行前往飞机场集合出发，这一类团队大多是散客拼团出游。全陪导游要注意在前期进行落实工作时，和游客讲清楚在机场的集合时间和具体的航站楼，提前抵达集合地点等候游客。等游客陆续抵达时，提醒到集合地点的游客，身份证件是否携带，并注意核对每一组（个）出游游客的行程，等团队游客到齐后，做简单的自我介绍和对本次团队行程的介绍，收取团队客人的身份证件，提醒客人集中等候，前往值机柜台办理登机手续和行李托运。

如果是境外旅游团，全陪导游应该提前半小时到达指定接站地点并和地陪一起迎候旅游团，协助地陪尽快找到旅游团。同时积极主动认找领队并做自我介绍，把首站的地陪导游引荐给领队和团队客人。

2.团队离站服务

（1）火车离站

全陪导游带团队火车离站，等全体游客都到齐后，需要再次清点人数，用导游旗引领客人至火车站"进站"口，提醒客人出示身份证件和火车票并引导团队客人进站配合行李安检，在候车大厅提醒团队游客集中等候，并注意自己随身财物的安全。

火车出游团队在团队客人上车后，全陪导游需要再次明确每一位客人车厢和座位号，提醒客人抵达旅游目的地的大体时间，并告知游客自己所处的车厢号，以便游客能随时找到导游。抵达目的地前，全陪导游要提醒游客带好所有行李物品下车后在站台集中等候，用导游旗引领团队客人出站，出站后与地陪导游汇合。

（2）飞机离站

全陪导游带团队飞机离站，等全体游客都到齐后，收取客人身份证件，为团队客人办理登机牌以及行李托运手续，并引导客人进行安检，待团队进入安检后提醒客人集中候机，听到机场广播通知后提醒客人登机。

团队在飞机落地后，全陪导游要提醒有行李托运的客人去提取行李，其他游客集中等候，等全部客人到齐后，用导游旗引领团队客人出站后与地陪导游汇合。

（3）自备车团队离站

全陪导游带领自备车团队离站，等全体游客都到齐后，需要再次清点人数，提醒客人将大件行李放到行李箱，贵重物品随身携带，并配合司机一起摆放行李，上车后再次提醒以往有晕车症状的客人尽量前排就座，查看车头前方是否有遮挡司机视线的物品后出发。

自备车出游团队由于行车距离较长，因此，全陪导游在沿途中一定要注意提醒司机不要疲劳驾驶，注意安全，并在适当的时候提醒司机进服务区停车休息，安排客人用餐。同时，随时注意和地陪导游保持联系，提前约定接团时间和地点。

六、致欢迎辞

导游接待工作就像一个系统工程，每个环节都很重要。其中，最重要的环节莫过于与客人的初次见面。初次见面是导游员与客人相互了解的第一时间，此时如能给客人良好的第一印象，得到他们的信任，将为接待工作赢得主动。因此，导游员在首次接触游客时应注意以下几点。

①精神饱满，积极调动游客的情绪。

②注意自身的仪容仪表、行为风度以及讲解的语气、语调与语速，形成良好的印象。

③导游员在致欢迎辞时应根据团队的性质、特点，成员的年龄、文化程度等具体情况，灵活调整致欢迎辞的内容、方式。

④导游员应结合自身的优势，形成不同的风格。

地陪导游在接站引领团队客人上车后，在团队行程开始前首先应该向团队客人致欢迎辞。欢迎辞的内容应该根据旅游团（者）的国籍、年龄、文化水平、职业、居住地区以及旅游季节等不同而有所不同，不能千篇一律。"致欢迎辞"是旅游行程的开始，它好比一场戏的"序幕"，一篇乐章的"序曲"，一部作品的"序言"，导游员应当努力展示自己的艺术风采。因此，欢迎辞一定要精心准备，争取给客人留下一个良好的印象。

（一）欢迎辞的要素

规范化的"欢迎辞"应包括以下六大要素。

①问候语：向团队客人表示问候。

②介绍语：介绍自己，介绍参加接待的领导、司机和所有人员。

③欢迎语：代表接待社、组团社向客人表达欢迎之意。

④希望语：希望得到游客的支持与合作，努力使游览获得成功。

⑤态度语：表明自己竭尽全力为客人做好导游服务的态度。

⑥祝愿语：祝客人旅途愉快等。

（二）欢迎辞的形式

欢迎辞一般有规范式、聊天式、调侃式、抒情式、安慰式五种形式。

1. 规范式欢迎辞

规范式欢迎辞，是中规中矩、浅显直白，既没有华丽的词汇修饰，也没有风趣的幽默表现的欢迎辞。这种方式只适用于旅游团规格较高、身份特殊的游客。它对大多数游客不太合适用，显得单调、枯燥，甚至会使游客产生反感，起不到好的作用。

2. 聊天式欢迎辞

聊天式欢迎辞，是感情真挚、亲切自然，声音高低适中，语气快慢恰当，像拉家常一样娓娓道来的闲谈式欢迎辞。这种方式切入自然，游客易于接受，能使游客在不知不觉中与导游像老朋友一样熟悉，尤其适用于以休闲消遣为主要目的的游客。

3. 调侃式欢迎辞

调侃式欢迎辞是风趣幽默、亦庄亦谐，玩笑而无伤大雅，自嘲而不失小节，言者妙语连珠，听者心领神会的欢迎辞。这种形式的欢迎辞，可以使旅游生活气氛活跃融洽，使游客感到轻松愉悦，情绪高昂，能有效地消除游客的陌生感及紧张感，但它不适用身份较高、自持骄矜的游客。

4. 抒情式欢迎辞

抒情式欢迎辞是语言凝练、感情饱满，既有哲理的启示，又有激情的感染，引用名言警句自如，使用修辞方式得当的欢迎辞。这类欢迎辞能够激发游客的兴趣，烘托现场的气氛，使游客尽快产生游览的欲望与冲动，但这种方式不适用于文化水平较低的游客。

5. 安慰式欢迎辞

安慰式欢迎辞是语气温和、入情入理，用一片善解人意的话语，拨开游客心中阴云的欢迎辞。在旅途中常常会遇到一些不尽如人意的事情，使游客的心情变坏，甚至愤愤不平。比如，

由于某些原因交通工具晚点，出站时游客为某些小事与工作人员发生争执，行李物品的损坏或丢失以及旅游团内部的矛盾，等等，都会造成游客一出站就有不开心的表现。这种方式是在游客情绪低落、游兴锐减的情况下，有针对性使用的欢迎辞，目的是使游客尽快地消除心中不快，变消极为积极，为今后的导游行程奠定良好基础。

使用安慰式欢迎辞，需要导游人员在接站时，与客人见面后，能通过对游客面部表情、言谈话语的敏锐观察发现苗头，并通过领队或全陪简单了解情况，做到心中有数，才能有的放矢。

七、首次沿途导游

（一）首次沿途导游内容

首次沿途导游是指旅游团队从抵站至首次停留的活动目的地沿途所提供的服务。首次沿途导游的内容主要包括沿途风光介绍、当地风情介绍、告知游客本团在当地的具体活动安排、下榻酒店介绍等。

①沿途风光介绍。地陪导游应向团队游客介绍沿途见到的有代表性的景物，应见景生情、突出重点、体现当地特色。

②当地风情介绍。地陪导游应该适时地向游客介绍当地的政治、经济、文化、历史、风土民情、风物、特产、气候、语言（方言）、城市概况等，并提醒游客相关的注意事项。

③宣布团队在当地的活动日程。地陪导游在沿途讲解中应该向团队游客介绍本团在当地的活动日程，有时甚至可以在车上确定本地的自费项目。

④下榻酒店介绍。地陪导游在团队入酒店前还应向团队游客介绍本团所下榻酒店的基本情况，如饭店名称、特色、具体方位、到所在城市商业区的公里数以

及交通方式等。

（二）接站后的首站行程

1.接站后直接入住酒店

地陪导游在接站后直接带团队入住酒店，在沿途讲解中要说明抵达酒店的大体时间，让客人心中有数。抵达酒店前要强调入住酒店的注意事项、早餐餐厅位置、早餐时间等，抵达酒店等车停稳后，提醒客人带好所有行李物品下车并准备好身份证件。

2.接站后直接开始团队行程

在很多情况下，地陪导游在接站后要带团队直接开始团队行程（前往景区游览、用餐等），那么在沿途讲解中同样要说明抵达景区或者用餐餐厅的大体时间。即将抵达景区时，提醒客人参观游览的注意事项等；接站后直接用团队餐的客人，提前告知客人当地的饮食习惯等，带团队客人用好第一餐。

（三）相关说明事项

地陪导游接站后的途中服务还有一项非常重要的内容就是团队来到旅游目的地的相关说明事项的介绍，各种禁忌要反复强调，让每一位游客听清并记住。另外，对于入境旅游团，如果存在时差，要详细介绍两国（两地）之间的时差，并请游客将自己的表调到北京时间，并告知其在今后的游览中将以北京时间为作息时间标准。

（四）沿途讲解的要领

①讲解内容选择要适度，讲解时间应适度。导游员在车、船中进行讲解时，要注意交通状况、道路或航道的宽窄等，并据此调整讲解内容的多少。一般情况下，导游员在整个旅途中的讲解时间可占60%左右，不必一直不停地讲，要给旅游者留出观赏品味的时间。

②突出重点，避免做到面面俱到。

③景物提示要有提前量。

④讲清景物的左右方位。

⑤注意沿途导游技巧的运用。

第六章　导游促销与才艺展示技巧训练

第一节　导游促销技巧训练

一、促销商品技巧

（一）旅游购物的重要性

旅游购物是整个旅游过程中非常重要的一环，对旅游目的地、旅行社、游客以及导游员都有着非常重要的作用。

1. 旅游购物对旅游目的地的经济发展具有促进作用

现阶段，旅游购物已经成为旅游经济的一个增长点。在"购物天堂"香港，旅游购物的总收入可以达到旅游总收入的 40% ~ 60%，发达的旅游购物业吸引了世界各地的游客。旅游购物可以直接给城市的旅游、商贸、就业等带来短期效益，更可以创造城市长期性的经济文化优势。现阶段，我国很多地方政府非常重视旅游购物，各地纷纷举办的旅游购物节、旅游商品和纪念品设计大赛等，都是从不同层面提高旅游创收，提高旅游购物收入的比重，从而促进当地经济的发展。

2. 旅游购物是旅行社团队利润中非常重要的一部分

2013 年新旅游法颁布后，相关条款既保护了团队游客，也保护了带团导游的利益，明确了旅行社给导游的工资（导服费）不得低于本市最低标准，旅游市场上杜绝"零团费"和"负团费"，让旅游行业不成熟的低价竞争行为从旅游市场上消失。同时，旅行社会选择规范的旅游购物商店，与之签署相关合同，报旅游管理部门备查后，明明白白地让游客去消费购物。

3. 旅游购物对游客来说是旅途的纪念和美好的回忆

在国人传统的观念里，每次旅游回来都要给家人朋友，甚至办公室的同事们带一些吃吃玩玩的纪念品或是特产，不然你这次的旅游就是不完美的。同样，旅游者也常有这样的心理，到了一个地方就一定要买这个地方的特产，比如去云南，不买玉石简直就是浪费了这次旅行，去西藏不买点藏银回来就等于没去。同时，既然是本地特产，价格自然比其他地方便宜，质量也没得说，这是绝对的道理。确实，在一些旅游城市，能让游客以便宜的价钱买到贵重的特产，如玉器、贵重药材、产地的高档时装等，这些东西带回去，无不勾起游客对旅途的美好回忆，毕竟我们出门旅游的回忆不仅仅是靠照片。

带团导游要做的就是让游客买得开心、买得放心，只有这样，他们下次出行的时候才会再次参团，再次购物。

4. 旅游购物可以增加导游的收入

作为导游，介绍当地的旅游景区、风物特产都是他的本职工作。而要把当地的风物特产等讲得有声有色，作为导游是要付出许多心血的。在游客旅游购物消费的同时，给予导游一定的佣金也是非常合理的。可见，旅游购物可以增加导游的收入。

（二）旅游购物的类别

旅游行程中的旅游购物分为地方土特产、特色纪念品等两大类。具体有：

①旅游工艺品，如饰物、手编、民间工艺品等。

②旅游纪念品，如带有当地景观的小型纪念品，如西安的兵马俑和铜车马、上海的东方明珠塔、开封的清明上河图等的复制品。

③文物古玩，民间收藏品，如澄泥砚、仿青铜器等。

④土特产品，如东北三宝、冬虫夏草等。

⑤旅游食品，如黄河滩枣、城隍庙五香豆、牦牛肉干等。

⑥旅游日用品，如竹炭用品、上海希尔曼刀具、天堂伞等。

（三）导游上团过程中促销商品的策略

购物是旅游过程中一个非常敏感的字眼，但同时也是旅游过程中一项重要的活动内容。导游员在上团的过程中，要认真介绍当地土特产、特色纪念品，帮助游客购物，但是必须在端正心态的前提下做好促销商品的工作。

1. 在认真讲解景点的基础上促销商品

导游要进行好旅游商品促销的第一个条件就是：在认真做好本职接待工作，

尤其是要在认真讲解好景点的基础上再促销商品,并且景点讲解一定要周到细致,这样才能起到事半功倍的效果。

2. 将风物特产等的相关介绍穿插在沿途讲解中

进店购物最正确的打开方式是将风物特产的相关介绍巧妙地穿插在沿途讲解中,这样在进购物店时,就不会显得那么突兀。

3. 要教客人一些鉴别知识,讲出产品的特点

一个地方的风物特产具有自己的本土特点,本地人是能分辨真假的,而外地人却不能,这时导游就应该发挥作用了,导游要教客人一些鉴别产品的知识,说出产品的特点,这样才能进行良好的购物讲解。

4. 接团后要与客人拉近心理距离,热情待客

一般情况下,导游刚刚接到团队,与客人之间都是陌生的,而陌生人的话是没有人信的。如果导游通过自己的讲解能拉近与团队的关系,那么后面的工作就好进行多了。

导游员在上团的过程中要好好研究一下游客的心理。有的导游就非常注重这一点,比如领计划后,会研究出团目的地的一些情况,从接团的那一刻致欢迎辞时,就有意无意地拉近与团队游客的心理距离,以方便后续活动的展开。同时在导游服务中,除了要用心理学理论来帮助了解客人、应对客人外,购物时更需要运用心理学知识分析客人的需求,尤其是抓住出游客人的优越心理需要,按照他们的不同需要去促销,这样成功的把握就大多了。

5. 要善于观察分析团队客人,有针对性地推介旅游商品

导游在上团的过程中,会接待天南海北的游客,每个团的职业、学历、专业等各有差异,就算是对同一个景点的讲解,不同的团队感兴趣的点也不一样,所以导游在接团前要对自己所接团队进行一定的分析,结合团队背景,选取合适的内容有针对性地予以讲解。

同样在进行促销讲解的过程中,导游也不应当一个劲地讲解准备好的内容,不讲完不停止。更不应当对所有的旅游团队都推荐当地相同的旅游商品,要有针对性地进行讲解推介。比如说客人本来就是来自玉器之乡,导游却在那里进行玉器知识的普及讲解,其实客人早就不耐烦了,导游却还看不出来,还在那里继续自己的讲解;还有就是给"夕阳红"团队推荐高档珠宝,给年轻的团队推荐保健品、厨房用品等,这些都是导游员不够灵活的表现。

导游在上团的过程中，应该根据所带团队的具体情况，用灵敏的反应，观察团队客人的兴趣爱好点然后进行分析，并灵活地组织自己的讲解词，有针对性地推介旅游商品（要有重点）。

按照不同团队客人的不同需要去促销，成功的把握就大多了。

6. 要巧妙掌握入店的时间

安排适当的入店时间也非常重要。有时候虽然你讲得很好，客人也有购物的兴趣，但是如果没有掌握好入店的时间，即使进店，效果也是差强人意。

一般情况下，导游在上团的过程中，安排购物最好的时间是整个行程快结束的时候，因为这时候游客的购物兴趣一般最大，前期导游在沿途讲解中如果铺垫得好，在这个时候再进行一下直接促销，效果也是很好的。但是，有时受团队行程的限制，最后一天的行程中由于时间紧张或其他原因（没有合适的购物点等）不适合进店购物，那么这时候，导游从接团开始就要安排好团队行程，尽量将景点游览提前，将进店购物往后压。当然，导游也不要为了自己的利益而擅自更改整个团队的行程。总之，安排进店购物的时间一定要科学合理，要充分利用游客的情绪段，照顾好各方面的因素，这也是导游促销成功的关键。

7. 强调一些常见的景区、车站等的乱象，给游客以诚信

如今在大多数景区的门口都有商业街，一家家沿街铺面售卖当地的旅游纪念品，甚至还有沿街一路追着游客进行流动售卖的，遇到这种情况，在团队抵达景区之前，导游就要强调景区游览的相关注意事项，同时还要告诉客人：路过商业街时，不想买的东西千万不要去还价，还了价再不买是很麻烦的；如果是不想买的东西，要坚决拒绝，不能态度暧昧；如果发现有商贩在跟着你走，千万不要与其攀谈，避免麻烦。

另外，各地还有很多旅游乱象。比如长途旅行中，服务区售卖的水果、路边的土特产等，要明确告诉客人有可能称不够，可以买一两个来吃吃，但是不要买得太多！同时，导游应该好好发挥自己是本地人，比较了解当地情况的优势，给团队游客介绍一些防骗的窍门。另外，还要提醒游客尽量不要和当地的商贩发生争执，因为一旦发生争执，不但会带来麻烦，还会影响游客此次出游的心情！

除了景区周围以及车站等的乱象，导游还应该讲一些在购物点以及在客人自由活动时防骗的案例。总之，导游要充分发挥自身的优势，防止游客被骗，从而给游客以诚信。

8. 正确处理购物过程中以及购买商品后的一系列问题

有时导游带游客进店购物时，游客看上了某件商品，出于信任，经常会请导游来做参谋，那么这时候导游一定要对得起客人的信任，尽自己一份职责，帮客人挑到好的商品。当然，在购物过程中以及购买商品后有时会出现一些问题，这时，作为带团导游，一定要不厌其烦地进行正确处理，这也是导游服务工作中非常重要的一部分。

9. 团队行程中不安排商品类别重复的购物点

在一些线路上容易出现让游客重复购买同一种商品的情况，特别是一些联线团，比如昆明—大理—版纳联线，在昆明看玉器，到了大理又是，到了版纳还得看玉器。再好的东西，两三天的行程中天天让你见，像这样重复安排怎能不让游客生厌和反感。所以，导游在上团过程中要尽量避免这种情况，适可而止，联线团的导游更要向全陪（或游客）了解上一站的情况，及时调整计划，尽量减少重复的安排。

10. 端正心态，不要因为游客不购物而变脸，服务态度前后保持一致

有些导游把购物佣金看得太重，只要客人消费，上车后就笑逐颜开，一不买东西就拉下脸来，这是导游带团中的大忌。从职业道德角度来说，不管客人买不买东西，导游都应该尽职尽责，端正自己的心态，更何况拉下脸，客人更不会买。导游在上团过程中，讲解水平以及良好的促销技巧是一方面，拥有积极端正的心态也非常重要，只有做好本职的接待服务工作，相信一定会收获诚信待客的甜蜜果实。

二、促销美食技巧

（一）促销美食的重要性

品尝各地的美食也是旅游过程中非常重要的一项活动，所以导游在上团过程中应该大力促销本地的美食，让客人不仅得到美食的享受，也使他们的旅程更加的完美。

1. 品尝美食是旅游过程中非常重要的一项活动

"吃、住、行、游、购、娱"旅游六要素中，"吃"是排在第一位的，可见旅游过程中的用餐环节是多么的重要。旅游过程中的用餐分为计划内团队餐、风

味餐以及客人自由活动过程中品尝的当地特色宴席以及地方名小吃等。

品尝美食是旅游过程中非常重要的一项活动。人们出来旅游，除了眼睛要看许多美丽的风景，耳朵要听导游讲解沿途风光、传奇故事以及景点解说，嘴巴也需要品尝各种地方美食，比如北京的烤鸭、内蒙古的烤全羊、洛阳的水席、平遥的碗托、兰州的拉面、四川的担担面、重庆的火锅、上海的本邦菜、南京的盐水鸭、福建的南普陀素斋、大连的海鲜、吉林的酱骨头、老边饺子、云南的过桥米线、新疆的羊肉串、广州的老火靓汤等，真是数不胜数，只有将游客的"看、听、品"融为一体，才能为整个的旅程增光添彩。

2.美食也是旅游文化的一个重要方面

中国美食讲究"色、香、味、形"俱全，就是说除了讲究菜式本身的美味，还要讲究搭配、造型，甚至对上桌用的器皿也十分讲究，这也代表着一种饮食文化。

另外，许多宴席、菜品以及地方小吃背后都有典故，一顿宴席、一道菜甚至是一道小吃就是一个故事。比如，"麻婆豆腐"就是清朝同治年间，由成都的一位姓陈的麻脸老太太而得名；西安名小吃"牛羊肉泡馍"据说讲的是宋太祖赵匡胤未得志时，生活贫困，流落长安时的故事。客人旅游过程中，在品尝美食的同时，能慢慢地品味这些故事，也是一种精神的享受。

3.美食能给游客的旅程留下深刻的印象，扩大宣传效果

有些地方的风景也许并不出众，但当地的美食却让游人津津乐道，从而使城市也因美食名扬四海，同时也起到了宣传、吸引客源的目的。比如东北吉林四平市的"李连贵熏肉大饼"，全国闻名。风味独特的李连贵熏肉大饼，也成了当之无愧的百年"中华老字号"。其实说起来名不见经传的四平市没有什么有名的山水景观闻名于世，但是借着一个"李连贵熏肉大饼"也一样闻名东三省乃至全国，让远近的过客都要趋之若鹜地去四平总店，品尝最正宗的美味。

还有的地方美食能给游客的整个旅程留下深刻的印象。如果既有美食，又有美景，那就更好了。

（二）旅游过程中美食的种类

旅游过程中的美食主要有两大类：特色餐饮宴席和地方名小吃，近年来又兴起了饮食文化旅游以及旅游餐饮，无外乎都是以"美食"以及品尝美食作为吸引物的旅游活动。具体有：

①特色餐饮宴席，如北京大戏楼的京菜、老北京涮锅、洛阳水席、开封包子（小吃）宴、山西的八碟八碗、西安的饺子宴、福建南普陀素斋、大连海鲜宴、四川的火锅宴等。

②地方名小吃，如北京的驴打滚、天津的大麻花、上海的南翔小笼包、福建的烧肉粽、陕西的凉皮、辽宁的李连贵熏肉大饼、四川的夫妻肺片、南京的鸭血粉丝汤、郑州的烩面等。

（三）导游上团过程中促销美食的策略

品尝一个地方的美食也是旅游过程中一项非常重要的活动，同时也会使游客的旅游生活丰富多彩。导游在上团的过程中应该给游客介绍当地饮食文化，并且推介当地有代表性的餐饮宴席以及地方特色小吃。同时，在促销美食时，导游应注意以下几个方面的问题。

1. 要讲出本地的饮食文化以及所推介美食的特点

导游在上团过程中，要向团队客人介绍当地的饮食文化以及特点，应该有针对性地抓住某个特色宴席或者几个特色菜（小吃）来做介绍，这样就可以非常自然地带出当地的饮食文化。

比如，河南洛阳的导游在沿途讲解的过程中，从洛阳的地形、气候条件引申到当地百姓在饮食的过程中偏好汤菜，从而很好地推介了"洛阳水席"；郑州导游从河南是一个农业大省，主要的农作物为小麦这个角度出发，向客人讲解了河南人爱吃面，面的种类有很多等。

2. 根据所带团队的不同、南北口味的不同，推介真正性价比高、物有所值的美食

在上团的过程中，导游给团队客人推介当地的美食，当然希望客人在品尝之后也会大加赞美，但是导游也需要明白：南北口味是有差异的，南北客人的食量是有差异的，个人的口味也是很难改变的！所以，导游要根据所带团队的不同，给客人推荐真正适合他们，物有所值的美食。有时你自己认为很好吃的东西外地人吃起来也许觉得并不怎么样，在这种时候，客人上车后也许会失望，甚至是抱怨，有时还会造成麻烦，因为他会觉得导游在骗他，所以导游在推介当地美食的过程中，一定要注意南北口味的差异，提前打好伏笔，话要巧说，让客人也有些心理准备。

3.要讲得绘声绘色,让客人有兴趣

讲一种美食有多种讲法,导游给外地游客推荐美食也是一样,你自己都讲不好,如何吸引客人去品尝呢?记得很多年前一则关于海南导游被投诉的新闻,导游带客人到景区入口,客人说:"导游你给我们讲讲吧!"导游说:"这自然景观有什么好讲的!难道我要给你们讲,啊!这儿的天好蓝啊!海水好深啊!"这种导游不被投诉才怪。

导游在上团的过程中要成功地给客人推荐当地的美食,自己要先把这种美食讲好,讲完后让客人"流口水",在讲解的过程中如果再加上合适的语气、表情、手势动作,效果会更好。

4.把握好推介美食的时机,并及时订餐

导游给团队客人推介当地的美食,要把握好时机,最好选择客人正饿的时候讲,这时候讲一定是效果最好的。因为人在饿的时候比较容易接受别人的美食推荐,那么在这个时候讲,如果运气好,得到客人的应允后马上订餐,即使不是立马去用餐,也许会是下一顿,或许是后面的行程中,这都是有可能的。还有一种情况就是客人刚刚用完餐,正在抱怨这餐吃得不好,导游这时候要及时收住客人的话题,不能继续扩展下去,最好等到下一餐就餐前再重提此话题,引申出要推介的美食,这样效果会更好。

还有一点,一旦客人定下来要去品尝特色风味餐,导游要早早地订餐,尽自己努力让餐厅给客人安排环境相对较好的包厢或餐位。因为有些餐厅,尤其是带演艺性质的,会按照订餐时间的先后来决定客人就餐的餐位。还有些风味餐厅的生意非常好,尤其是到了旅游旺季,订晚了极有可能是吃不到的,如果把客人的胃口吊起来了却因为订不到餐而让他们失望,不但是导游的失职,还有可能遭到投诉。

5.要在讲解时讲清楚需要提高餐标或者加餐

一般情况下,旅游团队中的特色风味餐都是需要团队客人另外加餐或者是在原餐标上提高标准的(也有少部分是直接安排在团队计划内,此时导游需要做好相关服务),那么导游在讲解推介的过程中一定要跟客人讲清楚,以免让客人产生误会。

三、促销新点技巧

（一）促销新点的重要性

中国是一个旅游大国，各地的旅游资源千差万别，许多的美景过去是"养在深闺人未识"状态，但是近几年各地政府为了促进当地旅游业的发展，在不断地开发新景点，这也是吸引游客再次来本地旅游的一个很好的机会。

1. 宣传新景点，促进当地经济的发展

导游在上团的过程中，要积极向团队游客推荐和宣传旅游目的地的新线路（新景点），这也是导游应做的工作之一。就算这一次的促销没有成功或是游客没有时间去，但是听了导游的介绍后，也许下一次会和朋友一起再次光临，这也是非常有可能的。当然，导游也不能为了吸引游客前往，夸张过分地将新景区讲得很好，而实际上可能由于很多方面的因素，游客参观后会感觉上当受骗，这样反而做了反面的宣传。

一个新的景点对当地经济效益的作用非常明显，比如我们熟知的河南云台山，是国内新景区开发成功的一个典范，整个焦作市甚至是河南旅游都跟着受益；再比如陕西的茯茶古镇，在2016年国庆"黄金周"期间，不单是本地的游客，大批的外地游客也前往茯茶古镇参观，观民俗、品尝关中小吃，成为陕西最火的旅游景区之一，客流量达到136万人之多，这给古镇乃至西安带来的经济收入也是显而易见的。

在取得的这些经济效益中，导游的作用不可小视。导游在上团过程中完成计划内景点游览的同时，加大新景点的宣传，既能宣传家乡，又能吸引游客，是一举两得的事情。

2. 充实原团队宽松的行程

导游在实际的工作中，可能会发现一个问题：旅行社的计划行程也不一定那么合理，有的团队行程紧张得不行，而有的团队行程又过于宽松。对于宽松的团队行程，一是让游客多在酒店休息、晚出发、自由活动等，还有就是地陪导游向团队游客推荐行程中没有的景点或项目，让客人在当地度过精彩而又丰富的一天。让客人在异地的酒店里休息或是过多的自由活动，可以说是导游对游客的不负责任，旅行社在确认团队的过程中，也许考虑到成本以及诸多问题只能将团队行程做成这样，但是作为一线的导游，在实际的工作过程中应该尽量去充实客人过于宽松的行程，让他们的此次出游真正地物有所值。

3. 让游客多游一些地方，多一点收获

对于大多数游客来说，既然付了往返的交通费，那么到一个地方旅游肯定是想用最少的时间游览最多的景点，特别是一些原计划行程中没有的精华景点或者是一些别人没有去过的新的精彩景点。这样他们也会觉得这是此次出游意外的收获，毕竟各地外卖的常规旅游线路基本上是差不多的。所以对游客来说，推荐他们去新景点是一件好的事情。

在团队行程中，经常会有车程距离较长的行程，比如有导游带团从张家界前往凤凰古城，车程距离比较长，其间经过芙蓉镇，因为是路过，所以客人只需要支付几十块钱门票费用就可以游览了。几十元的费用，一个多小时的游览，既缓解了客人旅途乘车的无聊，让游客多游了一个地方，多了一点收获，又增加了导游的收入，何乐而不为呢？

另外，随着国内旅游的发展，很多地方现在都发展夜游项目，如上海的黄浦江夜游、北京的长安街夜景、广州的珠江夜游等。夜晚的城市和白天是两个感觉，如果导游认真推介，大多数游客是愿意参加这些项目的，因为总比他们自己在街上闲逛或者在酒店打牌要强很多。既丰富了游客的旅游行程，又使他们对目的地城市留下了美好的印象。

（二）导游上团过程中促销新点的策略

1. 首先要保证计划内的景点高质量地完成参观

有些导游在上团的过程中，为了在原计划行程中增加景点，就拼命压缩计划内景点的游览时间，不断地催促客人快点儿走，甚至将整个团队的叫早、出发时间提前等，为后面自己推荐的项目空出时间，其实这样做是得不偿失的。客人在出发的时候，手里都有一张组团社的行程单，哪一天是什么行程，具体到早上和下午的安排，很多游客是会拿出来看的。

所以，这是非常不当的行为。不是每个团队都适合加点的，即使加点也要首先保证计划内的景点高质量地完成参观，真正有时间，也要在全体游客同意的情况下加点，而不是不容商量、强制性地让游客按照自己的意愿行事。

2. 选好讲解时机，注意讲解方法

导游在领完计划单后，要仔细研究团队行程，如果确实有哪一天行程较松而且有合适的景点可以增加时，也不要着急，首先要严格按照原团队计划进行游程，只有你的周到服务和精彩讲解已经得到游客的好感和信任后，才可考虑加新点。并且，最好在早上出发的时候促销新点，因为这个时候客人的精神都比较好，比较容易对你所促销的景点产生兴趣。但同时也要注意把行程的松紧仔细地向游客介绍，让客人自己衡量，不可强制性地增加景点。此外，在加新点时，还要注意讲解方法。

3. 要在原行程较松的情况下抓住机会

有些团队导游在领到计划单后就会发现，行程确实是非常宽松，如果导游没有计划加点的话，严格地执行原计划单行程，那么送团的时候，客人可能会抱怨导游不会安排，甚至还会回去后投诉。听到过这样一个团队行程，双飞四日的成都游，团队行程中只有一个峨眉山，剩下的两天半有效游览时间，计划内就安排了成都市区的两个广场、一条小吃街自由活动，客人一再给地陪导游抱怨行程太松了，但无奈，地陪是个新导游，没有什么经验，只是一个劲儿地给客人解释这是旅行社安排的行程，他也没有办法，可以想象团队返程时的反馈结果。

可能有经验的导游看了这个行程会重新安排，建议客人加点，因为成都的旅游资源众多，而且距离成都市区都不算远，青城山、都江堰、大熊猫基地、乐山大佛等，这些都是导游可以向游客推荐的地方，计划内的两个广场和小吃街的游览完全可以放到每天行程结束返回市区的时候。所以，在有些情况下，加点是需要的，就看导游能不能把握住机会并及时安排了。

4. 要把相关费用如实地告知游客

导游在加点成功后，要把相关的费用如实地告知游客。如果是只产生门票的景区，那还好，但如果是一整条线路，会牵扯到门票、车费、导服费、餐费，有的还会有索道票等，这些都要一一列举告知客人，让客人明明白白消费。不能为了一点小钱欺骗游客，一旦露馅，自毁形象不说，还有可能会遭到投诉。

比如，有些景区管理就比较混乱，尤其是有些私人承包的娱乐项目（像竹筏、划船等），经营者为了拉拢生意，往往不按景区规定统一报价，会和游客议价，再加上导游之前报价较高，到了地方，这些人一喊叫，价钱上先把导游晾在了一边，这时候再进行弥补，效果都不是特别好。所以，导游一定要将相关费用如实地告知游客。

5. 要加真正精彩的景点

我国的旅游资源相当丰富，一般情况下，常规的团队行程中由于各方面条件的限制，难免会将一些精彩的景点排除在行程之外，这对于专门来旅游的游客来说是一种损失。所以导游在上团过程中，要给游客推荐一些本地真正很精彩、物有所值的景点，弥补他们常规行程中的不足。但是，绝不能给游客推荐一些又贵又没有什么意义的景区，或者直接是为了个人的利益推荐一些压根儿就没什么看头的景区，让游客浪费了时间，出来还满路抱怨，让客人觉得特别不值！

6. 增加较远的整条线路，建议通知旅行社

有时导游在接团后，整个团队行程是待定的，这种团队多是商务团以及酒店会务团，那么接团后，导游的推介就显得尤为重要，因为这会影响整个团队的行程。还有就是原计划一天的会务间隙旅游，临时增加了一两天，那么从时间上来讲，是完全可以增加一整条旅游线路的。对于这种旅游团队，建议导游还是将增加的行程如实地告知旅行社，尤其是像车程距离较远的山岳景观、包含有惊险项目的景点等，这类景区本身有着很大的知名度，非常能吸引游客，所以比较容易加点成功。同时又由于车程距离较远，景区内不确定的因素太多等，一旦发生不安全事故，又不是旅行社安排的景区，那对导游来说可能就是得不偿失了。

所以，导游在加点的过程中，一是要注意所加景点的安全性并强调相关注意事项，还有就是遇到团队增加较远的整条线路时，一定要及时通知旅行社。

第二节 导游才艺展示技巧训练

导游员在带团过程中，有必要为游客提供休闲放松、充满乐趣的旅游生活服务，以满足游客求乐、求趣，开心、舒心的旅游需求。在旅游过程中展示个人才艺，组织适当的活动，活跃团队的气氛，缓解游客疲劳是导游服务的一个重要组成部分。

一、歌唱才艺

唱歌是普遍的大众性娱乐活动，几乎人人都能唱上两句。导游员为游客唱歌可调动起整个旅游团（者）的气氛，容易引起游客的共鸣，产生愉快的心情，拉近与游客之间的距离，使旅途变得有趣，使行程更加顺利。再者，旅游车上有专门的音响设备，这为导游员的表演和游客的参与互动提供了平台。导游员在唱歌时可适当加些个人元素，如自编歌曲、改编歌词等。导游员不是专业歌手，但在业余生活中学习必要的歌唱基础知识并适当进行训练，进而掌握一定的唱歌技巧，对于旅游服务特别重要。

（一）歌唱才艺展示要点

在旅游团上唱歌的主要目的是通过导游自身来带动客人活跃气氛，增进与客人的感情，消除旅途的疲倦，但导游需要根据具体情境进行歌唱。

1. 区分对象，恰当选择歌曲

在带团中展示歌唱才艺时，要区分客人的年龄、性别、文化层次、职业等情况，"见什么人哼什么曲"。如果游客是老年人，具备一定的知识层次，一般要唱红歌，唱老歌，如《洪湖水浪打浪》《我的祖国》《莫斯科郊外的晚上》等；如果游客是大学生、青年人，宜唱《江南》《稻香》等流行歌曲；如果游客是小学生，宜唱《让我们荡起双桨》等励志歌曲。在展示歌唱才艺前，可征求客人的意见，察言观色，如果游客对所选择的歌曲有意见，导游员要立即灵活改变套路。

2. 把握歌唱时机

导游员在工作中一展歌喉，要选择合适的时间和合适的场合，并注意不同的时间节点唱不同的歌。

①地陪接团后首次讲解时：上团的时候因为是刚刚跟客人见面，所以为了表达心中的欢迎之情及旅途的顺利，一般给客人唱《祝你平安》《平安歌》《跟我出发》。

②旅游结束与游客告别之际：送团的时候一般适合唱《永远是朋友》《明天会更好》《好人一生平安》《一路顺风》《远方的客人请你留下来》等歌曲，能够表达导游对客人的祝福与惜别之情，感谢及留念之意。

③游客旅途疲惫之时：可选择演唱一些比较舒缓、大家耳熟能详的歌曲，如

《万水千山总是情》《大约在冬季》《甜蜜蜜》，或者家乡的民歌小调，如《谁不说俺家乡好》《山路十八弯》《兰花花》等。

④旅途单调漫长之时：在长途跋涉中，感觉时间难以打发，非常烦躁的时候，导游员可以选择相对比较开心快乐的歌曲演唱，如《月亮之上》《快乐老家》《桃花朵朵开》等。

⑤在客人游览一个景点后情绪饱满、亟待抒发自己情怀的时候：一般可以唱《好人好梦》《花好月圆》，有时候看到客人情绪高的话，可与客人合唱一首《天仙配》《新白娘子传奇》等电视剧的主题歌及《知心爱人》等。

3.体现参与性

在旅途中调动客人的情绪，使大家快乐旅游是导游员展示歌喉的目的。导游员在唱歌的同时，要仔细观察每位客人的反应，有的客人会随着音乐摇头晃脑，有的客人会伴着音乐轻轻演唱，有的客人在默默欣赏，也有的客人无动于衷。一般情况下，客人中会有一位或几位是大家特别喜欢的"焦点"人物，导游员应选择这些焦点人物共展歌喉。如果是游客都熟悉的歌曲，也可邀请大家同唱。

（二）平时训练歌唱才艺的注意事项

①掌握正确的歌唱技巧，学会气息的运用，注意共鸣调节，注重唱歌的效果，正确呼吸、科学发声。

②平时有意学唱一些老歌、民歌和戏曲等，选几首自己最拿手、最喜欢的歌曲，加强训练。

③分别以接待亲子度假团、商务考察团、小学生夏令营团、中老年观光团等为例，各选出一首合适的歌曲，进行重点训练。

④以在自己的家乡做地陪为例，选择几首适合在本地接团时演唱的歌曲进行重点训练。

⑤熟悉所选歌曲的歌词和曲谱，在熟悉歌曲曲调节奏的基础上，进一步对歌曲做艺术处理。

二、语言类才艺

导游员在带团过程中穿插朗诵节目，是自身文学修养、文化内涵的体现。这要求导游员不但要会向游客传送知识，成为历史、文化、景点知识的"杂家"，还要有一定的艺术细胞。导游员展示自己的朗诵才能，"以声传情"增加艺术的感染力，可以使旅途生活具有诗情画意，从而增加游客的审美情趣。

（一）掌握朗诵的技巧

1. 注意停顿

停顿是指朗读朗诵过程中声音的断和连。朗读是朗诵的基础，导游员在朗读时既不能一字一停，断断续续地进行，也不能字字相连，一口气到底；无论是朗读者还是听众，无论是生理要求，还是心理要求，朗读中的停顿都是必不可少的；切忌紧紧巴巴，仓促平淡。停顿既是显示语法结构的需要，也是明晰表达语意传达情感的需要。导游员需要根据不同的文学作品，创造朗诵意境，酝酿朗诵情绪。

2. 把握语速

语速是指朗诵时，在一定的时间里容纳一定数量的词语。世间一切事物的运动状态和一切人在不同情境下的思想感情总是有千差万别的。导游员在朗诵作品时，要正确地表现各种不同的生活现象和人们各不相同的思想感情，就必须采取与之相适应的不同的朗诵速度以把握节奏，如同唱歌要合乎节拍，跳舞要踩住乐点一样。一般说来，热烈、欢快、兴奋、紧张的内容速度快一些；平静、庄重、悲伤、沉重、追忆的内容速度慢一些，而一般的叙述、说明、议论则用中速。

3. 表现重音

在朗诵中，为了准确地表达语意和思想感情，有时需要强调那些起重要作用的词或短语，被强调的词或短语通常要使用重音或重读，一般用增加声音的强度来体现。在由词和短语组成的句子中，在表达基本语意和思想感情的时候，不是平均地处在同一个地位上。有的词、短语在表达语意和思想感情上显得十分重要，而与之相比较，另外一些词和短语就处于一个较为次要的地位上，所以对前者有必要采用重音。同样一句话，如果把不同的词或短语确定为重音，由于重音不同，整个句子的意思也就发生了很大的变化。

4. 妙用体态语言

朗诵要求导游员不看作品，面对游客，所以除运用声音外，导游员还要巧妙借助眼神、手势等体态语言来更好地表达作品感情，引起游客共鸣。但朗诵不同于演戏，手势、姿态等只是帮助表达感情的辅助性工具，不宜过多、过火。

（二）广泛阅读，重点记忆

导游员对历代著名的诗歌散文要广泛阅读、欣赏，要对自己喜欢的一些篇目进行重点记忆，对拟朗读的篇目、段落要背下来，并了解这些文章的中心思想、写作背景、修辞手法和作者概况等，以便接受游客问询。

（三）精心选择朗诵内容

朗诵者要根据自己的爱好和实际水平，在众多作品中，选出合适的作品。要注意选择那些语言具有形象性而且适于上口的文章，朗诵的材料主要是诗歌和散文，尤其以诗歌为主。所选的朗诵材料不宜太长，不宜太深奥，最好是大家耳熟能详的作品。朗诵内容应适合自己的年龄、身份，还要适合游客的年龄和身份。

（四）准确把握朗诵时机和情感

导游员一般应结合自己的讲解内容，结合景点、景区来朗诵，使朗诵与导游讲解有机结合。同时，导游员要具有细致的内心体验和丰富的想象能力。导游员要唤起听众的感情，使听众与自己同喜同悲同呼吸，必须仔细体味作品，进入角色，进入情境。导游员在理解感受作品的同时，还要伴随丰富的想象，这样才能使作品的内容在自己的心中、眼前活动起来。

三、娱乐游戏类才艺

（一）语言类游戏

带团中有时需要活跃一下气氛，跟客人多做些互动，拉近与游客之间的距离。导游人员开展语言游戏，可根据游客的兴趣选择适当的形式。同时，导游在组织猜谜语或绕口令活动时要密切注意旅游者的反应，选取的谜语或绕口令不应太难，应尽量选用经过短暂思考就能找到答案或是比较有趣味性的谜语。如果难度有些大，尽可能多地给游客一些提示，不要冷场。

（1）正确选择语言类游戏活动的形式。导游常用的语言类游戏项目有猜谜语、绕口令、脑筋急转弯、文字接龙、飞花令等。

①为提高游客的猜谜积极性，达到活跃气氛的效果，导游选取的谜语不应太难，应尽量选用经过短暂思考就能找到答案，又比较有趣味性的谜语。

②在绕口令的选择上，最好选择有一定内容和趣味的绕口令；篇幅不宜太长，先易后难。在绕口令活动的安排上，一般是由导游先提出一个自己熟知的绕口令，并能流利地念出，演示一遍后，再一句一句地教游客说，然后由游客来演示。导游可采取竞赛的形式，定出处罚和奖励规则。

③在进行脑筋急转弯活动时，导游应有意选择通俗易懂的脑筋急转弯，以方便大家的参与，同时要考虑到游客的年龄、文化差异；内容上一般选择一些幽默诙谐的脑筋急转弯，激发大家的兴致。

④针对文化水平比较高或文学素养较高的团队，可以开展飞花令、成语接龙等游戏活动。

（2）搜集整理适合旅途中开展的语言类游戏资料，并能熟记在胸。

（3）掌握不同类型语言类游戏的组织方法与技巧。

（4）开展语言类游戏训练。

（二）娱乐游戏

1.掌握设计娱乐游戏的基本要求

导游可以在游戏内容的设计上多动脑子，让游戏的内容更多地与游客的工作环境、工作实际或者日常生活挂钩，让游戏更"真实"，更有针对性。

①选择内容健康的游戏。

②可选择与旅游者工作或生活实际或者旅游内容相关的游戏。

③注意把握游戏的难度，避免过易或过难的游戏。

④考虑游戏的时间。游戏的组织一定要紧凑，导游对每一个环节都要心中有数，要适当控制游戏的时间，避免占用过多的讲解时间，冲淡沿途讲解的效果。尤其是在时间有限的情况下，更不允许在游戏上占用过多的时间。

2.根据团队特点设计旅途娱乐游戏

导游在接团前，就应该仔细研究接团计划，研究该团的游客，设计出符合该团游客的游戏。旅途娱乐游戏应包括的内容有：游戏目的，游戏参与人员，游戏所需辅助设备或材料，游戏规则（包括游戏时间等），游戏活动步骤，游戏后续活动，其他。

3. 组织开展娱乐游戏

在旅途中，导游应组织开展娱乐游戏活动，活跃旅途中的气氛。

（三）摄影技巧

生活中，美无处不在。发现美、欣赏美、赞扬美、传播美，是旅游活动中最能考验一个导游观察能力的标准。一个优秀的导游总是能将游客带到景点中最美、最能吸引游客的地方。

如何让游客留住旅游中美的体验、美的享受、美的回味，重要的手段就是摄影留念。

导游员掌握最基本的摄影技术，不仅能提高自己的人格魅力，增强游客对自己的信任，还能为游客提供更优质的服务，为旅行社带来更多的客流量，更能为旅行社做无声的广告。

1. 摄影首先学曝光

摄影，来源于古老的绘画艺术。人们常说"摄影是用光作画的艺术"。通过摄影，我们可以将在特定的时间、特定的空间、特定的对象所发生的瞬间形象凝固记录。同时，拍摄者通过影像可以向观察者传递思想。

光是摄影的灵魂，是摄影艺术的前提条件。正确的曝光是获得高质量摄影作品的基本保障，没有谁会将一幅黑蒙蒙看不清主体或白晃晃主体模糊的作品供人欣赏。

既然摄影是用光作画的艺术，作为一名合格的导游员，掌握最基础的摄影曝光技术就显得十分重要。

找来有关摄影方面的书籍，刘梅学习后，发现影响摄影曝光的条件主要有光圈设定、快门速度设定、感光度设定、被摄对象亮度四个方面。

2. 消除模糊对准焦

无论想要拍摄多么充满想象和创造性的作品，我们总是希望尽可能得到一幅清晰的影像。

如果影像是模糊的，那么即使再具有创造性，其结果也是失败的。

在拍照的时候，如果要表现的对象模糊不清，那肯定是非常令人尴尬的事情。出现这种糗事的原因是多方面的，但主要元凶是对焦出了问题。

对焦，也称为聚焦，是指通过相机和镜头的功能来改变物距和相距的相对位置，使被拍摄对象从模糊到清晰的过程。对焦的准确与否，决定着画面的清晰度与锐度。对焦准确可以使主体在画面中清晰呈现；反之，则容易出现画面模糊不清的问题。

无法对焦或拍摄出来的照片模糊不清，甚至出现想要突出表现的主体模糊，而不愿表达的陪体部分反而比较清楚的现象，这些现象的出现往往是在拍摄时对焦不准造成的。

对焦，简单来说就是将焦点对准画面中要表现的某部分时，该部分就是清晰的。

对焦是拍摄一切清晰影像的基础，没有过硬的对焦技术，就无法很好地完成拍摄。同时，焦点的选择除了可以让主体清晰，更可以利用焦外成像的模糊，来营造画面效果。因此，我们必须想尽一切办法与可能，熟练掌握对焦技术，并通过对对焦技术的巧妙运用来控制画面，完成一幅好的摄影作品。

3. 画面构成突出主体

主题思想是摄影者通过摄影作品向外界传递的信息，摄影者通过照片中的艺术形象和造型语言，引起读者在欣赏过程中产生思想共鸣和审美感受。

摄影画面构成的各方面都应该是以突出主题思想为基本目标。摄影构图就是把所要表现的客观对象根据主题思想的要求，以现实生活为基础，运用比现实生活更富有表现力的表现形式有机地安排在画面里，使主题思想得到充分表达。

摄影画面构成就是要选取典型的拍摄对象，并通过独特的造型来表达主题思想，这也是摄影构图的实质。

摄影是挑选的艺术。同样的地方、同样的景点，不同的人选择的角度不同，要表达的主题思想不同，拍摄的艺术效果就会不同。怎样表达主题思想，使观察者能明白摄影者的意图，就需要学习画面的组织与安排。

画面的组织与安排就是画面的构成。画面的构成包括四个要素，即主体、陪体、环境与空白。主体是一幅作品的灵魂，其他三个要素是为主体服务的。

主体在画面的构成中占有重要的位置。重点突出主体可以将观察者的视线集中到主体上，使拍摄意图更加明显。

4. 构图精美学技巧

构图是摄影第一要素。你所有的想法，都要通过恰当的构图来体现。再好的题材或主题，你的构图不过关，就统统没戏。无论你到啥地方，碰到啥天气，拍摄啥题材，构图好，就先成功了一半。就算一切都不理想，至少图不难看。

什么是摄影构图？构图就是指照片所设计的景和人等各种元素有序的安排和处理，并通过艺术技巧和表现手段，真正成为突出主题思想、具有深刻意境的摄影作品。

好的构图，其画面肯定能使人眼前一亮，具有强烈的视觉冲击力，能够引起观者的视觉印象。一个普通平常的景致，经过合理精美的构图技巧对画面进行处理，就可能展现出不为人知的精彩，也就是说，好的构图会给一个平凡的场景赋予更深刻的内涵。因此，我们要掌握基本的构图技巧。

5. 角度变换出奇效

不同的取景角度、方位、距离，会使照片效果大不相同。拍摄景物不一定要从正面拍摄，改变一下角度，可能会收到出乎意料的效果。正面拍摄时光线不好，改变一下方位可能令照片更加完美。

拍照片的角度，不仅对表达拍摄内容起重要作用，对形成优美的构图也是不可缺少的重要环节。不同的拍摄角度，拍出的照片差别很大；变换一下角度，能直接影响画面结构。例如，在同一距离、同一高度、用相同焦距的镜头，采用仰角、平角、俯角拍出三张照片，虽然前后景物没有变化，但画面内包括的内容就不同了。如果采用不同的高度，在同一距离，用仰角、平角、俯角再拍三张照片，就会发现前景和后景的变化很大。这说明相机与被摄物体的角度不同，产生的效果也不尽相同。镜头角度的变化，直接影响画面中的水平线和空间深度的改变。

第七章　旅游住宿与餐饮接待业务管理实践

第一节　旅游住宿接待业务管理

一、旅游住宿接待管理概述

（一）旅游住宿接待管理的概念

旅游住宿接待管理是指住宿企业管理者对所有的服务接待活动进行管理的过程。

（二）接待服务的基本要求

酒店接待服务的基本要求如下：

1. 服务基本原则

①对宾客礼貌、热情、亲切、友好、一视同仁。

②密切关注并尽量满足宾客的需求，高效率地完成对客服务。

③遵守国家法律法规，保护宾客的合法权益。

④尊重宾客的信仰与风俗习惯，不损害民族尊严。

2. 员工仪容仪表要求

①遵守饭店的仪容仪表规范，端庄、大方、整洁。

②着工装、佩工牌上岗。

③服务过程中表情自然、亲切，热情适度，提倡微笑服务。

3. 员工言行举止要求

①语言文明、简洁、清晰，符合礼仪规范。

②站、坐、行姿符合各岗位的规范与要求，主动服务，有职业风范。

③以协调适宜的自然语言和身体语言对客服务，使宾客感到尊重舒适。

④对宾客提出的问题应予以耐心解释，不推诿和应付。

二、旅游住宿的前厅接待管理

（一）前厅接待概述

1.前厅部的重要性

前厅部是招徕并接待客人，为客人推销客房及餐饮等酒店服务，并提供各种综合服务的部门。前厅部的工作对酒店市场形象、服务质量乃至管理水平和经济效益有至关重要的影响。

前厅是酒店内外联系的总枢纽，也是酒店的门面，它给顾客留下第一印象。宾客最先和最后接触的都是前厅，宾客进出的流量由前厅来控制，前厅负责对宾客来迎、去送。同时，前厅是酒店的信息中心和业务调度中心。

2.前厅接待业务

根据酒店规模、档次、类型的不同，前厅部的业务有所不同。一般来说，前厅部负责酒店的预订和接待业务，由此衍生出门迎、行李、问询等相关服务。在大部分酒店，销售业务和电话总机也隶属于前厅部管理。此外，很多高等级酒店还会有商务中心、车队、购物中心，其一般在管理上隶属于前厅部，也有酒店将商务中心、购物外包给第三方独立经营。

（1）预订业务

预订业务主要负责酒店的订房业务，接受客人的预订；负责与有关公司、旅行社等建立业务关系；与前台接待保持密切的联系，及时向前厅部经理及前台有关部门提供有关客房的预订资料和数据，向上级提供 VIP 信息；编制报表；参与制订全年客房预订计划。

（2）礼宾服务

礼宾服务主要有：在门厅或机场、车站迎送客人；负责客人行李的运送、寄存及安全；寄存和出租雨伞；帮助客人在公共区域找人；陪同散客进房并介绍服务；分送客用报纸、信件；代客召唤出租车；协助管理和指挥门厅入口处的车辆停靠，确保畅通和安全；回答客人问询，为客人指引方向；传达有关通知单；负责客人其他的委托代办事项。

（3）入住登记和接待

入住登记和接待主要负责接待住店客人，为客人办理入住登记手续，分配房间，掌握住店客人动态及信息资料，控制房间状态；编制客房营业日报等表格；协调对客服务，接待其他消费客人以及来访客人等。

（4）账务和收银

账务和收银负责处理客人账务，为客人办理离店结账手续，包括收回房间钥匙、核实客人信用卡、负责应收账款的转账等。在很多酒店，收银和账务人员虽然在前厅部工作，但隶属于财务部。

（5）信息管理

前厅部掌握着客户登记信息，因此前厅部也成为信息收集、加工、处理和传递的中心，如开房率，营业收入及客人的投诉、表扬，客人的住店、离店、预订以及在有关部门的消费情况等。

有些酒店还收集相关外部经营信息，如旅游业发展状况、国内及世界经济信息、游客的消费心理、人均消费水平、年龄构成等。前厅部不仅要收集这类信息，而且要对其加工、整理，并将其传递到客房、餐饮等酒店经营部门和管理部门。

（6）酒店产品销售

除了酒店营销部对外销售产品以外，前厅部的预订处和总台接待处也要负责推销酒店产品的工作。在受理客人预订的过程中，随时向没有预订的客人推销客房等酒店产品和服务。

（7）电话总机

电话总机负责接转电话，为客人提供请勿打扰电话服务、提供叫醒服务、回答电话问询、接受电话投诉、电话找人、电话留言、办理长途电话事项、传播或解除紧急通知或说明等。

3.前厅机构设置及人员

酒店规模大小不同，前厅部组织机构可以有很大区别。一般来说，大酒店管理层次多，而小酒店层次少。大酒店组织机构多，而小酒店机构少。大酒店可能有自己独立的车队、商务中心，而小型酒店没有此类功能。大酒店前厅部有很多职能是分开的，而小酒店则合并部分功能，如大酒店有独立的销售部，小酒店可能隶属于前厅部。

（1）办公室

前厅办公室主要负责前厅部的日常性事务及与其他部门联络、协调等事宜。一般由前厅经理、前厅副经理、前厅秘书（助理）等组成。

（2）预订处

预订处是前厅专门负责酒店订房业务的部门，其人员配备由预订主管、领班和订房员组成。

（3）接待处

接待处又称开房处，通常配备有前厅接待主管（经理）、领班和接待员。

（4）收银处

收银处亦称结账处，一般由领班、收银员和外币兑换员组成。

（5）礼宾部

礼宾服务人员一般由大厅服务主管、领班、迎宾员、行李员等组成。

（6）问询处

问讯处通常配有主管、领班和问讯员。此外，也有酒店的问询处属于礼宾部。

（7）电话总机

电话总机一般由总机主管、领班和话务员组成。

（二）前厅预订服务

1. 预订的渠道与方式

（1）预订的渠道

宾客向酒店订房一般通过两大类渠道，一类为直接渠道，另一类为间接渠道。直接渠道是指宾客不经过中介机构直接与酒店预订处联系，办理订房手续。间接渠道是订房人由旅行社等中介机构代为办理订房手续，具体又可细分为：通过旅行社订房；通过连锁饭店或合作饭店网络订房；通过与饭店签订商务合同的单位订房；通过政府机构或事业单位订房；通过网络公司订房；通过航空公司订房。

（2）预订的方式

客房预订方式有电话预订、传真预订、网络预订、信函订房、当面预订、合同订房等。随着时代的发展，目前信函预订等方式基本上很少用了，比较多的是电话预订和网络预订。

2. 预订业务流程

预订业务的流程为：①无论是电话预订还是当面预订，接待客人先向客人致意，同时报出服务岗位；②提供酒店房型信息，正确描述房型差异（位置、大小、房内设施）；③如无客人要求的房型，主动提供其他选择，说明房价及所含内容；④询问并核实客人预订的房型、数量、抵离店时间、客人姓名、地址、联系方法和结算方式等信息；⑤向客人提供预订服务联系电话、联系人和地址；⑥预订结束后，向客人致谢道别。

3. 接受预订和拒绝预订

订房员接受客人预订时，首先要查阅预订簿或电脑，将客人的预订要求与酒店未来时期客房的利用情况进行对照，决定是否能够接受客人的预订，如果可以接受，就要对客人的预订加以确认。确认预订的方式通常有两种，即口头确认（包括电话确认）和书面确认。书面确认需要填写预订单，该表通常印有客人姓名、抵离店日期及时间、房间类型、价格、结算方式以及餐食标准、种类等项内容。

如果酒店无法接受客人的预订，应对预订加以婉拒，婉拒预订时不能因为未能符合客人的最初要求而终止服务，而应该主动提出一系列可供客人选择的建议。

4. 预订的核对和取消

在客人到店前（尤其是在旅游旺季），预订人员要通过电话等方式与客人进行多次核对，问清客人是否能够如期抵店，住宿人数、时间和要求等是否有变化。一些酒店的核对工作通常要进行三次。

由于各种缘故，客人可能在预订抵店之前取消订房。取消订房是非常常见的现象，服务人员接受订房的取消时，不能在电话里表露出不愉快。

（三）前厅礼宾服务

1. 前厅礼宾服务的内容

每家酒店大厅礼宾服务的管辖范围及提供的服务项目并不完全一致。大厅服务人员一般可由大厅服务主管、领班、应接员、行李员、委托代办员等组成。酒店大厅礼宾服务实际上就是酒店在宾客下榻酒店时和离店时向客人提供的迎送宾客服务以及为客人提供行李和其他的一些服务。

2. 门童迎宾服务

门童的岗位职责包括：迎宾、指挥门前交通、做好门前保安工作、回答客人问询、送客等。门童要求形象好、记忆力强、目光敏锐、接待经验丰富、知识面广。门童服务操作应符合以下要求：

①客人抵离酒店大堂时，主动为客人开拉大堂门扇，恭候客人进出，热情问候或向客人道别。

②客人车辆抵离大堂前门时，主动为客人开拉车门，恭候客人上下车，待客人坐稳或下车离开时，向客人热情问候或道别，然后关好车门。

③客人抵达时，主动为客人联系行李员。

④对老弱病残客人，应随时提供帮助。

⑤如遇雨雪天气，应适时为客人提供雨具或撑伞服务。

⑥熟知酒店各部门服务功能概况，认真回答客人询问，满足客人合理要求。

3.行李服务

酒店应提供散客行李服务和团队行李服务。行李员不仅负责为客人搬运行李，还要向客人介绍店内服务项目及当地旅游景点，帮助客人熟悉周围环境，有时还需帮助客人跑差、传递留言、递送物品，替客人预约出租车等。行李服务操作应符合以下要求：

（1）行李装卸服务

帮助客人从车上卸下行李，检查行李有无破损，并请客人核对行李件数和状况。

（2）行李入店服务和引导服务

引导客人到总台办理入住手续并将行李送至大堂等候，客人登记完毕后，协助客人及时将行李送到房间，提醒客人自己提拿贵重物品和易损物品；到客房时，先按门铃后敲门，用钥匙打开房门，打开房灯；将行李放在行李架上或客人指定的地方，请客人清点行李；退出房间并向客人致意。

（3）行李存放服务

请客人出示住房卡，并确认客人身份；检查行李外观有无破损，有无上锁，核对行李件数，标记易碎物品；登记并收存行李；请客人出示行李寄存凭据；根据行李寄存凭据并当面向客人核对清点行李，与客人共同确认无误并签字后，将行李交给客人，收回行李牌。

（4）行李出店服务

准确核实并登记客人房号、姓名、行李件数、离店时间；行李多时，视情况准备行李车；准时抵达客人房间提拿行李，提醒客人带齐物品；客人结账并把房间钥匙交还总台后，随客人将行李送到门前；如客人还有寄存行李，协助客人到行李房提取行李；如客人乘车离店，应把行李装上车，并及时与客人当面核对无误后，向客人致意道别。

（5）机场、车站迎宾

高档酒店对于一些 VIP 客人，可能在机场、车站进行迎宾，这也是礼宾服务的一部分。有些酒店在机场、火车站等设有固定的接待点，委派专职"机场代表"长期接待 VIP 客人，在客人到达城市第一时间致以亲切问候，热情协助他们去酒店或送客离去。

（6）其他服务

酒店代表应掌握来客预期抵达的情况，及时了解航班、车次的更改、取消等，落实客人抵达前的准备工作；在客人出口处，展示酒店标志牌，穿着体现酒店形象的制服便于客人识别；向抵达的客人做自我介绍，用恰当的敬语表示欢迎；协助客人上车及搬运行李；向酒店大厅行李处报告抵达客人的情况，如客人的姓名、人数、行李件数、乘坐的车号等，以便酒店前厅做好迎接工作。

4.问询服务

有些酒店会单独设置一个问询服务处，为宾客提供问询、咨询、代客联络、代客找人、会客、代转留言和函件等服务。如果设置了礼宾部，一般将问询服务归礼宾部职能。礼宾 / 问询服务操作应符合以下要求：

①上门预订 30 秒内招呼客人，并向客人致意。

②电话预订 10 秒之内应答，用中英文向客人致意，同时报出服务岗位。

③准确解答客人有关酒店的问询和咨询，同时协助客人查询其他服务信息。

5.委托代办服务

除了迎送客人、协助搬运行李以外，客人住店期间可能还会有一些需要酒店协助办理的服务，一般这些服务也是由礼宾部负责：①委托订车。提供各类豪华轿车、商务用车、旅游巴士订车与租赁服务。②票务服务。提供机票、车票代购及要票确认、改签服务。③订餐服务。提供酒店内、外各类餐饮预订服务。④物品代购。提供商务用品、日用品、鲜花、地方特产代购服务。⑤修补服务。提供鞋、服装、皮箱等修补服务。⑥邮寄托运。提供邮寄、托运及快递服务。⑦其他服务。胶卷冲洗、代印名片等商务服务。对于这些服务，酒店可以视情况采取收费的方式，提供代办服务。

礼宾部提供这些服务时，工作标准及需要注意的事项主要有：①了解客人要求。礼宾员热情友好地问候宾客，详细了解宾客须购买物品的标准。对于可能产生的费用应与宾客当面说清楚，如来往交通费、代办费、购买物品费。②填写代办委托书。请宾客配合礼宾员在委托书上填写手机号码、姓名、房号并请宾客签字。③尽快为客人联系办理相关事务。如果当天无法立刻解决，请求宾客给予一定时间，合理进行解释。④为宾客外出办事时一定开好必要的发票，并立刻返回，尽量为宾客节省费用。

（四）前厅入住接待服务

接待处又称开房处，通常配备有主管、领班和接待员。接待和收银通常位于一个区域。收银处亦称结账处，主要职能为负责处理客人账务，为客人办理离店结账手续，包括收回房间钥匙、核实客人信用卡、负责应收账款的转账等。

收银处通常隶属于酒店财务部管辖。但由于收银处位于总台，与总台接待处、问讯处等岗位有着不可分割的联系，直接面对面地为客人提供服务，是总台的重要组成部分。

1.接待业务程序控制

（1）识别预订

宾客抵店时，首先询问宾客是否预订。若宾客已订房，则核实其订房主要内容并办理手续。

对于未经预订直接抵店的宾客，首先应该询问宾客的住宿要求，同时查看当天的客房预订状况及可售客房的情况，再根据宾客需要向其介绍客房情况。

（2）办理入住登记

对于散客，要请其填写有关内容并签名，形成入住登记记录。

对于预订的 VIP、常客，可根据客人的订房单及客史档案中的内容，提前填写登记表及房卡等，客人抵店只要核对证件，签名后即可入住。贵宾还可以享受先进客房，在客房内签字登记的礼遇规格。

预订的团体会议客人，可以根据其具体接待要求，提前将登记表交给陪同或会务组的人员，以便客人抵达在大堂指定区域或在客房内填写。

（3）分房和确定价格

分房也称排房，接待员根据宾客的实际需求，考虑到宾客的心理特点以及酒店可供出客房的实际情况（位置、风格特色、档次、价格、朝向等），尽可能将适合宾客需要的客房分配给宾客，正确灵活的分房方法和技巧，不仅能满足宾客的需要，而且能充分合理利用客房。通常情况下，分房服务要注意以下三个原则：

①针对性原则。根据宾客的特点，进行有针对性的排房。如，贵宾一般要安排较好或者豪华的客房；同一团体的宾客要尽可能安排在同一层楼的同标准客房。

②特殊性原则。根据宾客的生活习惯、信仰以及习俗来排房。风俗习惯、信仰不同的宾客的房间要尽可能分楼层安排。

③方便性原则。根据饭店经营管理和服务的需求来安排客房，如长住客尽可能集中在一个楼层，且在较低楼层。

（4）确定付款方式

客人常采用的付款方式有信用卡、现金及转账等。对于采用信用卡结账的客人，接待员应首先确认客人所持信用卡是否是酒店所接受的信用卡，信用卡是否完好无损，并在有效期内。

对于转账方式付款的客人，一般都是在订房时就向酒店提出要求，并已获批准的。

（5）完成住宿登记手续

完成住宿登记手续后接待员制作房卡，并请客人在房卡上签名，提醒客人注意房卡上的客人须知内容，最后将制作好的房卡钥匙交给客人，同时安排行李员运送客人行李，并将客房楼层与电梯位置告诉客人，祝客人住店期间愉快。

2.前厅收银业务

前台收银服务操作应符合以下基本要求：①30秒内招呼客人；②接待客人先向客人致意；③确认客人姓名、房号，收回钥匙或房卡；④出示详细账单，与客人核实确认所有消费；⑤及时、准确办理结账手续，并向客人致谢道别。

（五）前厅电话总机服务

电话总机是酒店内外联系的通信枢纽，是酒店与宾客交流信息的桥梁，是反映酒店服务质量的窗口。大部分酒店将电话总机设置在前厅部，为宾客提供各种话务服务，其服务质量的高低，直接影响着宾客对酒店的评价，甚至影响到酒店的经济效益。电话总机的服务范围，随着酒店的类型、规模及程控电话交换机的功能等有所不同。常见的服务有：

1. 电话转接服务

话务员的服务态度、语言艺术和操作水平决定了话务服务的质量，影响着酒店的形象和宾客对酒店的印象。

①铃响三声内必须接起电话，主动问候，自报店名和身份。

②根据来电人提供的姓名和房号，迅速准确地转接电话。

③当电话占线时，及时向来电人说明占线情况，请宾客稍候再试或留言。

④如无人接听，向来电人说明电话没人接的情况；主动征询宾客是否愿意稍候再接或留言。

⑤如果来电人只提供受话人的姓名，请宾客稍等，在电脑上查询到房号后，将电话转接过去，但不能告诉来电人宾客房号。

⑥如果来电人只提供房号，则应核实身份，查询宾客是否有特殊要求，如房号保密、电话请勿打扰等。

⑦挂断电话前，要等宾客先挂断，才能切断电路。

2. 电话叫醒服务

酒店向宾客提供叫醒服务分为人工叫醒和自动叫醒。在采用功能齐全的程控交换机的酒店，多选择电话自动叫醒。以下为自动叫醒工作程序：

①接到宾客要求叫醒服务的电话，话务员要问清宾客的房号、姓名及叫醒时间。

②话务员复述一遍宾客的要求，以获宾客的确认，并祝宾客晚安。

③把叫醒要求输入程控交换机。

④填写"电话叫醒记录单"，记录宾客的房号、叫醒时间及话务员姓名。

⑤叫醒时间到，程控交换机会自动接通房间电话，并打印叫醒记录。

⑥话务员注意查看叫醒记录，对于没有应答的房间应采取人工叫醒，如再无人应答，应通知房务中心派服务员去叫醒。

⑦若是需要人工叫醒，则接到宾客叫醒的电话后，核对一下信息确认无误后，在叫醒记录上填写清楚，并在电话或钟表上定零以提示叫醒时间到。

⑧当叫醒时按照标准的叫醒语言："早上好，张先生！现在是北京时间

7：00整，这是您的叫醒服务，今天天气很好祝您工作愉快！请问您还需要第二次叫醒吗？"

⑨当叫醒后认真地在叫醒记录表上填写清楚叫醒时间及叫醒人员。若无人应答，则应立即派人去房间查看一下情况。

3.电话问讯服务

①酒店内外的宾客常常会直接向酒店拨打电话咨询各种信息，话务员应对城市及酒店信息深入了解，及时、准确地回答宾客的问题。

②在铃响三次之内，接听电话，清晰地报出所在部门，表示愿意为宾客提供帮助。

③仔细聆听宾客所讲的问题，必要时，请宾客重复某些细节或含混不清之处，重述宾客问询内容，以便宾客确认。

④若能立即回答宾客，及时给宾客满意的答复。

⑤若需进一步查询方能找到答案，请宾客稍候，在电脑储存的信息中查找宾客问询内容，找到准确答案。

⑥待宾客听清后，征询宾客是否还有其他疑问之处，表示愿意提供帮助。

⑦如果查不到宾客需要的信息，在征求宾客意见后，可以将电话转到问询处。

4.电话留言服务

①当宾客来电找不到受话人时，话务员应主动向来电人建议，是否需要留言。

②当客房电话无人接听，来电人要求留言时，话务员认真核对来电人要找的住店宾客姓名。

③核对宾客是否正在住店，是否预订但尚未登记入住。除非宾客已结账离店，否则一般均应做留言。

④在便笺上记录来电人姓名、电话号码；是从何处打来的电话；记录留言内容。

⑤将来电人姓名、住客姓名、电话号码及留言内容重复一遍以确认。

⑥将留言内容输入电脑，然后将留言在打印机中打印出来。一联交前台问讯处保管，一联由行李员送到客房，一联放入留言袋内。

⑦通过电话系统打开宾客房间内电话上的留言灯，以便通知宾客来查询留言。

⑧当宾客收到留言后应将电脑中的留言取消掉；关闭留言灯，从留言袋中取出留言销毁。

⑨如果酒店采用电话语音留言系统，来电人会根据电话语音提示，将留言存

入程控交换机; 宾客回房间后可凭密码按照电话语音提示回放来电人的语音留言。

三、旅游住宿的客房接待管理

(一) 客房接待概述

1.客房部地位

一般来讲，饭店中设有客房部，其具体负责管理客房事务，客房部在酒店具有重要的地位。

(1) 客房是酒店的基础

客房是酒店必不可少的基本设施，无论现代酒店拓展了多少新功能，满足客人的住宿需求仍是所有酒店最基本、最重要的功能。

(2) 客房是酒店资产和收入的主体

在酒店建筑面积中，客房一般占 70% ~ 80%；酒店的固定资产，也绝大部分在客房，酒店经营活动所必需的各种物资设备和物料用品，亦大部分在客房，所以说客房是酒店的主要组成部分。就收入来说，一般酒店的客房收入在 60%以上，四五星级酒店餐饮和康乐收入比例高一些，但客房收入一般在 50% 左右。

(3) 酒店的等级水平主要是由客房服务水平决定的

人们衡量酒店的等级水平，主要依据酒店的设备和服务。设备无论从外观、数量或是使用来说，都主要体现在客房，因为旅客在客房呆的时间较长，较易于感受，因而客房服务水平常常被认定为是衡量酒店等级水平的标准。

2.客房业务

客房业务包括饭店中所有客房和整个公共区域的清洁和保养工作，同时还为客房配备各种设备、供应各种生活用品，提供各类服务项目，从而为客人创造一个清洁、美观、舒适、安全的理想住宿环境。

3.客房机构设置及人员

(1) 经理办公室

经理办公室一般设经理、副经理、秘书（助理）各一名，主要负责客房部的日常性事物及与其他部门联络、协调等事宜。

(2) 客房服务中心

客房服务中心设主管一名，值班员若干名。客房服务中心主要负责处理客房部信息，包括向客人提供服务信息和内部工作信息的传递，同时还调节对客服务，控制员工出勤，管理工作钥匙，处理客人失物和遗留物品等，相当于客房部的信息中心和调度中心，主要职能是统一协调指挥客房部对客服务。

（3）客房楼层服务

客房楼层服务设主管一名，领班、服务员（吧员）、清扫员若干名，负责所有住客楼层的客房、楼道、电梯口的清洁卫生，客人接待服务工作及客房内用品的替换、清洁等。

（4）公共区域服务

公共区域服务设主管一名，园艺员一名，地毯清洗工一名，领班、清扫员若干名，主要负责酒店各部门办公区域、公共洗手间、衣帽间、大堂、各通道、楼梯、花园和门窗等公共区域清洁卫生工作。

（5）布草房

布草房设主管、领班各一名，缝补工若干名，主要负责酒店所有工作人员的制服，以及餐厅和客房所有布草的收发、分类和保管；并对有损坏的制服和布草及时进行修补，并储备足够的制服和布草以供周转使用。

（6）洗衣房

洗衣房设主管一名，领班若干名，下设客衣组、湿洗组、干洗组、熨衣组。主要负责收洗客衣及洗涤员工制服和对客服务的所有布草。

（二）客房卫生清洁服务

1.客房清洁类型

客房部是为客人提供服务的主要部门之一，其主要任务就是"生产"清洁、卫生、舒适的客房商品，为客人提供热情周到的服务。根据客房状态，客房清洁包括客人退房以后的走客房清洁服务，客人入住期间的住客房清洁服务等。其相应的清洁标准和流程是不一样的。

走客房是客人结账后留下的脏客房，不具备再次销售条件，因此，需要按照"客房清洁流程"对客房进行全面、细致的清洁，并更换床铺及卫生间所有布草和更换该客房口杯、茶杯，补充客房用品，使之完全具备 OK 房，从而可交付前台销售。

住客房是该客房客人仍然继续使用的房间，因此，不需要每天对该客房干净的布草进行更换，更多的是做好清洁、整理、抹尘工作。

2. 客房清洁顺序

当服务人员需要清洁多个客房的时候，要遵循一定的顺序。以更好满足客人需求，提高效率，保证前台销售。客房一般按以下顺序进行清洁。

①请即打扫房，挂有"请即打扫"的房间或客人口头上要求打扫的房间，应优先安排清洁整理，满足客人的要求。

②总台、房务中心或部门负责人要求打扫的房间。

③ VIP 房间。

④走客房。

⑤普通住客房。

⑥空房。

⑦长住房应与客人协调，定时打扫。

3. 开夜床服务

（1）开夜床服务概述

早期的高档星级酒店一般采用西式铺床，床上铺有床罩，并且上面的毛毯都是用床单包住的。服务员将上面的床罩撤走，然后将上面的毛毯连上面一层床单打开一个角呈 35 ~ 45 度，以方便客人入睡。

夜床服务的时间，一般从晚5：30 或 6：00 开始或按客人要求做，一般在晚9 点之前做完，因为 9 点以后再去敲门为客人做开夜床服务势必打扰客人休息。

围绕着夜床服务必要性，一直存在着颇多争议。比如标准间有两张床，在不确定客人偏好的情况下，到底开哪张床？但是高等级酒店坚持这项服务。近些年，关于夜床服务有一定的创新，一般包括简单的客房整理及物品补充。

（2）夜床服务流程

①进门服务前应按门铃或轻敲门，用中英文自报服务岗位，如遇客人在房间，先向客人致意，并征求客人同意后，进房服务。

②清理客人用过的玻璃杯、茶杯、烟缸等，并放置整齐，简单整理客房卫生，收走垃圾。

③将卫生间客人用过的口杯、烟缸、毛巾、浴巾、面巾等物品清洁、整理、补齐，简单清洗面盆、浴盆、马桶，铺上防滑垫，脚垫巾，拉好浴帘。

④检查房间酒吧酒水饮料，开好酒单，补充酒水，冰桶加冰块。

⑤电视机调到待机状态。

⑥收好床罩，开被子（毛毯），铺脚巾，摆好拖鞋。

⑦摆放晚安卡或礼品、绿色客房棉织品使用说明，将早餐单置放在指定位置。

⑧关上窗帘，把空调调节至适宜温度，同时打开夜灯或床头灯。

⑨服务完毕，如客人在房间，向客人致歉并道晚安后，退出房间。

第二节　旅游餐饮接待业务管理

一、旅游餐饮接待管理概述

（一）旅游餐饮接待的概念和特征

餐饮是旅游产品的重要组成部分，居于旅游六大要素首位，也是旅游者感知旅游服务优劣的基本要素，协调、控制好旅游餐饮质量是促进旅游接待业发展的重要环节。目前，餐饮的概念主要有两种：一是饮食，二是指提供餐饮的行业或餐饮企业，即提供餐饮产品以满足食客的饮食需求并从中获取相应收入的行业或企业。

旅游餐饮是基于社会化餐饮的基础上，通过对当地的文化、餐饮产品进行糅合设计来满足旅游者对当地特色文化的精神享受。所以，旅游餐饮具有地方性（旅游目的地餐饮文化特色）、社会性（立足于大众餐饮）和全面性（贯穿旅游活动的全程）等特征。

1.旅游餐饮接待的概念

旅游餐饮接待是旅游服务质量水平的直接反映，服务接待质量又直接反映了该区域的旅游竞争力水平。因此，重视旅游餐饮接待并对其进行有效管理是旅游业综合管理活动的重要内容。

旅游餐饮接待是旅游餐饮企业通过营造就餐氛围和提供菜肴，向旅游者提供多种形式的餐饮服务，来满足旅游者生理等多方面的需求。从这一概念可知，旅游餐饮接待是由有形服务和无形服务组成。高质量有形服务是餐饮企业提供优质服务的基础，如餐厅环境舒适、餐饮精美等。无形服务也是旅游餐饮接待中的关键环节，如厨师技艺、服务员讲礼仪和餐中服务等。提高无形服务质量，便能有效提高旅游者满意度。有形服务和无形服务二者相辅相成，只有有效结合起来，才能提升效益，更好地满足旅游者需求。

2. 旅游餐饮接待的特征

旅游餐饮接待从本质上讲就是为旅游者提供餐饮服务，以服务为本，其服务设施和服务质量构成餐饮企业的生命线。因此，旅游餐饮接待具有以下特征。

（1）无形性

旅游餐饮接待是通过有形的设施向旅游者提供有形和无形的服务产品，即向旅游者提供有形的设施和产品，如菜肴、酒水饮料等，以及无形的服务，如接待服务、礼貌等。旅游餐饮接待的无形性指餐饮服务无法以形状、大小、质地等标准去衡量或描述，旅游者也无法通过嗅觉、触觉和视觉等直接感官来感受旅游餐饮接待产品。虽然旅游者在特定的用餐时间可以感受到接待服务所带来的享受或体验，但这种体验感很难清晰地察觉或抽象地表达，并且随着接待服务的结束也就此结束。

（2）生产与消费的同步性

一般的实物产品从生产到消费要经过流通环节才能最终到达消费者手中，产品的生产过程与顾客的消费是分离的，消费者看到和感受到的只是最终产品。而旅游餐饮企业的消费对象主要为旅游者。旅游餐饮提供的接待过程，也是旅游者消费的过程，即生产与消费过程是同时进行的。只有旅游者在旅游目的地的餐饮企业购买餐饮产品并消费时，旅游餐饮接待服务才能实现。

（3）不可储存性

旅游餐饮产品如菜肴、酒水饮料可以打包带走，但旅游餐饮接待不能发生转让与转移。旅游者购买的只是用餐时间内的服务使用权，价值实现的机会如果在规定时间内消失，就会一去不复返，因此旅游餐饮接待具有不可储存的特点。

（4）不可转移性

一般实物产品都可以在一地生产而在另一地消费，而旅游餐饮接待的无形性，使其只能在菜肴的生产现场，即旅游餐饮企业内消费。餐饮接待在服务效用上的无形性，使其不同于菜肴、酒水等有形产品，单从色泽、大小、形状、质地等方面就能判别其质量好坏，旅游餐饮服务只能通过就餐旅游者购买、消费、享受服务之后所得到的亲身感受来评价其好坏，具有不可转移性。

（5）差异性

对于不同种类的旅游目的地，与之配套的旅游餐饮种类也各不相同。旅游餐饮的规模、等级、接待量和配套设施完善程度等与旅游目的地的等级有关，如5A级旅游目的地接待量大、声誉高、配套设施完善，从而配套的旅游餐饮数量多、规格高、服务水平优；旅游餐饮主题风格也与旅游目的地主题风格有关，如乡村旅游地的旅游餐饮会经营以乡土气息为主的农家餐饮等。旅游餐饮作为旅游目的地接待的一部分，要与目的地主题相符，因此，旅游餐饮接待也具有差异性。

（二）旅游餐饮接待管理的概念及内容

1.旅游餐饮接待业务管理的概念

旅游餐饮接待业务管理是指旅游餐饮接待个人或企业以旅游者为主要经营对象，在特定的经营环境下，紧紧围绕经营管理的各项目标和任务，采用一定的管理学理论和方法，运用和整合企业人力、物力、资本及信息等资源，通过决策、计划、组织、执行、控制等职能组织餐饮产品的生产与销售的实践性活动。

2.旅游餐饮接待业务管理的内容

按照旅游餐饮企业不同岗位职能划分，旅游餐饮接待业务管理主要包括餐饮清洁卫生管理、餐饮生产管理、餐饮成本管理、菜单筹划管理和餐饮服务管理五部分内容。

（1）餐饮卫生管理

餐饮卫生是旅游餐饮企业提供服务的重要部分，不仅影响游客的健康，还关系到旅游餐饮企业的声誉与发展。餐饮卫生的管理涉及对菜肴的生产过程、从业人员和餐饮接待环境的卫生管理，贯穿于旅游餐饮企业接待流程的始终。旅游餐饮企业要结合自身的经营状况和旅游市场的发展要求，严格遵循卫生部门的监管标准，使卫生管理工作朝着更规范化的程度迈进。

（2）餐饮生产管理

餐饮生产管理包括食品原材料采购、验收、存储、菜肴生产四个环节。餐饮原材料采购目的在于以合理的价格，在适当的时间，从安全可靠的渠道，按标准规格和预订数量来采购餐饮生产所需的各种食品原料，保证餐饮生产顺利进行；餐饮原材料验收关系到生产质量和服务质量，并对生产成本和服务成本产生直接影响；餐饮原材料存储因原材料的保质期不同，需要根据不同原材料的特点选择适当的存储方式，采取有效的库存控制手段；餐饮原材料生产是在厨房进行的，因此厨房要具备相应的工作人员、生产设备、生产空间、烹饪原料等。

（3）餐饮成本管理

餐饮成本管理包括餐饮成本核算、餐饮成本分析和餐饮成本控制。餐饮成本核算是将一定时间内旅游餐饮企业经营过程中所发生的费用，进行分类、汇总，计算出该时间内各岗位所产生的实际成本，提供正确的成本数据，为旅游餐饮企业经营提供依据；餐饮成本分析指按照一定的原则，采用相应的方法，利用成本核算、控制和其他有关材料，分析成本目的的执行情况，查明成本偏差的原因，寻求成本控制的有效途径，以达到最大经济效益；餐饮成本控制包括对原材料成本、人工成本和其他消耗成本的控制，成本控制的关键取决于旅游餐饮企业的经营水平，经营水平直接关系到旅游餐饮企业的营收和利润，为保证其利益，必须加强成本控制。

（4）菜单筹划管理

菜单作为旅游餐饮企业特定的餐饮产品销售工具，决定了整个餐饮运行工作。菜单筹划管理包括菜单设计和菜单定价。菜单设计要与市场供需相适应，体现市场营销目标，反映餐饮企业的经营特色；菜单定价要反映餐饮企业在旅游市场中的定位，考虑不同的定价影响因素采取合适合理的定价策略。

（5）旅游餐饮服务管理

由于旅游形式的多样化，如自由行、跟团游、半包价游等多种旅游形式，也影响着游客就餐形式的不同。餐饮服务管理是要针对不同的游客提供形式多样的餐饮接待服务，具体可以划分为散餐、团队用餐、自助餐和宴会服务，每种用餐的形式都有相应的接待服务流程与内容。

3. 旅游餐饮接待业务管理的原则

（1）以人为本原则

以人为本原则是管理的出发点和落脚点，既是餐饮企业的经营理念，又是使企业在市场竞争中立于不败之地的主要因素。

在餐饮接待管理过程中，餐饮企业在管理上要倡导顾客至上、重视服务的提供者，以员工为本，让员工满意；以社会为本，兼顾所在旅游目的地的利益，主动承担社会责任，为旅游目的地多做贡献。

（2）专业化原则

随着旅游接待服务设施逐渐信息化、现代化，如设施设备安全系统、收银派单等电脑操作系统等被广泛应用，这就需要各种各样的专业人才工作于餐饮服务的不同岗位，如技术人员、会计人员、电力维护等专业人员。

餐饮接待业务管理需要科学安排各个岗位的人员数量与人员的专业技能相匹配，充分利用员工的优势，把专业性强的工作交给相关专业人员去做，充分发挥各个岗位人员的作用和专长。

（3）效益原则

效益原则指旅游餐饮企业用较少的投入换取最大的收益。餐饮接待业务管理的效益原则主要体现在经济效益、社会效益和环境效益三方面。首先，经济效益原则是指餐饮企业经营者在实施餐饮服务管理目标时，必须立足于企业的经济效益，把经济效益放在首位，并与经营成本相比较，只有低耗高收益的经营方式才能长久。其次，餐饮接待管理也必须注重社会效益。符合社会效益的餐饮经营才能健康可持续的发展，餐饮接待管理必须符合旅游业发展的目标与行业规范，与旅游业相辅相成。最后，环境效益也是餐饮接待管理的重要环节。近年来旅游业逐渐向生态文明建设转型发展，因此在餐饮接待管理中，降低对餐饮企业服务的能耗、物耗，不仅是餐饮企业自身节约经营管理成本的需要，也是降低餐饮接待服务对旅游环境的占有与消耗，减轻餐饮服务对旅游资源、环境的压力，从而有利于旅游资源的可持续发展，实现餐饮服务的环境效益。

（4）优化原则

优化原则是指为达到最佳效益，餐饮管理人员应综合各方面考虑，运用技术经济的分析方法，比较所有可能实施的各种方案，从中确定最佳方案并付诸实施。优化原则是科学管理的核心。

在旅游餐饮接待管理中，餐饮企业管理者应该具备灵敏地适应旅游外部环境的能力和反馈控制调节能力，以便在决策实施过程中捕捉各种旅游动态和反馈信息，从而进行监控并及时地做出相应调整。

二、旅游餐饮卫生管理

旅游餐饮在人们的旅游活动中一直占据着重要位置。随着旅游者对旅游食品安全意识的加强，旅游目的地各级政府相继出台有关旅游餐饮食品安全的各项政策、制度，因此餐饮卫生管理成为旅游餐饮接待业务管理的重要内容。

（一）餐饮卫生管理概述

1. 餐饮卫生管理的概念

餐饮卫生涉及对菜肴的生产过程、餐饮接待环境和从业人员的卫生管理，贯穿餐饮接待服务过程始终。餐饮卫生管理是对以上过程进行监督、协调与完善的工作，以确保旅游者的健康和餐饮企业的声誉，是餐饮接待服务管理的重要环节。

2. 餐饮卫生管理要求

餐饮卫生管理在旅游餐饮运营的整个过程中，与其他管理、绩效考核活动有着密切联系，是相辅相成、结合进行的。

（1）权责分明、简化程序

卫生问题虽看起来无足轻重，但问题一旦发生，则会涉及或损害多方利益。因此餐饮企业需要明确各部门的责任，将卫生管理细化、落实到前厅、后厨、采购等每个部门，甚至落实到每位员工身上，从而保证餐饮清洁卫生管理工作有序开展。

餐饮卫生管理相较于其他管理，其程序化、标准化、规范化的要求更高。在饭店运营初始，就要明确餐饮卫生的规范与操作程序，并执行至餐饮企业运营过程结束。同时，还要简化程序，做到简单明了、直观具体。直观简洁的标准化程序，便于员工理解，可使培训、执行和督导的效果更加明显。

（2）监督得当、奖罚分明

企业餐饮卫生，既需要各岗位的员工尽职尽责、主动积极，也离不开管理人员有序、严格、及时的督查。在管理卫生监督上，各层级要实行自上而下的监督与管理，做到检查全面无死角，杜绝卫生漏洞。在卫生的奖罚上，对于员工的不同表现，应及时给予精神或物质层面的奖赏回馈或惩罚。检查情况应与员工绩效挂钩，力求将保持餐饮卫生融入每位员工的日常行为习惯中。奖罚应直达个人，并及时兑现。

（二）餐饮卫生管理的内容

餐饮卫生管理包括生产卫生管理、人员卫生管理和接待环境卫生管理三部分。

1.餐饮生产卫生管理

按照菜肴制作流程，餐饮生产卫生管理包括原料加工和菜品生产卫生管理两个方面。

（1）原料加工卫生管理

原料加工卫生是最终销售菜品是否卫生的决定性因素和首要环节。原料加工阶段的卫生管理涉及食品原料采购的卫生管控、原料验收的卫生检查及原料储存的质量与卫生。

①原料采购。从原料采购开始，就要严格控制其卫生质量。采购人员要具备全面的卫生知识，严格检查食材。采购原料时，要充分了解原料的信息及来源，并索取原料检验合格证等。

采购的原料遵循适量原则，确保原料新鲜和卫生质量，避免不必要的损失。

②原料验收。原料验收是对已购入的原材料进行腐烂、破损的二次检查，然后再进行生产或储存。任何疑似或已出现发霉、异味、浑浊的原料都不可再次使用。

③原料储存。不同的原料要采取不同的储存方法。储存库房应符合卫生要求，库内保持通风、干燥，避免阳光直射，并保持干净卫生。

（2）菜品生产卫生管理

菜品生产卫生管理是餐饮卫生的难点与重点。这个阶段既包括较复杂的生产环节，又包括各种生产设施设备的卫生管理。

①生产卫生管理。菜品生产过程中，对于罐类、易腐类、带壳类等不同种类的原料要有针对性的操作手段，使用相应的工具处理原料，并保证取出的原料干净、不被污染。配菜准备好后，应尽量减少配菜的等待、闲置时间。菜品出锅后，不同的菜品应使用不同的容器，并要保持餐具清洁卫生。把握好冷菜的卫生，是菜品制作的重要环节。厨师必须勤洗手、勤消毒、勤换工衣。不能立即出餐的菜品应用保鲜膜密封，并放置冷藏室。

②设施设备卫生管理。菜品生产的设施设备包括冷餐设备、加热设备、切割设备等。对各类设备的清洁需要不同的管理原则，如使用频繁的锅铲、灶台和餐具等要做到每日清洁；烤炉、蒸箱等大型设备需定期清洁。重视设施设备卫生管理，保持设备长久的清洁，才能延长设备的使用期限，减少维修费用，保证食品卫生安全。

2. 餐饮人员卫生管理

《中华人民共和国食品安全法》《中华人民共和国食品安全法实施条例》和《餐饮服务食品安全操作规范》等中都明确规定了餐饮人员卫生管理。

①从业人员应保持良好的个人卫生，操作时应穿戴清洁的工作服、工作帽，头发不得外露，不得留长指甲、涂指甲油、佩戴饰物。专间操作人员还应戴口罩，每名从业人员至少配备 2 套工作服。

②从业人员操作前手部应洗净，操作时应保持清洁。接触直接入口食品前，手部还应进行消毒。

③专间操作人员进入专间时应再次更换专间内专用工作衣帽并佩戴口罩，操作前双手严格进行清洗消毒，操作中应适时地消毒双手。不得穿戴专间工作衣帽从事与专间内操作无关的工作。

④工作服应定期更换，保持清洁。接触直接入口食品的从业人员的工作服应每天更换。

3. 餐饮接待环境卫生管理

餐厅接待环境主要包括大厅、楼梯、电梯间以及卫生间等公共区域。大厅地面应保持干净，不得有杂物堆放。餐桌摆放整齐，餐具清洁干净，不得有油污。门帘无油渍，玻璃明亮、无手印。楼梯、电梯间要保持墙面干净、无手印，随时打扫，无异味。客用通道不应与服务人员共同使用。通道内设立应急装置，并对电梯进行定时检查与维护。卫生间要保持干净、整洁，洗手液、纸巾及时供应，常通风、无异味。

三、餐饮服务管理

（一）餐饮服务管理概述

餐饮服务是餐饮企业服务人员向就餐顾客提供食品、酒水、服务等一系列行为的总称。餐饮服务的内容包括设施设备、菜品、有形服务和无形服务。

餐饮管理既包括经营又包括管理，作为一个合格餐饮企业管理者，应同时做好经营和管理两件事。经营是企业针对外部的行为，是面向全局的战略，需要经营者立足当前，考虑长远。经营的主要任务是竞争，目的在于获得收益；管理是企业针对内部的行为，是经营者对餐饮企业内所拥有的人力、物力资源进行有效的计划、组织、领导和控制，目的在于提高效率、维持餐饮企业持续健康运行。

（二）餐饮服务管理的类型

餐饮服务管理按照就餐形式分为散餐服务管理、团队用餐服务管理、自助餐服务管理和宴会服务管理四部分。

散餐服务是生活中最常见的就餐形式，餐饮企业通常对到店内用餐的散客服务称为散餐服务。散餐服务管理是餐饮企业为散客提供餐前、餐中、餐后及个性化服务的同时，并不断地对服务质量进行分析和完善，从而提升管理水平。

团餐是由一个人或者一个组织发起的聚餐，人数不限，但必须是一个组织或团体的聚餐。常见的团餐有会议包餐、旅游包餐、学生包餐等。团餐服务是面向组织或团体供应的餐饮服务形式，指为相对固定的人群以相对固定的模式批量提供餐饮服务。团餐服务管理指餐饮企业为固定团体提供服务时，协调团餐预订、餐中服务和餐后结算等过程，组织各部门分工与协作，建立良好的服务机制。

自助餐服务是餐饮企业为客人提供的一种非正式的宴会，在商务活动中较为常见。自助餐服务管理指在顾客到店用餐后，协调前厅、后厨等部门进行迎客、提供食品和换取餐具等环节，使服务更具成效，保证服务畅通无阻。

宴会服务是规格高、消费高、出品和服务要求都比较高的顾客用餐和服务方式，因习俗和社交需求而举行的宴饮聚会，是除电话、书信外重要的社交工具。宴会服务管理是组织协调餐饮企业各部门为特定群体提供高质量餐饮的服务，服务质量好坏体现餐饮企业的整体管理水平。

1.散餐服务

（1）特点

散餐服务的特点主要是通过服务对象就餐的不同要求来体现的，表现为就餐时间随意性、就餐要求多样性和就餐场所的选择性三个特点。

就餐时间随意性是散客到店用餐时间不一，时间上不固定。就餐要求多样性是指每位顾客的口味、环境与服务等方面有不同的要求，因此应尽可能满足每位顾客的需求。就餐场所的选择性是指不同层次的客人会依据自身的经济条件、口味喜好、聚餐形式选择不同的餐饮企业。

（2）服务流程

①餐前服务。岗前列队安排工作计划、整理并布置餐厅、准备餐厅用具、摆台、召开班前会和全面检查准备工作等。

②开餐服务。其包括主动迎客、合理安排就座、拉椅让座、送茶递巾、递送菜单、接受点菜、酒水服务及为客人打开餐巾等。

③席间服务。其包括斟酒、上菜、撤换台具、巡台等。

④餐后服务。其包括结账、拉椅送客、整理餐厅等。

2.团队用餐服务

（1）团队用餐服务特点

①旅游团或参加会议的客人，少则十几人，多则几十甚至上百人，有时几个团队同时进餐，所以人数较多。由于每个团体的人数变化不大，因此就餐人数变化不大。

②就餐时间相对集中。旅游团体或会议都是按照事先安排好的日程进行活动，所以就餐时间较固定，到了开餐时间，客人就集中到餐厅就餐。要求迅速服务，这一点与散餐或宴会的要求有所不同。所以要集中人力、物力做好餐前的服务工作。

③就餐标准、菜式统一。无论是旅游团体还是会议，每天的用餐标准是固定的，每餐的菜式也是统一的。

④人数多、口味差别大。餐厅只能根据包餐客人的籍贯、地区、职业、年龄等特点来制定菜单，照顾到大多数客人的口味和要求。

（2）餐饮服务管理流程

①核对菜单。菜单一般都是提前拟订好的，每次开餐前，服务员都要将本餐的菜单与台号、包餐单位、桌数、人数进行核对，做到准确无误。

②布置餐厅。根据包餐团体的数量，分配布置好每一团体的就餐位置，并配好必要的标志（桌号牌、席次牌）等。同时在餐厅可写出告示牌，放在客人入口处，以便客人辨认自己的就餐方位。

③迎宾。待客入座的一切准备工作应在预订开餐时间的前5分钟内做完，服务员按各自的工作岗位站立就位恭候客人到来，当客人来到餐厅后，服务员要主动上前询问并准确迅速地将客人引到准备好的座位上，为顺利开餐做好准备。

④开餐服务。负责团体包餐的服务员，在开餐前做好核对就座人数，做到心

中有数。客人到齐后应迅速通知厨房准备起菜，如规定开餐时间已到，而有个别顾客未到，服务员应主动征求主办单位的意见，在得到主办单位许可后方可开餐。

⑤看台、上菜。应设有专门看台的服务员，以保证及时为顾客提供有关方面的服务，如斟酒、更换餐用具、递送菜肴食品、及时整理餐台。

⑥礼貌送客。客人用餐完毕，服务员要站立恭候，随时送客。顾客离席后，要及时整理餐台，检查是否有遗留物或丢失物品，一经发现上述问题，做到及时、妥善处理。

3. 自助餐服务

（1）自助餐服务特点

菜品种类丰盛，选择余地大；不受限制，随时来吃；进餐速度较快，餐位周转率高；用餐标准固定，价格便宜，经济实惠。

（2）自助餐服务流程

①餐前服务。安排自助餐台、布置台面、餐桌摆台、摆放食品。

②就餐服务。餐台服务人员要热情迎客，向客人介绍菜品，递送餐盘。看桌服务员及时询问客人要求；餐中帮助客人取餐、用餐；客人走后及时清理桌面，更换餐具。

（3）自助餐服务原则

①餐厅布置原则。个性鲜明，突出主题，合理分区；餐台相应分区，如水果区、海鲜区、甜品区，以保证客人迅速取餐；根据食品种类和客人数量，留出合理空间，避免拥挤。

②用餐时间固定原则。自助餐涉及早餐、中餐、晚餐，有固定的接待时间，通常为两小时左右。因此在这时间内，要合理安排客人，对于来晚的客人要合理解释，妥善处理。

③节约原则。餐厅内要随处可见节约粮食、随吃随拿的温馨提示牌，服务员在接待客人时也要秉持这一原则，合理提醒顾客，避免造成浪费和增加餐饮成本。

4. 宴会服务

（1）宴会服务特点

①群集性。宴会是众人聚餐的一种群集性餐饮消费方式。

②社交性。不同的宴会有不同的目的和主题，人们把宴会称之为"除电话、书信外的重要的社交工具"。

③正规性。宴会具有安排周密、讲究规格氛围的特征。

（2）宴会服务流程

①准备工作。开餐半小时前做好准备工作，随后服务业和迎宾员到各自岗位迎候客人。

②迎接客人。热情主动迎客、使用敬语、将客人引至桌前、为客人拉开餐椅、在客人右侧为客人铺好餐巾并准备茶水。

③餐中服务。询问客人需要什么茶水，然后在右侧斟倒。需要时帮客人分餐、及时添加茶水、更换骨碟。上水果前要清台，将客人不用的餐具全部撤下。

④餐后服务。结账、拉椅送客、整理餐厅等。

第八章　旅游景区、旅行社、会展旅游接待业务管理实践

第一节　旅游景区与旅行社接待业务管理

一、旅游景区接待业务管理

（一）旅游景区接待管理概述

1. 旅游景区接待概念和特征

旅游景区又称为景区或景点。旅游景区可以定义为：具有吸引国内外旅游者前往游览的、范围明确的区域场所，能够满足旅游者游览观光、消遣娱乐、康体健身、探索求知等旅游需求，有统一管理机构，并提供必要服务设施的地域空间。

（1）旅游景区接待概念

旅游景区接待体现了旅游景区的服务质量水平，服务接待质量又是景区旅游竞争力的一个重要体现。因此，重视旅游景区的接待并对其进行有效的管理是景区经营管理活动的重要内容。

旅游景区接待是旅游服务的一种形式，它利用景区内拥有的旅游资源、设施和服务人员的服务技能，为旅游者提供服务接待，以满足旅游者观光游览、休闲度假等目的。从这一概念可知，旅游景区接待由有形的旅游资源、设施和无形的人员服务组合而成，其中无形的人员服务是旅游景区服务产品的核心内容，而有形的旅游资源、设施仅是景区服务的基础和前提，所以旅游景区服务质量的高低取决于景区员工的服务技能和素养。

（2）旅游景区接待的特征

服务接待是旅游景区最重要的工作内容，其具体服务内容繁杂，最终以满足旅游者的需求为目标，具有广泛性、关联性、多样性和复杂性等特点。

①广泛性。旅游者购票进入景区直至游览完毕走出景区，景区各项服务工作都贯穿于此过程之中，从旅游者购票、验票，为其提供导游服务、咨询服务，到处理旅游者反馈意见等都属于景区服务接待的具体工作。由此可见，景区接待的内容是非常广泛的。

②关联性。景区服务的具体工作之间不是彼此孤立的，而是相互关联的，各个具体服务接待工作按照为旅游者服务时间的先后顺序衔接在一起，为旅游者提供完整的服务接待，如果任何一个环节出现差错势必会影响到旅游者对景区的整体印象和满意度。

③多样性。景区接待的方式不是一成不变的，而是会根据景区的类型、所处的时代背景而采取不同的服务方式。如景区门票，娱乐型的主题公园往往采用通票，旅游者所购门票中包含景区内所有的体验游乐项目。对于其他型景区，则更多地采用单个项目门票方式。又如景区的导游服务，可以是导游人员讲解服务，也可利用电子解说设备或微信平台等方式，旅游者可根据自身的需求选择。

④复杂性。景区接待的对象是来自五湖四海的旅游者，旅游者的需求因性别、年龄、职业、教育程度、个人兴趣、文化背景等原因千差万别，可谓众口难调，让每一个旅游者满意是一项非常复杂的工程。

2. 旅游景区接待管理概念及内容

（1）旅游景区接待管理的概念

旅游景区接待管理是指景区管理者对景区内所有的服务接待活动进行管理的过程。

（2）旅游景区接待管理的内容

接待服务是旅游景区服务产品的核心，不同类型的旅游风景区、主题公园、旅游度假地等除了具有一些相同的服务接待工作外，也有各自的一些特点。总体而言，旅游景区接待管理的内容主要包括景区票务接待管理、景区排队接待管理、景区咨询接待管理、景区解说接待管理和景区配套商业设施接待管理等工作内容。

①景区票务接待管理

景区门票是旅游者被允许进入景区的凭证，是景区接待旅游者的第一个窗口。因此，景区票务服务管理至关重要。景区票务管理主要包括售票前准备、售票、验票、交款及统计等四个部分。

②景区排队接待管理

旅游产品相对于其他消费品具有生产和消费同一性的特性。旅游需求存在明显的淡季和旺季阶段。特别是在旅游旺季，由于旅游者集中到达，导致景区排队现象的发生。景区如何解决旅游者排队问题，做好旅游者分流，这关系到旅游者在景区游览体验的质量。景区排队管理主要包括排队队形安排、排队规则及排队中的服务。

③景区咨询接待管理

景区咨询管理主要是景区管理服务人员通过电话、现场和网络等渠道为旅游者提供咨询服务的全过程。根据员工为旅游者咨询信息的渠道，可将景区咨询服务管理分为电话咨询服务管理、现场咨询服务管理和网络咨询服务管理三种类型。

④景区解说接待管理

景区解说是景区所提供接待服务的必要组成部分，景区通过提供现场导游的讲解、电子解说设备、公共微信平台或标准公共信息图形符号、语音等解说系统，让旅游者更加深刻地认识景区旅游资源，了解到其背后所依托的自然风貌特征、历史文化、人文风俗等，进而影响到旅游者旅行游览体验的效果。景区解说服务管理是通过提供和规范景区内解说服务系统，提高景区解说服务的质量，增加旅游者的满意度。景区解说服务管理主要包括向导式解说服务管理和自助式解说服务管理两个部分。

⑤景区配套商业设施接待管理

根据旅游过程的六要素可知，旅游过程中需要满足旅游者吃、住、行、游、购、娱等活动。景区配套商业服务是指依托景区的住宿、交通、游览、餐饮、娱乐、购物等设施设备为旅游者提供服务，满足旅游者六个方面需求。所以，完善景区配套的商业服务设施是发展旅游景区的物质基础，也为满足旅游者需求提供重要的物质保障。景区配套商业管理主要包括景区配套商业设施的规划与设计、相关服务标准的拟定与管理以及服务人员的配置与培训等方面。

（二）旅游景区票务接待管理

门票是景区收入的主要来源。目前我国景区门票有两种形式，即传统纸质门票和现代电子门票。随着我国信息化应用的日益成熟和智慧景区的建成，极大地推动了景区门票的电子化进程。旅游网站购票，银联、支付宝、微信等在线支付，二维码、身份证等识别手段的应用，提高了景区门票服务管理的水平，节省了景区的人力成本，使旅游者能够快速通关，避免购票排队。本节主要讲解传统纸质门票的票务服务，分为售票前准备工作、售票工作、验票工作、交款及统计工作等。

1. 售票前准备工作

传统纸质门票的售票工作相对比较枯燥，但责任重大，一旦发现差错会对景区及员工个人造成一定的负面影响。因此售票人员除了具有较强的工作责任心和较好的职业道德外，还需具备一定的会计、出纳知识和相应的服务技巧。在每天售票前，景区售票人员需要做好以下准备工作：

①严格遵守景区的劳动纪律和相关管理规定，准时上下班，签到（签退），着工装，佩工卡，仪容整齐，化妆得体。

②查看票房门窗、保险柜、验钞机、话筒等设备是否正常。

③做好票房内及售票窗外的卫生清洁。

④开园前明示当日门票的价格牌，若由于特殊原因当日景区票价发生变动，应及时挂出新价格牌并公示变动原因。

⑤对于传统纸质门票，售票人员根据前日票房门票的结余数量及当日对旅游者数量的预测填写"门票申请表"，到财务部票库领取当日所需各种门票，票种、数量点清无误后领出门票并根据需要到财务部兑换所需零钞。对于电子门票，需了解当日网络购票人数，预估景区客流情况。

2. 售票工作

①当旅游者走进售票窗口，售票人员应该主动向旅游者问候"欢迎光临"，并向旅游者询问需要购买的票种及票数。

②售票人员根据景区门票价格及优惠办法，向旅游者出售门票，主动解释优惠票价的享受条件，售票时应该热情礼貌并唱收唱付。

③售票结束时，售票人员向旅游者说"谢谢"或"欢迎下次光临"等。

④向闭园前一小时内购票的旅游者提醒闭园时间及景区内仍有的主要活动。

⑤如旅游者购错票或多购票，在售票处办理退票手续。售票人员应根据实际情况办理并填写退票通知单，以便清点核对。

⑥根据旅游者需要，实事求是地开具发票。

⑦交接班时认真核对票、款数量，核对门票编号。

⑧售票过程中，如票、款出现差错，应及时向上一级领导反映，长款上交，短款自补。

⑨热情待客，耐心解答，如旅游者出现冲动或失礼的情况，售票人员应保持克制态度，不能恶语相向。

⑩耐心听取旅游者的批评及建议，并及时向上一级领导反映。

⑪ 如发现窗口有炒票现象应及时制止，并报告景区安保部门。

3. 验票工作

①开园前打扫好入园闸口周边的卫生，备好导游图，做好开园准备。

②开园后工作人员站在检票位，精神饱满，面带微笑，用标准普通话热情礼貌地回答旅游者询问，掌握票价、景区名称、礼貌用语等简单英语对话。

③对于纸质门票，旅游者入闸时，工作人员要求旅游者人手一票，并认真查验，经查验有效的，撕下门票副券，将门票交还旅游者。如发现持有无效门票的旅游者，应主动说明此票无效的原因，并要求旅游者办理购票或补票手续。对于电子门票，协助旅游者通过二维码、身份证等有效识别方式快速通过闸口。当自动检票机出现故障时，应立即采取人工检票，不得出现漏票、逃票、无票放人等现象。

④熟悉景区门票价格及优惠办法，能够辨识景区单票、联票、老人票、儿童票、半价票、旅行社票等多种类型门票的真实性，并应按照景区的有关规定做好登记工作。

⑤对于残疾或老年旅游者，应予以协助入园。

4. 交款及统计工作

①做好每日每月盘点工作，保证账、票、款三者相符，做到准确无误，认真填写相应的票务盘点表，并和钱款一起上交景区财务部门。

②结束当日营业之后，认真填写当日售票日报表、票房售票数量与入园人次对比表。

（三）旅游景区排队接待管理

在旅游高峰期，旅游者进入景区后不可避免地接受的景区最主要服务之一就是"排队服务"。根据等待心理的实验研究发现，长时间的等待会使人感觉焦虑并产生身体的不适感。所以，排队服务质量的高低会直接影响到旅游者对景区管理的客观评价，进而影响景区口碑。

1. 排队队形安排

让旅游者采取哪种形式的队形排队，取决于当日旅游者的流量、集中分布的区域、热衷的项目以及等待地点的地形，符合客流规律的队形有助于提高旅游者进入的效率，减少旅游者焦虑的心情。在景区入口，一般会采取五种导入队形，即单列单人型、单列多人型、多列单人型、多列多人型和综合队列等。

2. 排队中的优先原则

旅游景区在旅游高峰期为了维护游客队伍中的公正性，一般会遵循以下原则：

①预订者优先。对于提前预订的旅游者，应该实行优先服务，如香港迪士尼乐园采取的"FASTPASS"系统。

②先到者优先。对先到达的旅游者提供优先服务，杜绝插队现象。

③旅游团队优先。旅行社是景区长期合作伙伴，旅游团队的消费规模较大，所需服务时间相对较短，如景区餐饮场所提供的团队餐。因此在不违反其他原则的情况下，景区对旅游团队实行优先服务。

④特殊人群优先。对于老人、幼儿、残障人士、军人等社会特殊群体，在景区排队时享受优先照顾的权利。

3. 排队中的服务

①建立"分时预约"制度。利用现代先进手段，推行游客网上实名购票、提前"分时预约"，旅游者按照预约时间入园，避免排队。如长白山景区从 2019 年 3 月 1 日起，开始严格执行"分时分段"预约入区，预约成功后游客在规定时间段内刷二维码或身份证入区，避免了游客到现场换票的二次排队。同时游客必须遵照预约时间游览，提前或延后均无法入区游览，这样缓解了景区拥堵并提升了旅游者游览的舒适度。

②提供良好的排队环境。在排队区域为旅游者提供舒适的座椅，播放舒缓、优美的音乐或具有吸引力的视频，摆放丰富阅读材料，使旅游者在等候时变得愉快，让旅游者在不知不觉之中度过等待时间。

③制造开始服务的感觉。为旅游者送上景区宣传册，介绍景区特色旅游项目，或为旅游者表演小节目等，制造开始服务的感觉，分散旅游者注意力，缓解或消除旅游者等待中的焦虑情绪。

④告知旅游者等候的时间。及时告知旅游者可能等待的时间，让旅游者对等待有充分的思想准备。如等待时间较长，可鼓励旅游者先去其他景点游玩，避开

旅游高峰时段。

（四）旅游景区咨询接待管理

咨询服务是旅游景区服务的一种主要类型，对于景区每位员工来说，服务游客，人人有责。但一般来说，承担咨询服务的景区部门主要是游客中心，以解决旅游者在游览中的疑问，处理旅游者所反映的问题。景区咨询接待管理有现场咨询、电话咨询和网络咨询等三种主要形式。

1. 现场咨询

（1）工作要求

①准时上班，按照景区规定着装，佩戴工作牌，化妆得体。

②打扫游客中心内的卫生，以饱满的精神状态迎接旅游者的到来。

③阅读工作日志，了解前一日旅游者咨询的主要内容。

④了解景区最新动态信息（景区内开展活动的内容、时间和参加办法，游览景点线路、购物和休息等信息），为旅游者在景区游览做好参谋。

（2）咨询服务技巧

①倾听。在接受旅游者问询时，双目平视对方，全神贯注，专心倾听旅游者对问题的阐述。

②耐心。咨询服务人员应具备较高的旅游综合知识，耐心、详细地回复旅游者关于本地及周边景区情况的问题。

③有问必答。咨询服务人员答复旅游者的问询时，要做到有问必答，用词得当，简洁明了。不能说"也许""大概"之类含糊不清的话。

（3）咨询服务的注意事项

①接待旅游者时应该谈吐得当，在咨询中不探询对方隐私，避免夸张言论。

②工作时不与他人闲聊或大声说话，有急事不慌张、不奔跑，以免造成旅游者心理紧张。

③同时接待多名旅游者时，不要与一位旅游者说话太久而忽略其他需要服务的旅游者。

④对于前来咨询的旅游者，应一视同仁，不以貌取人。

2. 电话咨询

①常备纸笔，随时准备处理来电。电话咨询时，电话机旁需要常备记录用的

纸笔，确保能够及时记录旅游者所提问题。在电话铃响两声内接听电话并迅速作答，这能充分体现出景区咨询服务人员的工作效率。

②直接亮明身份或景区部门名称。按照电话礼仪的要求，咨询人员无论是在接听还是打电话，都应及时报上自己的身份或景区部门名称。

③谈话语气柔和，紧紧围绕对方提出的问题。咨询人员在接听电话时，说话语气要柔和。如果没有听清对方的姓名或所提问题，应该礼貌地问："对不起，先生（女士），抱歉我没有听清您的名字（抱歉我没有听清楚您所提的问题），您能再重复一遍吗？"在谈话中，应紧紧围绕对方所提问题，帮助其妥善解决问题。

④吐字清晰、语速适中。

⑤语气友好，应答自然。接听电话时要面带笑容通话。

⑥记录留言，确保信息的准确性。接听咨询电话时，如对方需要留言时，记录留言信息并读一遍给对方听，确保信息的准确性并保证把留言传到。

⑦咨询结束时，要向对方讲一句"谢谢您的来电"。

3. 网络咨询

①严格遵守网络信息安全要求，具备相应的职业操守。

②熟悉 E-Booking 管理系统，受理第三方预订平台的订单需求，与第三方预订员建立良好的联系。

③负责网站的在线咨询预订服务，对网上访客的咨询及时给予回复，语言专业规范，耐心细致地解答相关问题。

④对网站上访客提出的常见问题进行整理、汇总。

（五）旅游景区解说接待管理

旅游解说系统被规定为旅游景区的重要组成部分。随着国内游客旅游意识的增强，游客对于旅游地的环境、历史和文化的解说需求日益增多，2011 年我国 80% 的景区中就已经具备解说系统。

景区解说是运用某种媒体和表达方式，为旅游者提供景区基本信息和导向服务，帮助旅游者了解景区资源和价值，并起到信息服务和教育的基本功能。因此，解说是景区特别是人文遗产类景区的重要组成部分，既可以帮助游客提升游憩体验，又能帮助管理者有效地管理资源，在旅游开发实践中得到了广泛的重视和应用。按照解说媒介的特征，景区解说可分为向导式解说系统和自导式解说系统两大类。

1. 向导式解说系统

向导式解说系统一般由景区专业的讲解人员完成，其向旅游者主动提供有关景区各个景点的动态信息。向导式解说相对于自导式，更依赖于解说人员和游客的信息互动，更具有灵活性和复杂性。所以，向导式解说服务质量的高低与景区讲解人员背景特征、解说技能以及职业技能等密切相关。

景区讲解人员是指受旅游景区讲解服务单位的委派，在核定的旅游景区景点范围内为旅游者提供向导、讲解服务的人员。景区讲解人员的从业资格、服务内容和服务技能应该具备如下要求。

（1）从业资格

①硬件要求。景区讲解，普通话为普遍使用的语言；位于民族地区的景区，宜根据客源情况提供民族语言和普通话的双语讲解服务；有条件的景区，宜根据客源情况提供多语种的讲解服务。

②个人条件。景区讲解人员应五官端正、身体健康、性格开朗、语言表达沟通能力强。

③知识素养。景区讲解人员应具有相应的文化素养和较为广博的知识，并努力学习和把握与讲解内容有关的政治、经济、历史、地理、法律法规、政策知识，熟悉相关的自然和人文知识及风土习俗，从而将其运用于讲解工作。

④个人修养。景区讲解人员应有较强的事业心和团队合作精神，同时还要做到爱岗敬业、遵纪守法。

⑤其他能力。景区讲解人员应具有相应的应变能力和组织协调能力。

（2）服务内容

①迎接旅游者进入景区。讲解人员带领旅游者进入景区，简单对自我和景区背景进行介绍。

②科学讲解各景点知识。引导旅游者游览，科学地讲解景区、景点相关的知识，解答旅游者问题。

③执行景区讲解计划。按照景区所制订的讲解计划，带领旅游者游览计划中所规定的景点。

④注意旅游者安全。讲解过程中，讲解人员应该提醒旅游者注意安全，特别要关照老弱病残的旅游者，及时处理游览过程中发生的突发事件。

⑤结合景点，进行宣传教育。在讲解过程中结合景点、景观内容，融入可持续发展理念，向旅游者宣传生态保护、环境保护、自然与文化遗产等知识。

（3）服务技能

由于讲解服务具有对象复杂、工作内容广泛等特点，这要求景区讲解人员在平时工作的闲暇之余通过阅读增加自己的知识面，在实践中不断摸索、总结，从而丰富和完善自己的知识与技能。

语言运用技能。景区讲解人员在讲解过程中，应注重语言表述正确、条理清晰：①对旅游资源（自然景观和人文景观），相关历史事件的解说、描述及评价都应以客观事实为依据，向旅游者传递正确信息，切不可信口开河、凭空捏造；②景区讲解人员服务的对象是旅游者，所以在讲解时语言表达应条理清晰、层次分明，让旅游者易于听懂，不至于云里雾里，不知所云。

景区讲解技能。景区讲解人员讲解时，应针对旅游者心理，灵活运用各种导游方法与技巧（虚实结合、触景生情、制造悬念及问答式、类别法等），突出景区（点）个性特色，分析和诠释其背后的文化内涵，以科学的态度分析并讲出自己的见解，引起旅游者浓厚的参观兴趣，保证旅游者在旅游过程中有看头、有说头，回去之后有想头、有念头。

心理服务技能。景区讲解人员不仅需要向旅游者提供讲解服务，还需要注重旅游者的心理，使其在精神上留下美好的印象。首先，景区讲解人员在提供服务时需尊重旅游者、保持较高的服务热情、礼貌待客、微笑服务、热情倾听旅游者的意见和要求。其次，景区讲解人员需学会使用柔性语言，表现为语气亲切、语调柔和、措辞委婉，多用商讨的语气，这样的语言能使旅游者愉悦亲切，有较强的征服力，能达到以柔克刚的效果。最后，景区讲解人员在讲解时，针对旅游者的特别需求提供个性化的服务，使旅游者能够感到自己受到了优待，产生自豪感，从而提高他们的满意度。

2.自导式解说系统

自导式解说系统是指由书面材料、标准公共信息图形符号、语音等设施、设备向旅游者提供静态的、被动的、非人员解说的信息服务。自导式解说服务系统的形式多样，主要包括标示牌、宣传资料和电子导游等三种形式。

（1）标示牌

标示牌是一种由图案、符号、文字说明等内容组成的功能牌，具有介绍、警示、引导、提醒以及说明等作用。景区常见的标示牌有景区（点）介绍牌、道路（地点）指引牌、安全警示牌、旅游资源（活动）说明牌等。

（2）宣传资料

景区宣传资料是利用纸质或视听资料达到传递景区旅游信息目的的解说形式。景区宣传资料的种类较多，主要有静态和动态两种类型：①静态宣传资料，是以纸质材料为主，具有保留时间长、阅读层次广的特点，主要包括景区交通图、景区内导游图、解说手册、服务指南、景区风光图片、书籍画册以及旅游活动的广告宣传品等。②动态宣传资料，主要是通过影视片、光盘、幻灯片、影像、音像资料来宣传景区、传递旅游信息，主要包括景区有代表性的自然风光、标志性景观、人物传记、民俗风光、地方特产等视听资料，这不仅起到推介景区的目的，还方便旅游者购买、携带。

（3）电子导游

电子导游是一种利用数码语音技术制作出的自助型服务设备，可以让旅游者在参观游览的过程中，通过个人操作、定点感应、导游控制等自动或人为地选择有关景点或展品的讲解信息。目前电子导游主要包括录音解说、感应式电子导游、无线接收和微信语音导览等类型。

（六）旅游景区配套商业设施接待管理

旅游景区配套商业服务是指依托景区的餐饮、住宿、交通、游览、娱乐、购物等设备设施以满足旅游者吃、住、行、游、购、娱等方面需求。其中，吃和住能够满足景区旅游者的基本需求，而购、娱则能满足景区旅游者的深层次需求。旅游景区配套商业服务内容丰富、形式多样，其不仅能够增加景区的经济效益，也能加强旅游者在景区的旅游体验。由于景区的餐饮和住宿与酒店业提供的服务具有较多的相似性，所以本章节主要阐述景区娱乐服务和景区购物服务这两种类型。

1.景区娱乐服务

（1）景区娱乐服务的内容

景区娱乐是借助景区工作人员和景区活动设施向旅游者提供表演欣赏、参与性活动，可使旅游者得到视觉及身心的愉悦。综合各类旅游景区的娱乐服务，本书将景区娱乐服务的性质分为景区娱乐设施和景区娱乐活动两大类。

①景区娱乐服务设施

景区娱乐服务设施主要是指景区特别是主题公园，为旅游者提供的娱乐服务的设施设备。

常见的景区娱乐服务设施有碰碰船、过山车、摩天轮、自由落体、旋转木马等。

②景区娱乐服务活动

景区娱乐服务活动主要是指旅游景区根据当地的艺术特色、民俗风情、旅游资源等定期举办的各种活动，这些活动不仅能够营造热闹的景区气氛，也能够向旅游者展示当地的旅游特色，宣传景区的旅游文化，并让旅游者体会到原汁原味的民族风情。目前在我国景区中，景区娱乐服务活动主要有小型常规娱乐服务和大型主题娱乐服务。

小型常规娱乐服务。小型常规娱乐服务是指景区长期提供的娱乐活动，具有规模较小、服务时间短、占用员工较少等特点。此类娱乐服务按照形式可分为表演演示类、游戏游艺类和参与健身类等三种类型。

大型主题娱乐服务。大型主题娱乐服务是指景区针对旅游者需求和景区特色，精心策划、组织的，动用大量员工和设备推出的大规模表演性活动，具有规模大、策划及服务时间较长、占用员工多等特点。按照活动呈现的具体方式，可将其分为大型山水实景演出型、室内豪华舞台型、花卉队列巡游型和分散荟萃型等四种类型。

（2）景区娱乐服务工作流程

现代景区娱乐项目数量众多，类型多样且更新周期较快，这造成景区娱乐服务工作程序较为复杂。因此，景区员工需要严格按照工作服务流程，注重旅游者安全，认真仔细地为旅游者服务。

①准备服务阶段

员工应比规定的时间提前到岗，换好工作服之后考勤上岗。

员工认真检查娱乐设备设施的电源、动力和传动等部位，确认设备设施情况完全正常。

打扫负责娱乐项目所在场地的卫生，擦拭设备。

②服务阶段

A.营业时间一到，打开围栏门，主动问候前来消费的旅游者并请其出示票券，在核对票券后请旅游者进入。

B.如果是需要旅游者坐下的设备，员工应该主动引导旅游者入座并提示其系好安全带，在设备设施运行前，员工必须再次确认旅游者安全带是否系好并关好仓门、别好门闩；如果是不需要旅游者坐下的设备如蹦极等，员工应该主动帮助旅游者系好保险绳，经检查确认无误后再进入下一程序。

C.娱乐设备开始运行后，员工应该随时观察设备运行状况及旅游者的动向，如出现设备异常，应该立即按动紧急制动钮，如有旅游者出现剧烈呕吐、休克等不适现象，应主动参与救治。

D.旅游者有疑难时，员工应主动帮助其解决问题。如果出现旅游者对规定不理解的现象，需要员工耐心向旅游者解释，如解决不了，应及时上报主管领导。

E.娱乐设备运行结束，员工应主动为旅游者打开舱门，解下安全带或保险绳，指引旅游者离开活动场地。

③服务结束阶段

旅游者临走前，员工应主动与旅游者告别。

营业结束后，员工应该再次擦拭、保养设备，清理场地卫生，为下一日营业做好准备。

2.景区购物服务

（1）旅游者购物动机

①旅游者对物品的需求。旅游者对物品的需求动机主要在于商品的物理和审美特征，与商品相关的经历或知识，商品的价格，商品的原真性等。

②旅游者对待购物体验的需求。购物活动主要包含了商品分类、对比、询问价格、挑选款式、浏览商品、行走、与其他人交流等活动。因此，旅游者对待购物体验的需求动机不仅能获得新的商品，还包含除了获得物品之外的服务性需求，包括社交、感受期望以及与亲人和朋友在一起度过休闲时光等。

（2）旅游购物推销技巧

①距离服务

一般来说，旅游者刚一进店，服务人员不可过早的同旅游者打招呼。因为过早接近旅游者，会使旅游者产生"戒心"，过迟则会使旅游者感觉购物场所服务较差，缺乏热情，使旅游者丧失购买欲望，即"距离服务"。旅游者进入店中，在没有提出明确购物要求之前，服务人员应该与旅游者保持约三米的距离，以便旅游者能够更好地浏览、斟酌、选择或体验旅游商品。当旅游者喜欢某件商品或出现感兴趣的表情时，应马上微笑着向旅游者打招呼。

②展示商品

接近旅游者后，服务人员的工作就是向旅游者展示商品。展示商品是一项技术性较高的工作，需要服务人员具有丰富的商品知识和熟练的展示技巧，在展示商品时动作需要敏捷、稳当，拿递、摆放、操作示范等动作不可草率、粗鲁。服务人员展示商品最终的目的就是让旅游者能够看清商品的特征，从而对商品质量产生信任。

③投其所好

投其所好就是在分析旅游者心理需求的基础上，热情地、实事求是地介绍商品，如名称、种类、价格、特性、产地、原料、款式、颜色、重量、大小、使用方法、工艺等。

服务人员向旅游者介绍旅游商品的要求标准：

A.应严格遵守商业职业道德规范，维护旅游者利益，实事求是地介绍商品。

B.不能为了迎合旅游者需求，以次充好，张冠李戴。

C.尊重旅游者习惯、兴趣，有针对性地介绍商品，不盲目介绍或过分纠缠，以免给旅游者造成强买强卖的感觉。

D.言语简洁、语气诚恳礼貌，留给旅游者独自思考和选择的空间。

二、旅行社接待业务管理

（一）旅行社接待管理概述

1.旅行社接待业务的概念

旅行社的接待业务是旅行社为潜在的或者已经购买了旅行社产品的客户提供系列旅游服务的一项综合性工作。

2.旅行社接待业务的内容

旅行社接待业务涵盖了吃、住、行、游、购、娱等方方面面的内容，既有导游服务也有生活服务。总体而言，旅行社接待业务主要包括以下三个方面。

（1）门市接待业务

旅行社门市部是指旅行社在注册地点、县行政区域以内设立的不具备独立法人资格，为招徕游客并提供咨询、宣传等服务的分支机构。

（2）团体旅游接待业务

团体旅游是指由旅行社将购买同一旅游路线或旅游项目的 10 名以上（含 10 名）游客组成旅游团队进行集体活动的旅游形式。团体旅游一般以包价形式出现，具有便捷、价格便宜、相对安全等优点，但缺陷是游客的自由度小。团体旅游接待业务是指旅行社根据事先同其他旅游企业（如交通企业、景区及酒店等）签订的销售合同，对旅游团体在整个旅游过程中的交通、住宿、购物、参观游览和娱乐等活动提供具体组织和安排落实的过程。

（3）散客旅游接待业务

散客旅游是由游客自行安排旅游行程，零星现付各项旅游费用的旅游形式。散客旅游通常又被称为自助或半自助旅游，在国外称为自主旅游。对于散客旅游来讲，游客自由度大，旅游人数规定在 9 人以下。

3. 旅行社接待业务的特点

（1）综合性和时效性

接待一个旅游者（团）需要在几天或者更长的时间里，由不同城市的多家旅行社按预订程序提供相应的服务才能完成，因而它是一项比较复杂的工作。

（2）规范化和个性化

为了保证服务质量，接待过程应规范化，也就是要按时、按质、按量地完成已销售出的各项服务。个性化则是指在提供规范化服务的同时要按照合理而可能的不同需求，给予既热情又有差别的服务。

（3）文化性和趣味性

现代旅游不仅是一种休闲度假活动，而且包含着了解异国他乡的文化和增长阅历的动机，因此要通过健康的导游内容和趣味性的导游方式相结合来达成目的。

（4）热情友好和坚持原则

要正确处理好热情友好和坚持原则的关系，在接待过程中，既要对旅游者充满热情，又要坚持基本原则。

（二）门市部旅游接待管理

1. 旅行社门市部的概念

旅行社门市部是旅行社在注册地的市、县行政区域以内设立的不具备独立法人资格，为旅行社招徕游客并提供咨询、宣传等服务的网点。

旅行社设立门市部，应征得拟设地的县级以上旅游行政管理部门同意，领取"旅行社门市部登记证"，并在办理完工商登记注册手续之日起的 30 个工作日内，报原审批的旅游行政管理部门、主管的旅游行政管理部门和门市部所在地的旅游行政管理部门备案。

2.门市部地点的选择

门市部是旅行社的形象，是第一窗口，是有形的广告，旅行社做好门市接待工作对于整个旅行社的经营具有不可替代的意义。门市部的地理位置尤其重要，好的地理位置，才能更好地实现有效推广和销售。旅行社门市部若想找到一个理想的店址，需要从以下五个影响因素入手对其进行综合考察。

（1）目标市场

旅行社门市顾客的来源有两个方面：一是流动客户，指那些偶尔经过的人群，这部分人群不在门市的服务辐射范围之内。二是固定客户，指来自门市附近的住宅区、商业区的顾客。这些顾客在出行或者返回时大多会经过该门市，并且习惯在此旅行社购买旅游产品。

（2）竞争环境

竞争环境因素对旅行社来说是一把双刃剑。从其积极的方面来说，如果旅行社门市相对集中，同行之间会相互比较，这样可以借鉴同行的经验，促使门市在改善产品质量、提高服务水平、降低经营成本等方面下大力气，以吸引更多的旅游者。而从其消极的方面来说，如果门市相对集中，那么门市之间的竞争激烈程度将会增大，适当的竞争有利于提高门市部的服务水平，但是如果产生恶性竞争，对于门市而言会产生不良的影响。

（3）顾客出入的便利程度

旅行社需要自己的市场定位，门市选址就是要根据相应的市场定位，为本旅行社的潜在目标顾客咨询、预订和购买提供最大的便利。从这个因素出发，门市部的选址需要在交通方便以及符合客流和流向规律的人群集散地段。此外，标准的门市地形形状应该是矩形，与道路的连接性要好，这样可以方便顾客进出。

（4）人流量

人流量是指门市所靠近的道路在特定的时间内的行人数量。为保证得到最新的数据，旅行社需要从多方面搜集有关资料来进行综合分析，同时要在选址附近路段做行人流量统计。

门市部的选址尽可能要靠近人流量大的地方。

（5）投资成本

在旅行社选址时，考虑到上述的4种因素之外，我们要知道这个选址最终的目的还是为了更好地实现旅行社的经济目的，所以我们要注意在某个特定地方设立门市部所需要的花费也就是投资成本。繁华的商业区或交通枢纽处必定是热门之选，但是这样的地方往往寸土寸金，地价较高，费用大且竞争性强。因此，在这样的地方选址，需要进行实地调查，将调查来的数据进行分析，目的就是要考虑成本的投入是否能够得到预期的收益。投资成本除了门市的地价与租金外，还应该考虑硬件设施的投资与工作人员的投资以及宣传所要花费的费用。当这些都被计算在内，能够获得比投资成本更大的收益时，就可以在某地建立门市部。

综上所述，首先门市部的选址应在考虑投资花费的基础上，尽量建立在繁华的商业区、写字楼、星级酒店附近以便吸引商务客流，同时片区内应该拥有便捷的交通、足够的停车场。其次，旅行社门市部进入同行林立的商业区有利于形成规模市场效应，但旅行社应注意提升自己的服务质量，做出自己的个性化产品，尽量避免同行的激烈竞争。再次旅行社门市部应靠近中层或者高层收入家庭集中的社区，以便接触客户，为顾客提供方便，招徕更多游客。旅行社门市部位置不能太隐蔽，应当便于顾客寻找，尽量选择主干道和一楼临街位置。最后，旅行社门市部选址时应注意面对最广泛的目标客户，不能只限制在单一目标客户范围内。否则市场的轻微变动会导致客源的中断，旅行社也就难以持续经营。

3.门市部接待业务的流程

（1）进门问候

旅游咨询者走进来后，门市的前台服务人员应当转向旅游者，用和蔼的眼神和亲切的微笑表示关注和欢迎，注目礼的距离以五步为宜，在距离三步的时候就要面带微笑，并且向咨询者问候："您好，欢迎光临，请问有什么可以帮到您的？"

（2）及时沟通，主动了解旅游咨询者的需求

当旅游咨询者进门后，一般分为以下两种情况，第一种是咨询者没有走到旅游线路陈列架，而是直接走向旅游咨询柜台时，前台工作人员应当微笑示意，并用手势敬请咨询者坐下，并问候："您好，有什么可以帮到您的？"此时，咨询者一般会把自己的需求告诉接待员，如果咨询者还没确定自己的选择时，接待人员应主动了解顾客意愿。

第二种情况是，咨询者进门后，先是选择走到旅游线路陈列架前，接待人员此时更好的做法是要找机会同顾客接触搭话，但是不要搭话太早，会引起顾客的戒心和防备心，甚至会由于不好意思而离开。打招呼或者搭话的最好时机是在顾客从发现商品到观察了解之间，因为这时顾客已经对产品有了兴趣，希望可以进行更进一步的了解。

（3）出示旅游产品，解答旅游咨询者的相关疑问

当顾客明确表示自己对某旅游产品感兴趣时，接待员应尽快取出该产品的相关资料。出示旅游产品的同时，门市接待人员应当相对客观地介绍和说明旅游产品的一些相关信息和特色所在，这也是抓住顾客对感兴趣的旅游产品的信任，坚定顾客的购买决心。在此过程中，要充分了解顾客的顾虑和问题，耐心地为其解答。但是不能一味地催促顾客进行购买，因为这有可能引起顾客反感。

（4）结尾工作

当顾客确定购买某项旅游产品时，门市接待人员应与顾客签订旅游合同，并收取费用，为顾客开好发票。除了收取现金，现在很多旅行社也可以进行网上支付，门市接待人员应注意金额是否正确。付款后，把相应的收据留给客人。

在结束销售后，接待人员应提醒顾客出发前和游览过程中的注意事项，以及什么时候与导游取得联系等。顾客离开时，门市接待人员应主动表示感谢，为其开门和表示欢迎下次光临。

（三）团体旅游接待管理

1.团体旅游接待概述

（1）团体旅游的概念

团体旅游是以旅行社为主体的集体旅游方式，由旅行社或中介机构对旅行进行行程安排和计划，团体成员遵从旅行社安排统一进行旅行，采用包价方式一次性提前支付旅费，并在某些项目上可享受团队折扣优惠的新型旅游方式。团体旅游通常是指10人以上的团体共同出游。

（2）团体旅游的类型

①入境团体旅游

入境团体旅游指旅游目的地国家或地区的旅行社通过客源地旅游中间商招徕、组织的海外旅游团队，到该旅游目的地国家境内旅行游览的活动。入境旅游

团体由境外启程，在旅游目的地国家的口岸入境，并在其境内进行一段时间的游览参观活动，最后从入境的口岸或另外的开放口岸出境返回原出发地。

②出境团体旅游

出境团体旅游指的是旅游客源地国家或地区的旅行社招徕本国公民，以一定的方式将他们组织成旅游团队，前往其他国家或地区进行旅游活动。出境旅游团体由本国或本地区启程，在旅游目的地国家或地区的口岸入境，并在其境内进行一段时间的旅行游览活动，最后从入境的口岸或另外的开放口岸出境返回本国或本地区。

③国内团体旅游

国内团体旅游指一个国家的旅行社招徕本国公民，并将他们组织成旅游团队，前往国内的某个或某些旅游目的地进行旅游活动。国内团体旅游的类型比较多，包括客源地附近的周末旅游、省内的短途旅游和跨省的省际旅游。

2.团体旅游的特点

（1）入境团体旅游特点

①入境停留时间长

入境游客到其他国家或地区旅游，距离一般较远，特别是远距离的跨洲旅游，因此他们需要支付昂贵的交通费用，所以他们更倾向于在旅游目的地停留较长时间。从我国多年接待境外旅游团队的经验而言，入境旅游团队在旅游目的地停留的时间一般比较长，少则一周，多则十几天甚至数月。停留时间较长，意味着在旅游目的地的各项活动以及消费较多，从而给旅游目的地带来巨大的经济效益。

②以外国游客为主

入境旅游团队以外国游客为主，另外还包括我国香港、澳门和台湾地区的游客。外国游客的生活习惯、文化传统、价值观念、使用语言以及审美情趣等都与旅游目的地国家相差较大。即使是由华侨或外籍华人组成的旅游团队，也会由于他们大多长期居住在国外，在生活习惯和语言等方面不可避免地会受到影响，因此要求旅行社在接待时，应从尊重游客的角度出发，选派熟悉旅游团队各种习惯，并且外语水平较高的导游人员进行接待，为了提高游客的满意度和服务质量。

③预订时间较长

入境团体旅游要在旅游目的地停留较长时间，所以组团社和旅游目的地旅行社需要就团体的旅游活动进行安排，以及对一些特殊要求进行统计和安排。另外，旅游中间商要为团队成员办理交通票预订，护照申请、领取和签证等手续，组织散落在各地的游客按时到达集合点，然后搭乘交通工具到达旅游目的地。因此，入境旅游团体的预订期一般比较长。

④旅游接待计划复杂

入境旅游团体参观游览的地点比较多，其旅游活动的安排涉及旅游目的地的各种相关的旅游服务供应部门和企业。为了提高接待服务水平，旅行社必须认真、仔细地落实接待计划，制定完整的接待活动日程，并逐项对每个环节进行把控，避免在接待过程中出现事故。

（2）出境团体旅游特点

①活动日程安排稳定

由于国家法律法规的相关规定，组织出境旅游团的旅行社以及目的地旅行社必须严格按照事先同旅游者达成的协议，安排各项旅游活动。组织出境旅游的旅行社应委派具有丰富经验的导游员担任出境领队，负责整个旅游团的各项活动安排，配合和监督旅游合同的履行，保障游客的合法权益。

②对消费需求有较高的要求

我国出境旅游起步较晚，出境旅游团队的成员收入水平一般较高，所以其消费水平也比较高，主要体现在对住宿、交通工具以及餐饮等基本消费需求有较高的要求。此外，出境旅游团的购物欲望强烈。

③外语水平低

出境旅游团队除个别旅游者以外，大多数旅游者的外语水平较低。很多游客会存在语言交流方面的障碍。

（3）国内团体旅游特点

①预订期较短

受我国休假制度的限制且无须办理护照和签证等手续，从游客进行旅游咨询到成团出发，往往在一周左右，所以国内团体旅游的预订期一般比较短。

②活动日程安排稳定

国内旅游者大多数情况下对前往的旅游目的地具有一定程度的了解，并能够在报名参加旅游团时对旅游活动日程作出比较理智和符合自己情况的选择，因此他们很少在旅游过程中提出改变活动日程的要求。

③消费水平差别较大

不同生活水平的游客在旅游消费水平方面存在差异，参加国内旅游团的旅游者生活水平参差不齐，既有收入较高的个体或企业家、外企高级管理人员或工程人员，也有中等收入水平的工薪阶层，还有在校的学生。

④讲解难度小

国内游客在语言和文化方面差异较小，并且对前往的旅游目的地自然和人文资源具有一定的了解，能够听懂导游人员在讲解过程中使用的历史典故和谚语。因此，导游人员在讲解过程中可以充分运用各种讲解技巧，生动形象地向游客介绍景点的情况。

3.团体接待业务流程

团体旅游接待管理按照工作内容划分，主要包括领队工作管理、全陪工作管理和地陪工作管理。

（1）领队工作流程

领队是从事出境旅游团队全程陪同服务，并协调督促境外接待社履行旅游行程计划等工作的人员，在旅行社接待业务中起着重要的纽带作用。领队的工作流程如下。

①出团前的准备工作

首先，领队需要听取计调人员介绍团队情况，包括团队成员构成和重点成员情况，团队完整行程，团队名单表和行前说明会时间等。其次，领队编制团队分房表，阅读并核对本团队的接待计划，核对内容主要包括团队出发时间和返回时间是否正确，团队名单与机票名单是否一致，计划航班时间和实际航班时间是否一致，团队人数和酒店房间数是否对应等。再次，领队需要对个人形象和所需物品如领队证、社旗等进行准备；还需要对目的地的国家概况，各景点的知识以及民俗、信仰等方面的知识进行准备。最后，领队需要提前联系接车司机和酒店工作人员，确保做好接待工作。

②召开行前说明会

领队要召集本团队旅游者开一次"出国旅游者说明会"。内容主要包括：

A.代表旅行社致欢迎辞。

B.旅游行程说明，主要包括出境、入境手续与注意事项，以及出游目的地的旅游日程。

C.介绍旅游目的地基本情况及风俗习惯。

D.确认出团资料、旅游证件、护照以及签证等。

E.落实有关分房、交款及特殊要求等事项。

F.了解特别旅客的膳食安排。

③出团当日的工作流程

出团日，领队必须提前到达集合地点并准时集合、清点旅游团人数，带领全团办理登机手续，协助团员托运行李。登机时领队需要集合或组织游客登机，所有游客登机后自己再登机。到达目的地国后，领队要带领旅游团办理好证件查验和海关检查等入境手续。抵达目的地后，领队应立即与当地接待社的导游人员接洽，清点行李与团员人数。到达入住酒店后，领队要负责办理入住手续和分配房间，检查行李是否送到客人房间，并协助团员解决入住后的相关问题。

④核对、商定日程

领队需要与境外旅游目的地导游人员核对旅游接待计划是否一致。如有不一致要注意以下两点：第一是当遇到境外导游人员擅自修改旅游日程时，应坚持"调整顺序可以，减少项目不行"的原则，必要时应及时报告国内组团社；第二是当境外导游人员推荐自费项目时，要征求并取得全体旅游团成员同意。

⑤参观游览过程中的工作

游览中，领队必须时刻留意游客的动向，防止各种事故的发生，与当地导游人员密切合作，妥善处理各种事故和问题，消除不良影响。如果出现当地导游人员过多安排购物次数或延长购物时间的情况，领队要及时交涉；旅游团队在进行购物时，领队要提醒游客注意商品的质量和价格，谨防假货和次品。领队还应维护旅游团内部的团结，协助游客之间妥善处理矛盾。

⑥送团后的总结

送团后，领队需要当天向旅行社汇报团队情况，旅行社负责人需将汇报内容整理成文字汇总。领队需要及时报账，并归还所借物品，及时填写"游客意见反馈书"及领队日志。最后，领队需要认真总结经验教训，及时补充所欠缺的知识，不断丰富自己。

（2）全陪工作流程

全陪导游是负责按照旅游合同约定实施组团旅行社的接待计划，监督各地接待社的履约情况和接待质量，负责旅游活动过程中与旅行社的联络，做好各站交接工作，协调处理旅游活动中的问题，保障旅游团的安全。因此，全陪作为组团社的代表，应时刻参与旅游团的活动，负责旅游团移动中各环节的衔接，监督接待计划的实施，协调领队、地陪、司机等旅游接待人员的协作关系。

①出团前的准备工作

迎接旅游团前，全陪需要了解团体旅游的人数、特殊照顾对象、客人所属行业、姓名、性别、年龄、信仰、生活习惯等情况。同时，全陪也要携带必备的证件和有关资料，对自己的形象、语言和心理方面进行准备。此外，全陪应及时取得与行李员、司机和地接导游的联系，进行提前沟通。

②出团当日的工作

在出团当日，全陪首先应提前半小时到接站地点迎候旅游团。其次，在全陪接到旅游团后，快速且礼貌清点人数，告知游客作为全陪导游的职责与任务。全陪应代表组团社和个人向旅游团致欢迎辞。在地陪接到旅行团后，全陪与地陪进行交接，核对行程，角色互换。

在游客入住酒店时，全陪导游应当办理旅游团的住店手续，并热情引导旅游者进入房间，还应协助有关人员随时处理旅游者进店过程中可能出现的问题，使旅游者进入酒店后尽快完成住宿登记手续，并进住客房，取得行李。另外，全陪还需要做好巡房工作，检查房间内设施设备是否齐全，游客是否有不满情况等。在游客就餐时，全陪应注意游客用餐情况，询问口味如何，及时与地陪沟通和调整。

③游览过程中的全陪服务

A.配合地接导游保持团队行动一致，不掉队。

B.提醒游客集合时间，时刻清点人数。

C.注意旅游团中游客的需求，保障参观游览过程的安全性。

④返程服务

全陪应提前提醒地陪落实离站的交通票据及时间，协助地陪妥善办理离店事宜，认真做好旅游团搭乘交通工具的服务保障。在返程过程中，全陪应提醒游客注意人身和物品安全，协助安排好饮食和休息。

在当次旅行结束时，全陪应提醒游客带好自己的贵重物品和证件，征求游客对接待工作的意见和建议，对旅途中的合作表示感谢，并欢迎再次光临。

下团后，全陪应认真处理好旅游团的遗留问题，并认真、按时填写《全陪日志》或其他旅游行政管理部门（或组团社）所要求的资料。

（3）地陪的工作流程

地陪是指地方陪同服务人员，即受接待旅行社委派，代表接待社实施旅行计划，为游客提供当地旅游活动安排、讲解、翻译等工作的服务人员。地陪服务是旅游计划的具体执行者，对确保旅游计划的顺利实行具有重要作用。地陪的工作流程主要包括以下3个方面：

①准备阶段

A. 熟悉接待计划。地陪应在旅游团到达前三天领取旅游团接待计划，并且认真阅读接待计划和有关资料，详细且准确地了解该旅游团的服务项目和要求，对于重要事项需要做好记录。

B. 落实接待事宜。地陪在旅游团抵达的前一天，应与各有关部门或人员落实、核查旅游团的交通、食宿、行李运输等事宜。

C. 做好物质准备，知识准备，心理准备以及良好的形象准备等。例如，地陪要带好接待计划、导游证、胸卡、导游旗、接站牌、结算凭证等物品。地陪需要对接待计划中涉及的景点进行知识准备，还要做好面对突发情况的心理准备等。

D. 接站服务。根据实际情况，在接团当天或前一天，再次联系全陪，确认旅游团是否准时出发，人数是否有变化，游客是否有特殊要求等情况，核对接站地点，确认旅游团所乘交通工具的准确抵达时间。地陪还应该提前与司机和入住酒店的行李员取得联系，做好充分的接站工作。在接站当天，地陪应提前半小时抵达接站地点，在出站口醒目区域迎接游客。

②旅游团抵达后的服务阶段

A. 旅游团出站后。如旅游团中有领队或全陪，地陪应及时与领队、全陪接洽，确认行李无误后，组织游客集合和上车。游客上车时，地陪应恭候车门旁。游客上车后，地陪应协助游客就座，礼貌清点人数。行车过程中，地陪应向旅游团致欢迎辞，欢迎辞内容应包括：代表个人和所在接待社欢迎游客光临本地，介绍自己姓名及所属单位，介绍司机，表示提供服务的诚挚愿望，预祝本次旅行愉快顺利。另外还需要简单介绍本地概况，比如本地的历史沿革、民俗风情、地理气候特征等和将要入住的酒店情况。

B. 入店服务。旅游团抵达酒店后，地陪要向酒店说明预订的旅行社名称，并向旅游者介绍酒店内的就餐地点、娱乐设施和公共卫生间等情况，并告知住店的注意事项，询问游客行李是否有遗漏。最后，在结束当天活动离开酒店前，地陪要告知游客接下来的活动安排、集合时间和地点。

C.核对、商定活动日程。旅游团开始参观游览之前,地陪应与领队、全陪核对、商定本地的活动安排,并及时通知每一位游客。在本地旅行期间,如有游客临时脱团,务必请游客写出书面证明,并请游客本人和全陪签字。

D.参观游览服务。参观游览服务是接待过程中最重要也是最辛苦的,同时也是最能够体现地陪工作能力的环节。

首先,地陪应提前做好出发前的各项准备。出发游览当天,应提前到达集合地点,并督促旅游车司机做好各项准备工作。游客上车后,再次清点人数,并向游客介绍当天的天气情况及当天的活动安排。

其次,在前往景点的途中,地陪应向游客介绍本地的风土人情以及自然景观,回答游客提出的问题。在快要抵达景点时,地陪应向游客介绍景点的简要情况,尤其是景点的历史价值和特色。

最后,在抵达景点后,地陪应告知游客在景点停留的时间,以及参观游览结束后集合的时间和地点,还向游客讲明游览过程中的有关注意事项。在游览过程中,地陪应对景点进行讲解。讲解内容应有繁有简,语言应生动,富有表达力。注意从游客的兴趣出发结合景点特色由浅入深地进行讲解。地陪应保证在计划的时间与费用内,游客能充分地游览和观赏,做到讲解与引导游览相结合,适当集中与分散相结合,劳逸适度,并应特别关照老弱病残的游客。另外在参观游览过程中,地陪应时刻注意游客安全,自始至终与游客在一起活动,并随时清点人数,以防游客走失。

E.其他服务。旅游团就餐时,地陪应简单介绍餐馆及其菜肴的特色,引导入座并向游客说明酒水的类别以及解答游客在用餐过程中的提问,及时解决游客出现的问题。

观看文娱节目时,地陪应简单介绍节目内容及其特点,在旅游团观看节目过程中,地陪应自始至终坚守岗位。

结束当日活动时,地陪应询问其对当日活动安排的反应,并告知次日的活动日程、出发时间及其他有关事项。

③送站服务

旅游团结束在本地的参观游览活动后,地陪应确保游客顺利、安全离站。旅游团离站的前一天,地陪应确认交通票据及离站时间,告知游客整理好行李和贵重物品，协助酒店结清与游客有关的账目并致欢送辞，欢送辞的内容简单来说应包含五个方面，分别是表示惜别、感谢合作、回顾旅程、征求意见和期待重逢。最后，地陪应在旅游团所乘交通工具起动后方可离开。下团后，地陪应认真填写带团小结、客户资料、报账单等旅行社要求填写的相关资料，根据接待计划和游客的要求，认真处理好旅游团遗留下的问题。

（四）散客旅游接待管理

散客旅游兴起的原因主要有以下几个方面，首先是随着旅游者经验的积累和知识水平的提高，旅游者变得更加对旅游活动充满信心，他们不再长期拘束于自己的生长地方，而是对自己生长以外的其他地方有强烈的好奇心。其次是旅游者的心理需求进入更高层次。旅游者的旅游行为动机从传统的观光型向多主题转变，探险、修学、科考、生态等特种旅游蓬勃兴起，旅游的目标上升到体验人生、完善自我和实现自我价值的高度。但是传统跟团的旅游模式已经不能满足游客个性化的需要。最后是我们正处于信息化社会，交通和通信飞速发展，旅游景区的服务设施更加智能化。这也使得旅游者出行更加便捷和有保障。

1.散客旅游接待的特点

（1）批量少，批次多

散客旅游多为游客本人单独出行或者与家人、朋友结伴而行，因此与团体旅游相比，规模要小。对旅行社来说的话，接待散客旅游的批量也比接待团体旅游的批量少。批次多指的是旅行社在向散客提供服务的时候，散客要求旅行社提供的服务不是一次性的，有时同一散客多次要求旅行社为其提供服务。

（2）预订期短

散客旅游大多数涉及的是一项或几项服务，而不是全套的旅游服务，所以他们要求旅行社能在短时间内快速且高效地安排旅游服务。散客旅游出行比较随意，不需要受到其他团队或组织的限制，并且变动性强，因此预订期也比较短。

（3）要求多，自由度大

不同散客的想法具有多样性和易变性，在安排旅游计划时因为缺少经验，或者缺乏周全的考虑，从而导致他们容易在出发前或者在游览途中，突然改变自己的计划并要求旅行社为其预订新的旅游项目。在散客旅游中，一部分收入消费水平较高的游客，他们往往追求高品质的旅游，从而提出一系列要求。散客不受团队的制约，自主性大，可以根据自己的想法和意愿来进行安排旅游活动，因此自由度较大。

2. 散客旅游产品类型

根据散客旅游业务的性质，散客旅游产品大致分为单项委托业务，旅游咨询业务和选择性旅游业务等 3 种类型。

（1）单项委托业务

单项委托业务是旅行社经营的一项重要的散客旅游产品，主要包括受理散客来本地旅游的委托、办散客赴外地旅游的委托和受理散客在本地的单项旅游服务委托。

①受理散客来本地旅游的委托业务

这项业务指的是旅游者委托本地的旅行社办理前来本地旅游的业务，并且要求本地的旅行社提供该旅游者在本地旅游活动的接待或其他旅游服务。

②办理散客赴外地旅游的委托业务

为散客旅游者办理赴外地旅游的委托业务，多数旅行社规定，散客应在离开本地前三天到旅行社办理赴外地旅游的委托申请手续。旅行社散客部在接到委托申请后，需要耐心询问旅游者的旅游要求以及检查旅游者的身份证件。

③受理散客在本地的各种单项服务委托

散客在到达旅游目的地前，可能事先并没有办理任何旅游委托手续，当散客到达旅游目的地后，他可能需要到旅行社申请办理在当地的单项旅游委托手续。单项服务委托主要有抵离接送，行李提取、保管和托运，代订机、车票和饭店，代租汽车，代向海关办理申报检验手续等。

（2）旅游咨询业务

旅游咨询业务是旅行社散客部的工作人员向旅游者提供各种与旅游有关的信息和建议的服务。这些信息和建议包含的范围很广，主要有食宿餐饮、旅游景点知识、旅游交通、旅游产品价格、旅行社产品种类等。旅行社在提供旅游咨询服务时不需要向旅游者收取费用，而是通过提供咨询服务来引导旅游者购买旅行社产品。旅游咨询业务主要分为电话咨询服务、信件咨询服务和人员咨询服务。

（3）选择性旅游业务

选择性旅游业务是指由旅行社为散客旅游者组织的短期旅游活动，如小包价旅游可选择部分，散客的市内游览、晚间文娱活动、风味品尝、到近郊及邻近城市旅游景点的一日游、半日游、多日游等项目。

3.散客旅游接待流程

旅行社散客旅游接待服务的程序是受组团社的委托，根据双方的长期协议或者临时约定由地方接待旅行社向外地组团社发来的散客团体提供的旅游接待服务。只要是组团社发送来的散客，一人也可以享受散客团的待遇。散客接待的流程有以下几个方面：

（1）咨询洽谈

旅游者在购买旅游产品前会通过各种方式向旅行社的工作人员去咨询，比如通过电话以及人员咨询。所以在这个阶段，旅行社的接待人员主要是通过与游客交流，回答旅游者关于旅行社产品的相关问题，在了解旅游者需求的基础上，旅行社接待人员可以向旅游者提供购买旅行社产品的建议。

（2）签订合同

在旅游者决定购买相关的旅游产品后，旅行社会向旅游者出示旅游合同，在合同里会明确显示在此次旅行过程中，旅游者和旅行社双方的责任和义务以及一些特殊情况的规定。旅游者在阅读过后，没有异议即可签字。旅游合同对于每一个旅游者来说都是必要的，它不仅是对旅游者的一种保障，更是对旅行社的一种保障。

（3）采购产品

旅行社需根据游客提出的要求对相关的旅游产品和服务进行采购。也就是说要及时给旅游者采购符合要求的酒店、景点、文娱场所及交通等，以便于散客旅游者的行程可以顺利开展。

（4）选派导游

在旅游者开始行程之前，旅行社需要为散客旅游者分配导游，在游客的游览过程中，导游要为游客提供包括食、住、行、游、购、娱等方面的服务。散客旅游接待难度较大，为此应选派经验丰厚、知识面广且认真负责的导游人员进行接待。

第二节　会展旅游接待服务管理

一、会展旅游接待概述

会展业被誉为"城市经济的助推器"，它反映了一个地区、国家乃至全球科学技术和经济发展的历程。从 20 世纪 90 年代开始，中国大踏步迈上了世界会展大国的旅程，会展业在我国取得了长足的发展。会展旅游是会展业和旅游接待业结合的衍生物，与传统的旅游模式相比，会展旅游具有影响范围大、规模大、消费档次高、客户停留时间长、效益高、受季节影响小等优点，因此被越来越多的城市接受。如国内西安、三亚、福州、南京等城市纷纷充分挖掘自身的旅游资源，结合当地特色，开启了会展旅游模式，这吸引了大批游客，获得了良好的经济效益和社会效益，为我国旅游接待业转型提供了新的动力。

（一）会展旅游接待管理的概念及内容

1. 会展旅游接待管理的概念

会展旅游接待管理是指为保障会展旅游活动的顺利进行，会展组织者对各种具体相关事务管理的过程。

2. 会展旅游接待管理的内容

按照会展项目管理的流程，会展旅游接待管理的内容主要包括：会展前的准备、会展现场服务、会展后续服务以及会展中的其他服务。

（二）会展旅游接待管理人员应具备的素质

服务的好坏直接会影响会展活动的成败。当今，会展旅游活动的承办者或参与各方一般都具有丰富的参会、办展经验，对接待服务的要求严、标准高，通过优质服务让与会者在物质和精神方面得到满足。这就要求会展旅游接待管理人员具有较高的职业道德素质、专业素质和心理素质。

1. 优秀的职业道德素质

首先，会展旅游接待人员必须具备强烈的服务意识，也就是发自心底地愿意尽己所能满足与会者的需求，使主动做好接待服务成为一种习惯；其次，会展旅游接待是特殊的接待服务，常常会占用周末及八小时工作之外的时间，工作压力高于很多其他行业。因此，会展旅游接待人员必须要有任劳任怨、埋头苦干的精神，保证会展过程中的每一个细节都没有任何疏忽和纰漏。

2. 高超的业务素质

优秀的专业素质包括丰富的会展、旅游专业知识和高超的服务技能，这是成为优秀会展旅游服务人员的首要条件。如接待物品的准备、厅室的布置、设施设备的安全操作、现场服务的程序和规范、后续服务等，只有熟悉会展旅游服务的每一项任务、每一个细节，才能提供有效准确的服务。同时，要具备出色的沟通能力。会展旅游接待涉及大量的沟通工作，而沟通的对象往往来自各行各业，来自天南海北，遇到的问题也是五花八门。因此，作为接待人员，首先要理解与会者的需求，甚至在对方表达不清晰、有方言或外语障碍的条件下，迅速准确地理解对方的表达意思，找出问题所在，并提出解决方案。

3. 良好的心理素质

会展旅游接待工作紧张忙碌，既需要内部团队密切合作，又需要与外部其他相关企业保持顺畅的沟通；再者，会展旅游接待活动细节多、任务重，突发状况随时可能发生，这就要求接待人员要具备良好的心理素质，学会管理自己的情绪，保持良好的心态和坚定的意志，在任何条件下能冷静、从容、果断、迅速地处理问题。

二、会展旅游接待前的准备

成功的会展旅游接待离不开细致周密的准备工作。接待工作须按照一定程序有条不紊地进行，首先要与会展有关各方进行协调沟通，而后进行会展物品的准备，会展场馆厅室的布置。同时，在会展活动正式开始之前要进行检查，及时发现问题并加以纠正，保证会展活动的各个环节能按计划顺利进行。

（一）会展接待前的协调

会展接待前的协调是会展接待准备工作的出发点，目的是了解各方需求，同时也是寻求理解、沟通与合作的过程。

1. 会议接待前协调

会议旅游接待涉及的部门多、服务细节多、牵涉人员多、各方信息多，必须由项目经理统一指挥协调、签发通知，切不可多头管理，导致服务脱节，影响接待顺利进行。

（1）与会议主办方的协调

为了避免出现信息沟通不畅，须由专人与主办方确认参会人员、大会日程安排、主席台及参会代表的席坐安排。承办方最晚应在举行会晤前4周从主办方处获得这些资料，并及时跟进，一旦发生变化随时更新。

（2）制定会议通知单

这项工作是由此项目承办方负责人与会议主办方共同拟定。拟定好的会议通知单，须提前一周交给与会议接待有关的各个部门和接待人员，确保各个部门之间的信息畅通。

会议通知单从总体上提供了会议接待服务的运行安排，不仅包含会议团队的基本信息、会议的各项活动，还要由有关负责人认可签字。会议通知单如有变动，必须按主办方要求更改，重新发放，如主办方取消会议，会议服务经理须在原会议通知单上加盖"取消"字样，或填写会议取消表，并分发给相关部门。

（3）制定会议 / 活动安排表

会议 / 活动安排表是对会议中某一具体活动项目的细节安排，以此来明确每项活动的服务内容，并落实到人，尽量细化。会议 / 活动安排表应至少在会前一周发放给各部门负责人。

（4）召开会前会

会前会也称为预备会，其目的是发现问题、解决问题。会前会往往定期召开，越大型的会议会前会越多，甚至在大会开幕前几日每天召开。参会人员包括会议承办方的项目经理、会议承办酒店的会议服务经理、负责此项目的会议销售经理以及各个部门总监、经理和相关人员。会议服务经理是会议组织者与酒店各部门之间沟通的桥梁，在会议接待中发挥着重要的作用。

2. 展览接待前协调

（1）与展览会相关各方协调

展览接待相对于会议接待更为复杂，展前协调的内容也更加广泛。除了与主办方、协办方进行沟通协调之外，还要与展览场馆、参展商、新闻媒体、赞助商、交管部门、消防部门、医疗机构等进行沟通。只有协调好各方关系，才能确保展览活动的顺利进行。

（2）制定展会服务工作表

展会服务工作表是展会组织者对展览会期间各项服务工作细节的安排。展会现场服务工作表分为工作项目、工作内容、工作进度、岗位负责人及岗位人员等栏目。工作项目包括布展、签到、撤展、配套会议、观众接待、物品准备、餐饮服务、现场调度等，然后将每个大项下所属的子项工作逐一列出。工作表应确保每一项工作落实到人，并明确标出关键时间节点。

展会服务工作表应在展览会开幕前的 30 天完成初稿，之后，应召集相关负责人或全体工作人员进行会议讨论，以检查工作安排是否明确、是否有疏漏，相关工作的配合是否协调，现场人员安排是否合理等，然后在讨论的基础上对初稿进行修改。正式的展会服务工作表至少应在展览会开幕前 15 天确立并实施。

（二）会展接待前物品准备

1. 会议接待物品准备

会议接待物品的功能是为与会者提供圆满完成会议目标所需的设施及物品，同时会议接待物品还可以营造舒适温馨的会议环境和氛围。会议接待物品的准备须遵循"按计划提前准备"和"经济实用"等原则。其中，按计划提前准备原则是指会议接待物品应由接待部门按接待规格提供物品清单，并标明名称、来源、预算等信息，并由专人负责购买、租借、调试，落实到位。经济实用原则是指会议接待物品须遵循经济和可重复利用的原则，严格按照预算执行，提倡节约环保，杜绝奢侈浪费。

（1）会议场所基本设施

会议场所基本设施一般在成熟的会议厅室中都已设置，无须接待方重新购置。会议场所基本设施包括桌椅、讲台、台布、席位卡、照明设施、空调通风设备等。

（2）会议文具

不同规格和类型的会议对会议文具的要求也不同。通常接待方会赠予参会者具有纪念意义的圆珠笔、签字笔、笔记本等。会议开始前，文具统一整齐摆放在会议桌上。如果是有影响力的大中型会议，通常会统一印制会议纸张，定制文具，以体现会议的规格。

（3）会议生活用品

会议生活用品主要包括茶具、饮品、餐巾纸等，会务接待中最常用的茶具是白色陶瓷茶杯，饮品为纯净水或茶水、咖啡等，餐巾纸宜选用无味环保的干、湿纸巾。

（4）会场装饰物品

常用的会场装饰物品主要有会徽会标、旗帜画像、条幅标语、鲜花绿植等。会场装饰物品的选择须依据会议目的和性质确定，色彩的选择应和会议主题相符。此外，国际会议要遵从国际惯例和外交准则。

（5）视听器材准备

目前普遍使用的会议视听器材包括话筒、投影仪等，使用时应注意以下事项：

①扬声器音量控制。扬声器的位置要安排合理，尤其不能安排在侧边的座位旁。再者，音量控制要得当，要达到最佳聆听效果。

②视听器材空间安排合理。视听器材设置的两项原则为1.5米原则和2：8原则。其中，1.5米原则是指从地面到银幕底部的距离为1.5米；2：8原则指最佳的视觉范围是不近于2倍银幕高度也不远于8倍银幕高度的距离。例如银幕高度为2米，第一排位子应该不近于距离银幕4米的地方，最后一排位子不远于距离银幕16米的地方。

③视听器材的使用应配备专业技术人员负责，并在会议开始之前反复检查，及时排查故障和隐患，确保会议顺利进行。

2. 展览接待物品准备

展览接待物品相较于会议接待物品简单，因为参展商租赁场地后会自行对展位进行装修装饰，展览区只提供基础设施。

（1）展厅工作区用品

展厅工作区用品包括电子签到机、咨询桌、签到桌、休息区桌椅、办公家具、指示牌、展板、饮水机等。

（2）展厅装饰用品

通过鲜花绿植、展板、旗帜、地毯等展厅装饰用品，营造符合展会主题的氛围，提高参展体验。

（3）其他服务及设施的准备

在会展接待前协调阶段，会展活动的承办方需要尽可能了解各方的需求，为客人提供相应的软、硬件设施，确保会展接待活动安全有效运行。其他服务及设施主要包括：①复印、打字、互联网、计算机、快递、托运等商务服务；②布展施工用电、展期动力电源，设备用上下水，以及设计、制作安装标准展位和特装展位等工程服务；③签到登记、证件管理、信息咨询、投诉处理等信息服务；④办公家具租赁、电器租赁、展具租赁、花卉租赁等租赁服务；⑤食品饮品销售、咖啡厅、快餐店等生活服务设施；⑥翻译服务、法律服务、礼仪服务、保安服务、医疗服务等劳务服务。

（三）会展场所布置

1.会议接待场所布置

（1）报到处

报到处是与会人员参会的第一站，报到处的功能是来宾登记、信息咨询、收款付款、分发会议资料等。会议报到处的布置需要注意以下三点：

①报到处标志明显，可将会议名称、会徽、时间、地点等突出展示，便于与会者登记参会。

②报到处的空间应划分合理，减少聚集，引导分流。大型会议根据实际情况可设置登记区、付款区、资料区等，并留有足够空间，便于参会者按流程完成整个报到工作。

③应设置咨询台回答与会者的问题。

（2）主席台

主席台是会场的焦点和中心，主席台的布置应给予高度重视。除了装饰性的布置，如旗帜、会徽、会标、画像、桌布、地毯、花卉、绿植等之外，还应注意以下几个方面：

①主席台座位格局。主席台座位一般采用横式，可以是一排也可以是多排，后排有时也可分成两栏，中间留出通道。每排之间也应空出距离，方便入席和退席。

②主席台的座次安排。主席台座次安排是一个非常重要的工作事项，有时甚至是严肃的政治问题，必须高度重视。主席台座次排列，领导为单数时，主要领导居中。

③讲台。为突出报告人的地位，显示报告的重要性，常常设置专门的讲台。讲台一般设在主席台中央，或者右侧。设在中央的位置应低于主席台，避免报告人遮挡住主席台上领导的视线。一般只设置一个讲台，较大的会场可设置两个讲台，方便代表上台发言。特殊会议可不设置主席台，只设置两个讲台，如辩论会、联合记者招待会等。

④话筒。主席台前排的每个座位都应配备话筒，便于领导讲话。

⑤席位卡。大型会议主席台应设置席位卡，小型会议则在每个座位前放置席位卡。席位卡分两种，一种是写出席者姓名，另一种是写代表团名称。

（3）会议场所座位格局

会议场所座位格局类型常见的有上下相对式、全围式、半围式、分散式、并列式等。

①上下相对式。上下相对式即主席台和代表席采取上下面对面的形式。由于专门设立了主席台，整个会场气氛就显得比较庄重和严肃。上下相对式又可以具体分成礼堂形、"而"字形等。礼堂形的座位格局场面开阔，较有气势，适合召开大中型的报告会、总结表彰大会、代表大会等。上下相对式可在固定桌椅的礼堂进行，也可在不固定座位的多功能厅，如需布置桌椅，则应在椅子与椅子之间留出5厘米距离，椅子前后中心距离为70厘米，如果采用带扶手的椅子留出的空间应更大。

②全围式。此种座位格局最大的特点是不设置专门的主席台，所有与会者围坐在一起，体现平等和尊重的精神，有助于与会者之间相互熟悉了解和不拘形式的发言，可使与会者充分交流思想、沟通情况。同时也便于会议主持者细致观察每位与会者的意向、表情，及时准确地把握与会者的心理状态，并采取措施引导会议向既定目标发展，或根据实际情况，调整目标，以保证会议取得圆满成功。全围式格局适合小型会议以及座谈会、讨论会等。

③半围式。半围式布局介于上下相对式和全围式之间，即在主席台的正面和两侧安排代表席，形成半围的形状，这样既突出了主席台的地位，又增加了融洽气氛，适用于中小型工作会议等。

④分散式。这种格局是将会场分为由若干个会议桌组成的格局，每个会议桌形成一个谈话交流中心，与会者根据一定的规则安排就座，其中领导人和会议主席就座的桌席，简称主桌。这种座位格局的优点是既在一定程度上突出主桌的地

位和作用，同时也给与会者提供了多个谈话、交流的中心，使会议气氛更为轻松和谐。分散式适合召开规模较大的联欢会、茶话会、团拜会等。不过这种会场座位要求会议主持人具有较强的组织和控制会议的能力。

⑤并列式。并列式是将座位安排成双方纵向并列或横向并列的格局。适合会见、会谈等。

（4）会议场所座区划分与排列

座区是按一定规则划分的座位区域。科学合理的座区划分有利于维护会场秩序，统计参会人数，便于代表团之间联络，便于会议文件的分发和清退。座区可以按参会资格划分，也可以按代表团进行划分。

①按参会资格划分和排列。参会者往往具有不同的参会身份，如特邀、正式、列席、旁听资格等。特邀嘉宾按实际情况可在主席台或前排就座；正式代表座区安排在前或者居中；列席代表在两侧或后排。如果会议允许旁听，则安排在两侧或后排专设的旁听席。

②按团组划分和排列。如果会议活动需要将与会者分组，则可以按团组划分和排列座区，即先按团组划分顺序，然后按一定方法确定具体座区。

排列团组先后次序可按法定顺序排列，也可按代表团名称的笔画数或汉语拼音音序排序；国际会议可按与会国家英文名称的首字母排序。另外，也可以根据协商达成的约定排序。

会场座区应明确标出座位号（如1区2排3号）；团组标志（如代表团名称）。会前应印刷并发放主席台和全场的座次图和座位分布图。主席台的座次图可悬挂在休息室，会场座位分布图可以张贴在会场入口处。

2. 展览接待场馆布置

展览接待场馆要根据主办方的要求进行必要的空间分隔，分隔时须根据事先设计好的参观者路线具体划分。展馆接待场馆中的展台可由参展商自行设计布置。具体的展台种类有以下几种：

①标准展台。标准展台位于一直线上，有一个或多个标准单元。

②靠壁式展台。标准的靠壁式展台位于展区外部四周的墙壁处。

③半岛式展台。半岛式展台三面各有一条人行走道，一面靠墙的展台，一般面积较大，展台一般由四个或以上的标准单元组成。

④岛形展台。展台四周均有人行通道，展台面积大，由四个或以上标准单元

组成。

（四）会展接待前的检查

会展接待前的检查是保证会展活动顺利完成的重要环节。会展前检查的意义在于查缺补漏，发现问题并及时纠正，如有必要，还可以根据实际情况适当调整原先的预案，使会展的各项准备活动趋于完善。在所有检查项目中应重点检查会议文件准备和会议厅室、会展场馆准备情况。

（五）会展文案资料的管理

会展文案是围绕会议或展览活动而产生的各种书面文字资料的总称，包括各类文件、广告文案、各类表格、各类规范条例、各种计划总结等。

1. 保证印刷数量

印刷数量因根据参会人数留有一定数量的备份，以防参会人数增加或代表额外索取。

2. 保证印刷服务

商务中心承担会展的资料印刷工作，要保证在会展期间，保质保量按时完成印刷任务。

3. 专人管理

各项印刷任务应分项目落实到人，对文件资料进行合理地摆放归类，避免找不到或遗失的乱象。

4. 遵守保密条例

很多印刷服务所涉及的文件资料具有很强的保密性，因此，必须要求员工严格遵守保密条例，对客户高度负责。

三、会展旅游接待服务规范

（一）入场接待服务

入场接待工作主要包括接站服务和现场注册签到等内容。

1. 接站服务

大型会展特别是国际性会展活动由于参与人数多，且与会者来自各个地区或不同国家，对举办地不熟悉，需要做好接站工作。具体包括以下几个方面：

①通过会议回执并电话联系，掌握与会者详细信息，包括姓名、性别、职务、工作单位等。准确记录抵达时间、地点、航班号、车船次等，不遗漏、不记错。

②根据与会者身份确定接待规格，落实接待人员，准备齐全接待物品，包括接站牌、横幅、鲜花等，提前准备好车辆。

2.现场签到

现场登记签到的接待工作必须安排专人来负责，登记人员需要注意以下要点：

①注重仪容仪表，佩戴工作人员胸卡，保持耐心、细心、热心的服务状态，以最佳形象面对参会者。

②熟知会展各项活动和设施的具体信息，如客房、会议室、餐厅、卫生间地点、活动的时间等，以应对来宾的询问。

③对涉及付费的事宜应高度重视，做好相应的记录。

④工作期间不私聊闲谈，不要在接待桌位上摆放私人物品，和客人讲话要站立并保持微笑。

（二）常见展会现场接待规范

1.大型代表会议服务规范

大型代表会议规格高、场面隆重、与会人数多、持续时间长。根据不同区域，现场服务应注意以下要点：

（1）主席台服务

①保持主席台卫生，保持台面和抽斗整洁。

②明确主席台总人数和各排人数，主要领导的座位和生活习惯及招待标准和工作要求。

③配备齐全茶具、毛巾、文具等，按要求摆放整齐，并事先做好清洁消毒工作。

④服务人员穿好制服，代表入场前1小时上岗做好各项用具和设备的检查。

⑤会前30分钟，服务人员按顺序排队入场倒茶水。

⑥第一次30分钟续水一次，以后每隔40分钟续水一次，一般续水三次后应重新泡茶。

⑦会议进行中，主席台两侧应安排工作人员观察台上情况，处理紧急事物。

⑧收尾工作按程序进行，撤杯盖、倒剩余茶水、收茶杯、擦收垫盘、收毛巾、

撤名签座等。

（2）场内服务

①做好场内卫生，保证地面、桌面、抽斗整洁。

②提前 30 分钟开启空调，保证场内温度适宜、空气新鲜。

③参会者入场前 1 小时，统一着装上岗，站位时一般在走道两侧面向参会者。

④指路时右手抬起，四指并拢，拇指与其余四指分开，手心向着客人，示意方向时说"请这边走"或"请那边走"。

⑤熟悉场内座区和座位安排，正确指示，并主动帮助年老体弱者入座。

⑥大会开始，站到工作位，站姿端庄，认真观察场内情况，随时采取应对措施。

⑦会间休息和休会时，及时打开门帘、大门，引导与会者出入。

⑧与会者退场后，认真做好收尾工作，打扫会场，发现遗失物品，记清座位号及时上交。

（3）休息服务

休息服务主要是与会者会前或会中休息服务。

①明确所服务的休息室活动的人数、主要领导及其生活习惯、招待标准、工作要求。

②做好清洁卫生，调节室内温度，保持空气新鲜。

③配齐各种茶具并严格消毒。

④摆好垫盘、毛巾、文具，随时提供服务。

⑤入场前半小时备好开水，入场前 10 分钟点水润茶，做到人到茶到，茶量适当，浓淡可口，凉热适宜。

2. 签字仪式服务规范

签字是对特定的书面意见表示确认的行为，签字仪式也是谈判性会议的延续。签字仪式的服务要点如下：

①签字各方到达后，工作人员应主动为签字人员拉椅让座，引导双方代表分别站在各自的签字代表后方。

②开始签字时，服务人员站在签字桌两头等候，准备签字后撤椅。后台服务员应迅速开启香槟酒，倒入香槟杯，约 7 分满，端入签字大厅，分别站在签字桌约 3 米处，准备上酒。

③涉外签字一般有两种语言的文本，当签字人员在一种文本上签字完毕后，

由双方助签人员交换文本，签字完毕后，双方签字代表起身正式交换，互相握手时，两名工作人员应迅速上前将签字椅撤除。

④随后，立即将香槟酒端至双方签字人员面前，请其端取，接着从桌后站立的中间处开始向两边分送。在宾主双方举杯祝贺并干杯后，服务员立即上前用托盘接收酒杯，照顾签字代表退席。

3. 典礼服务规范

典礼的主要形式有开幕式、闭幕式和颁奖仪式等。典礼活动是会展活动正式开始前和结束后的庆祝活动，具有扩大社会影响、提高展会知名度、树立主办单位良好形象的作用。

开 / 闭幕式服务要点：

①明确现场工作人员及分工，落实现场总指挥、礼仪人员、安保人员和接待人员等。

②落实特殊活动议程、物品的准备及人员安排。

③对领导和贵宾的排序及其姓名、职务等信息的核对，做到准确无误。

④确定致辞人、剪彩人的次序、站位。

⑤音响、乐队、礼花等配置到位。

⑥准备、核对嘉宾签到簿、胸花、剪彩用品、公关礼品。

⑦将开、闭幕式议程打印出来，于仪式前送达有关领导、嘉宾及司仪。

4. 座谈会服务规范

座谈会是人们为了商谈具体事宜或为了纪念某一特殊事件而进行的一种会议形式。一般情况下，会议规模不大，参与人数不多。座谈会的服务有以下要点：

①会场布置应与会议主题相符，有些正式的、高规格的座谈会需要悬挂横幅，说明会议名称和主题。

②座位设置一般有圆形、椭圆形、回字形、长方形等，如有必要还应根据主题布置鲜花、盆景等。

③会议开始前 30 分钟准备好茶水、毛巾等，并调节好空调设备、视听设备与灯光。

④会议进行中做到勤添茶水，注意会议有其他需要等。

⑤会议结束后，首先照顾参会者离席，然后撤下茶水、毛巾，最后清扫整理会场。

（三）会展后续服务

会议和展览活动的所有议程和环节结束之后的一系列后续服务也是会展接待不可或缺的组成部分，包括会场和展场收尾工作、告别送行、处理投诉等。

1. 会场的收尾工作

①会场清洁，包括地面、桌面清洁和物品回收、消毒等。

②指路牌等标志的撤收整理工作。

③检查所有电器设备是否正常运行后切断电源，如发现设备损坏立刻联系技术部门。

④撤下或更换会标、旗帜。

⑤拉好窗帘、关好门窗。

2. 展览场馆的收尾工作

①协助参展商进行展台、展品的收撤工作。

②主席台的收拾整理工作。

③各类会标、指示牌、广告牌的收撤整理工作。

④检查所有电器设备是否正常运行后切断电源，如发现设备损坏立刻联系技术部门。

⑤清洁展览场地。

⑥拉好窗帘，关好门窗。

3. 告别送行

人们常说"迎人迎步，送人送七步"，与会者离会时要热情告别送行，离开时的送别和开始时的迎接一样重要。具体要求如下：

①根据会议性质，会展活动主办方的领导人应尽可能安排时间出面告别。告别的形式可以是到与会者住宿的房间走访告别，告别时间不宜太长，半个小时为宜。告别也在会议活动闭幕式结束后到会场门口道别。重要的与会者还需安排一定身份的领导人亲自到机场或车站送别。

②提前安排好车辆，并告知与会者乘车时间地点，将与会者送至车站、码头或机场。

③目送离开，直至消失在视野中。

第九章　旅游接待业客户关系与服务质量管理实践

第一节　旅游接待业客户关系管理

一、旅游接待业客户关系管理概述

（一）旅游接待业客户的概念和类型

1.旅游接待业客户的概念

客户是愿意购买产品或服务的个人或组织。从旅游产品或服务供应链的角度来看，旅游接待业的客户不仅包含最终的消费者，即旅游者，还包括旅游产业供应链上、下游的企业，它们之间互为客户。据此，旅游接待业客户的概念有狭义和广义之分。其中，狭义的旅游接待业客户是指旅游企业产品和服务的最终接受者，即旅游者。广义的旅游接待业客户是指与旅游企业发生某种交易关系的群体，包括供应商、中间商、合作伙伴、价值链中上/下游伙伴甚至是竞争对手等。

2.旅游接待业客户的类型

客户是旅游企业生存和发展的重要战略资源，同时也是旅游客户关系管理的基本对象。

按照不同的角度，旅游接待业客户划分的类型也不尽相同。

（1）按照客户在旅游产业链中所处的位置进行划分

按照客户在服务链中所处的位置，旅游接待业客户分为中间商客户和最终客户两种类型。

①中间商客户。中间商客户是处于产品或服务产业链中间的客户，如旅游批发商、旅游代理商等。

②最终客户。最终客户是指产品或服务的最终使用者。

（2）按照客户购买旅游产品或服务情况进行划分

按照客户购买旅游产品或服务情况，旅游接待业客户分为现实客户和潜在客户两种类型。

①现实客户。现实客户是指在过去或近期购买过旅游企业产品或服务的个人或组织。

②潜在客户。潜在客户是指现在暂时未购买企业的产品或服务，但有可能将来会购买企业产品或服务的个人或组织。

（3）按照客户的忠诚程度进行划分

按照客户的忠诚程度，旅游接待业客户划分为忠诚客户、老客户、新客户和潜在客户四种类型。

①忠诚客户。忠诚客户是指对旅游企业的产品和服务有高度信任感和消费偏好，与旅游企业保持着长期稳定关系的客户。

②老客户。老客户是指与旅游企业有较长时间的交易，对旅游企业的产品和服务有较深的了解，但同时还与其他企业有一定交易往来的客户。

③新客户。新客户是指刚刚开始与旅游企业有交易往来，对旅游企业的产品和服务缺乏较全面了解的客户。

④潜在客户。潜在客户是指对旅游企业的产品或服务有需求，但目前暂时尚未与旅游企业发生交易的个人或团体。这部分客户群体属于旅游企业需要大力争取的客户类型。

（4）按照客户提供价值的能力划分

按照客户所能提供价值（购买价值、口碑价值、信息价值和交易价值）的能力，旅游接待业客户划分为灯塔型客户、跟随型客户、理性客户、逐利客户四种类型。

①灯塔型客户。灯塔型客户属于潮流的领先者，此类客户喜欢新鲜事物和新技术，对旅游产品的价格不敏感。这种灯塔型客户的社会属性特征一般表现为：收入水平较高、受教育程度较高、有较强的探索和学习能力，在所属群体中有较强的号召力和影响力。灯塔型客户的价值最高，能够为旅游企业提供最高的购买价值、口碑价值、信息价值和交易价值，所以这类客户群体是旅游企业争先投资的目标。

②跟随型客户。跟随型客户属于紧跟潮流的客户类型，是灯塔型客户的跟随者。他们不一定能够真正了解和完全接受新的旅游产品或服务，但他们通常以灯

塔型客户为榜样,在购买决策时对价格不敏感,更关注所购买旅游产品的品牌形象及其能够给个人带来的心理满足感。

③理性客户。理性客户在购买决策时比较理性,对旅游产品或服务的质量、承诺以及价格比较敏感。理性客户一般只相信自己的判断,能够听取他人的建议但并不盲从,对旅游产品或服务的购买不局限于某一特定品牌。因此这类客户群不具备交易价值,只能为企业提供客户购买价值、信息价值与口碑价值。

④逐利客户。逐利客户收入水平相对较低,对产品或服务的价格十分敏感,向他人传达的产品或服务信息主要集中在价格方面,对他人的购买决策影响力较低。这类客户群的企业价值体现为购买价值和信息价值。

(二)旅游接待业的客户关系管理概述

1.客户关系管理的概念和内涵

(1)客户关系管理的概念

客户关系管理(customer relationship management,CRM)由 Gartner Group 于 20 世纪 90 年代提出。

客户关系管理是借助先进的管理理念和技术手段来研究建立客户关系、维护客户关系、挽救客户关系的一种新型管理模式。通过建立和维护企业和客户之间的良好关系,有助于企业增加销售收入,寻找扩展业务所需的新市场和渠道,以及提高客户的价值、满意度和忠诚度。

(2)客户关系管理的内涵

通过以上对客户关系管理概念的总结可知,客户关系管理(CRM)实质为现代管理理念、管理技术和管理模式等三个方面组成的结合体。

①CRM 是一种管理理念。客户关系管理首先被认为是一种管理理念,以客户为中心,将企业的客户视为企业最重要的资源,通过企业对客户服务的不断完善和对客户进行深入的分析来满足客户的个性化需求,提高客户的满意度和忠诚度。

②CRM 是一种管理技术。客户关系管理是信息技术、软硬件系统集成的管理办法和应用解决方案的总和。具体讲,它将最佳的商业实践与数据挖掘、数据仓库等技术手段紧密结合,为企业的销售、客户服务和决策等提供智能化的解决方案。

③CRM 是一种管理模式。客户关系管理是一种新型的管理模式，旨在改善企业和客户之间的关系。这种管理模式主要实施于企业的市场营销、销售、服务等与客户有关的领域，帮助企业与客户建立和维护一种亲密信任的关系，以便企业能够以客户的需求为导向实施自己的经营活动。

2. 旅游接待业客户关系管理的概念和内涵

随着旅游接待业客户的需求不断发生变化，旅游接待业市场的竞争不断加剧。在此背景下，旅游接待企业要想在竞争激烈的市场竞争中立足，就需要对自身的资源进行有效的统筹，以期最大程度地满足旅游接待业客户的需求，进而提升其满意度和忠诚度，使旅游接待企业的资源实现最大的效用。而旅游接待业客户关系管理就为旅游接待企业提供了这样的一个平台。

旅游接待业客户关系管理是一种以旅游接待客户为中心的商业战略，旅游接待企业在现代市场营销理念的指导下，运用现代信息技术，有效地整合企业的各项资源，为管理者提供全方位的客户视角，完善企业与客户的沟通能力，提高企业的整体经营管理水平，提升客户满意度，最大化地实现客户的收益率和企业的盈利。

从旅游接待客户关系管理的概念可知，旅游接待业客户关系管理需要把握以下六点内涵：①旅游接待业客户关系管理要以旅游接待业客户为中心，满足其多样化和个性化的需求。②旅游接待业客户关系管理的目的是为提高旅游接待业客户的满意度和忠诚度。③旅游接待业客户关系管理促使旅游接待企业内部各个部门之间的相互配合。④旅游接待业客户关系管理促使旅游接待企业内部有限的资源实现尽可能大的效用。⑤现代信息技术是旅游接待业客户关系管理实现的物质手段。⑥旅游接待业客户关系管理的最终目标是实现旅游接待企业和旅游接待业客户的双赢。

3. 旅游接待业客户关系管理的作用

（1）改善旅游接待企业的服务水平，提高客户的忠诚度

旅游接待业客户关系管理是以客户为中心的商业战略，旅游接待企业根据以往产品和服务销售的情况向旅游接待业客户提供更专业、细致的服务，通过对客户投诉意见的跟踪，发现企业内部存在的问题并加以改正，从而不断提高服务水平，提高客户的满意度和忠诚度。

（2）提高旅游接待企业员工的工作效率，降低企业成本

旅游接待客户关系管理的运用，促使旅游接待企业服务质量的提升，赢得了客户的"正面口碑"，这使得企业服务时间和工作量大大降低、员工服务效率大大提高，客观上降低了旅游接待企业的营销成本、销售成本、服务成本以及劳务成本等。

（3）增加旅游接待企业的销售收入，实现企业和客户的"双赢"

旅游接待业客户关系管理的应用目的是实现旅游接待企业和客户的"双赢"，促使旅游接待企业的经营活动进入一个良性的循环，从而吸引更多的旅游客户，最终实现旅游产品和服务的销售数量和销售收入的扩大。

二、旅游接待业客户关系管理技术基础

（一）数据仓库

数据仓库是一个面向主题的、集成的、不可更新的、随时间不断变化的数据集合，用以支持企业或组织的决策分析处理。一般来说，数据仓库包括数据源、数据库管理系统、联机分析处理技术、分析工具等，具有数据采集、数据存储、数据处理、数据共享、数据库的运用和数据库管理等功能。

对于旅游接待企业的 CRM 系统而言，一个内容详尽、功能强大的客户数据仓库是不可缺少的。客户数据仓库是 CRM 的灵魂，CRM 许多工作都是以数据仓库为基础展开的。所以，客户数据仓库对于企业保持良好的客户关系，维系客户忠诚发挥着不可替代的作用。数据仓库在旅游接待业企业客户关系管理中的功能主要体现在以下五个方面：

1. 对旅游企业客户信息的记录和更新

客户数据仓库包含每一个客户的详细历史数据，如客户个人基本信息、历史交易记录、客户沟通记录以及客户对以前市场营销活动的态度或反应等。当客户每次交易完成后、每次沟通后、每次投诉后，CRM 系统能够自动对客户的所有行为数据进行及时更新。

2. 旅游企业对客户进行分级管理

通过广泛收集旅游企业的客户信息、客户行为及其他相关数据，最终形成了数据源当中的海量数据。数据仓库按照不同的客户群体行为特征，将客户划分为

若干个不同等级的客户组，通过对数据的交叉分析，发现不同客户组的整体行为规律以及最具价值的客户群，针对不同的客户组制定差别化的客户政策。

3. 为旅游企业分析客户购买行为提供参考

旅游企业通过运用数据仓库，可以使每一位服务人员在提供产品或服务时，能清楚地知道客户的文化背景、消费偏好和习惯，从而提供有个性化的服务。如客户办理值机时，航空公司会根据数据仓库中该客户档案信息，自动推荐符合客户需求的座位类型。

4. 监测、预警旅游企业客户流失情况

每一个企业都面临着客户流失问题，保留客户也就成了市场竞争的一个重要内容。旅游企业根据客户数据仓库对客户历史交易行为进行自动监控和分析，当客户购买行为发生异常时会自动发出预警。如一个定期到酒店消费的客户，突然一段时间不来了，客户数据仓库会自动提醒酒店这位客户可能会流失，需要酒店关注该客户并采取一定的服务补救措施。

5. 与旅游企业其他信息系统有效整合

所谓整合性是指客户数据仓库能够与旅游企业内部销售、营销和服务等部门的其他信息系统、交易渠道、联络中心等有机融合并实现客户信息的共享，这样有助于旅游企业内部各部门或员工与客户互动行为协调一致，从而使旅游企业业务运作更加高效。

（二）数据挖掘技术

数据挖掘是指从大型数据库中提取人们感兴趣的信息。数据挖掘是一个决策支持的过程，它主要基于人工智能、机器学习、统计学和数据库等多种技术，对企业已有的数据进行分析、归纳和推理，帮助决策者寻找数据之间的潜在关联。一般来说，数据挖掘包含的技术方法主要有三种：预测分析法、聚类分析法和关联性分析法。其中，预测分析法是指根据历史数据构建的，能够对某种行为作出合理的预测；聚类分析法是指根据某些属性，将数据库中的记录划分为若干个子集或组别；关联性分析法是识别记录中不同事件或不同属性组合之间的关联程度。

近些年，数据挖掘技术在旅游企业客户关系管理中发挥着重要的作用，具体应用体现在以下三个方面：

①通过数据挖掘分析和预测游客预订、取消以及其消费行为的规律及发展

趋势。

②通过数据挖掘的聚类分析法对游客进行细分，进而预测不同群体游客的需求行为特征。

③通过对游客点评网站、博客、微博等社交网络平台上的网站文本内容进行挖掘，尤其是对用户文本内容的分析，揭示文本内容与企业或游客之间的关联性；通过对游客点评网站、博客、微博等社交网络平台上的网站点击率信息的挖掘，发现在线用户的浏览和搜索习惯与游客关注热点及偏好之间的关联性。

三、客户关系管理的基础概念

（一）客户细分

客户细分是指根据客户的需求和对企业的价值，将一个大的客户群体划分成不同的群组（客户区隔），并通过差异化给予不同客户群体不同的产品和服务，从而帮助企业进行规划并提高利润水平。如企业将会员划分为一般会员、金卡会员、白金卡会员以及钻石卡会员等就是一个典型的客户细分的例子。

（二）客户满意

满意是指个人通过对产品的可感知效果与他的期望值相比较后所形成的愉悦或失望的感觉状态。

客户满意是一种心理状态，是指客户的需要获得满足之后形成的愉悦感或心理活动。在旅游接待业中，旅游企业的直接服务对象是旅游者。从"客户"狭义的概念理解，客户满意的核心内容实质为旅游者满意，是旅游者对旅游产品和服务质量是否满足其需求的一种感知判断。旅游者对旅游产品或服务的实际感知与旅游者的心理期望相比较，如果前者高于或等于后者时，旅游者就会感到满意；相反，就会感到失望或不满意。在旅游研究领域，已有很多研究表明，旅游者满意度与其重游意向存在显著正相关关系。

（三）客户忠诚

忠诚的客户是指客户在完全满意的基础上，对企业的某一产品或服务长期、指向性地重复购买者。客户对企业的忠诚程度越高，则表明企业产品或服务对他们的效用越大。客户忠诚是指客户在较长的时间内，不断重复地购买同一企业、同一品牌或同一品牌系列的产品或者服务的行为。忠诚的客户是企业基本的、值得信赖的客户群体，忠诚客户的行为一般有以下三个方面的特征：

1. 指向性特征

当忠诚客户想购买某一产品或者服务时，他们会主动寻找原来他们购买过的某一品牌的产品或服务，如果因某种原因没有找到其所忠诚的品牌，他们会暂时搁置需求，直到所忠诚的品牌产品或服务出现。

2. 排他性特征

忠诚的客户能够自觉地排斥"货比三家"的心理，在很大程度上能够抗拒其他竞争企业提供的优惠和折扣等诱惑，而一如既往地购买所忠诚企业的产品或服务。

3. 主动性特征

忠诚的客户比较注重与企业之间的情感联系，对所忠诚的企业有较强的归属感。当所忠诚企业出现失误时，忠诚客户往往会持宽容的态度，谅解并且主动向企业反馈信息，且不影响再次购买。

（四）客户关系生命周期

每个企业都有自己的目标市场和特定的客户群，客户群的质量即客户关系的稳定性和长久性是企业关注的焦点。客户与企业的关系，与产品生命周期或企业生命周期相同，也有一个从建立到消亡的过程。客户生命周期按照客户和企业之间交互方式不同，依次划分为四个阶段：考察阶段、形成阶段、稳定阶段和退化阶段。

第一个阶段：考察阶段。在此阶段，客户与企业双方相互了解不足，客户关系尚未建立，不确定性较大，客户尝试性地下少量订单，客户价值较小，双方交易量较小，企业利润较低。该阶段企业需要投入较多资源促使客户形成对企业的信任、忠诚和依赖，同时应采取营销策略缩短考察阶段的时间。

第二个阶段：形成阶段。在此阶段，客户与企业双方之间的关系日趋密切，客户承受风险能力提高，客户关系逐步建立，客户忠诚度逐渐提高，客户价值逐渐增大，客户的支付意愿随着客户关系程度的加深而不断提升，双方交易量快速增加，企业利润快速增加。

第三个阶段：稳定阶段。该阶段，客户与企业的关系处于稳定发展时期，双方的交易量达到最大并可能持续较长一段时间，客户支付更高价格的意愿较强，企业利润增长开始趋缓并达到最高水平，客户价值最大，客户流失率最低。在此阶段，企业应尽可能延长稳定阶段的时间，同时针对不同客户的特点实施更具个性化的服务。

第四个阶段：退化阶段。该阶段的主要特征是客户与企业双方关系退化，客户对企业提供的产品或服务不满意，客户的支付意愿下降，客户价值开始下降，双方交易量回落，企业利润急剧下降。在此阶段，企业应挽留即将流失的有价值的客户，从而使企业的投入下降。

四、旅游接待业客户关系管理的内容

旅游接待业客户关系管理的内容主要包括客户关系的建立、客户关系的维护和客户关系的恢复等三个方面。

（一）客户关系的建立

客户关系的建立实质上就是解决"谁是客户"的问题，是让目标客户和潜在客户产生购买旅游产品或服务的欲望并付诸行动，最终成为现实客户的过程。

1.客户信息管理

信息是企业决策的基础，企业所掌握的信息数量的多少及质量的好坏直接关系到企业是否能够制定出正确的经营战略和策略。如果企业对客户的信息掌握不全或不准，会使企业决策出现偏差，可能葬送好不容易建立起来的客户关系。所以，企业必须全面、准确、及时地掌握客户的信息。

（1）个人客户信息

个人客户信息主要包括客户个人的基本情况、客户个人的信用情况和客户个人的行为偏好，具体如表9-1所示。

表9-1　客户个人信息表

信息类型	详细信息
基本情况	姓名、地址、性别、出生年月、电话、工作性质、收入情况、婚姻状况、家庭结构等
信用情况	信用卡号、贷款情况、忠诚度指数、潜在消耗指数、客户类型
行为偏好	生活方式、消费偏好、对企业营销活动的反应等

（2）企业客户信息

企业客户信息主要包括企业客户的基本信息和企业客户的行为信息。其中，企业客户的基本信息主要包括企业名称、营业地址、电话、主要负责人等信息；企业客户行为信息主要包括该企业的客户类型、业务能力、交易状况等信息。具体内容如表9-2所示。

表9-2　企业客户信息表

信息类型	详细信息
基本情况	企业名称、营业地址、电话；主要联系人姓名、头衔及联系方式；企业决策人姓名、头衔及联系方式；企业相关部门和办公室；企业所处行业类型；企业注册资本、员工数、年销售额、收入及利润等
行为情况	企业客户类型；银行账号、银行信贷限额及付款情况；购买过程；与其他竞争对手的联系情况；忠诚度指数、潜在消耗指数、对新产品的态度

（3）客户信息收集的渠道

企业收集客户的信息主要有两种渠道：直接渠道和间接渠道。

①直接渠道。直接渠道是指旅游企业与客户直接接触或沟通过程中所获取的有关客户的信息。企业直接收集客户信息贯穿于企业为客户服务的全过程中，即从为客户提供购买咨询服务到产品售后服务，包括处理投诉或退换产品，这些都是直接收集客户信息的主要途径。

②间接渠道。间接渠道是指旅游企业从公开的信息中或通过购买所获得的客户信息。主要信息来源：互联网、杂志等媒体，工商行政管理部门及驻外机构，金融机构及其分支机构，咨询公司及市场研究公司，行业协会或商会等。

2.客户分级管理

客户分级是企业依据客户的不同价值和重要程度，将客户划分为不同的层级，从而为企业资源分配提供依据。旅游企业对于客户的分级，主要是为了发现有价值和可以争取的客户。

在现实社会中，客户给旅游企业创造的利润和价值是不同的，这使得旅游企业需要对客户的价值大小进行评价，发现VIP客户和需要特别对待的客户，以此实施客户分级管理，强化与高价值客户的关系，降低为低价值客户的服务成本，提升客户关系管理的效率，优化企业营销资源的配置。一般而言，旅游企业按照客户对企业带来的价值大小可分为VIP客户、主要客户、普通客户、小客户等四种类型。

（1）VIP 客户

VIP 客户是旅游企业的核心客户，是能够给旅游企业带来价值的前 1% 的客户。这部分客户购买能力强，可为旅游企业创造绝大部分和长期的利润。对于 VIP 客户，旅游企业客户管理的目标是"提高 VIP 客户忠诚度"，密切关注、跟踪其交易动向，对出现交易异常的客户及时做出反应，避免现有 VIP 客户流失，并对新出现的 VIP 客户采取积极的行动。

（2）主要客户

主要客户是除 VIP 客户之外，给旅游企业带来价值的前 20% 的客户。该类型客户是旅游企业产品和服务的主要购买者，他们对价格比较敏感，对企业忠诚度不高，会与其他同类型旅游企业保持长期联系。对于主要客户，旅游企业在客户关系管理中应体现"关怀和重视"。

（3）普通客户

普通客户数量较大，一般占旅游企业客户总数的 15% ~ 30%。这类客户能够给旅游企业带来一定利润，但他们的购买力、客户忠诚度及给企业带来的价值都远远比不上 VIP 客户和主要客户。对于普通客户，旅游企业在客户关系管理中采取"提升级别和控制成本"的策略。

（4）小客户

小客户是旅游企业产品或服务最广泛的消费群体，这类客户给旅游企业带来的价值小，旅游企业没有必要花费过多精力进行客户关系管理。

（二）客户关系的维护

客户关系的维护是企业巩固和进一步发展与客户长期、稳定关系的过程。客户关系维护实质就是解决"如何与客户打交道并建立稳定关系"的问题。客户关系的维护是以多途径的沟通为手段，最终使客户满意，实现客户的忠诚的过程。

1.客户沟通管理

客户沟通是指旅游企业通过与客户的沟通，旅游企业把自己的产品或服务、企业宗旨和理念等信息传递给客户，并主动征求客户对旅游企业产品或服务及其他方面的意见和建议。一般而言，客户沟通的内容主要包括信息沟通、情感沟通、理念沟通、意见沟通以及政策沟通等。通过旅游企业和客户之间的沟通，不仅能让旅游企业知晓客户的期望，也能加强旅游企业与客户之间的情感交流。

旅游企业与客户沟通之间的沟通是双向的，而沟通的途径也是多样的。

（1）旅游企业与客户的沟通途径

通过旅游企业与客户经常性地沟通，使客户清楚旅游企业的理念与宗旨，让客户知道旅游企业很关心他们。为了不断满足他们的需要，旅游企业愿意不断地提升旅游产品或服务的品质。主要形式有以下五种：①通过人员与客户进行沟通。②通过举办活动与客户沟通。③通过广告与客户沟通。④通过企业宣传物与客户沟通。⑤通过包装与客户沟通。

（2）客户与旅游企业的沟通

客户与旅游企业的沟通是客户将其旅游需求或者具体意见、要求等反映给旅游企业的行为。客户与旅游企业的沟通途径主要有来人、来函、电话、网络和发电子邮件等形式。

2. 客户投诉管理

（1）客户投诉概念

目前，旅游企业客户投诉的概念有广义和狭义之分。其中，广义的客户投诉是指旅游者、海外旅行商、国内旅游经营者等为维护自身和他人的旅游合法权益，对损害其合法权益的旅游经营者和有关服务单位，以书面或口头形式向旅游行政管理部门提出投诉，请示处理的行为。这种投诉一般由旅游行政管理部门或其委托的旅游质量监督机构来处理。而狭义的客户投诉是指旅游者为维护自身合法权益，对损害其合法权益的有关服务单位或接待人员以书面或口头形式向旅行社、第三方组织（旅游管理部门、旅游网站平台等）等投诉，请求处理的行为。

（2）客户投诉动机

从狭义的角度出发，旅游企业客户投诉实质是旅游者的一种抱怨行为，是旅游者在购买或消费旅游产品（服务）时感到不满意，在这种不满情绪的驱使下采取的一系列行为的反应。学术界对旅游者抱怨及抱怨行为研究可以追溯到20世纪80年代，该研究隶属于消费者行为研究。国内外学者们从个人—环境匹配理论、公平理论和归因理论等心理学理论对客户投诉的动机进行了探讨。

①游客预期与体验环境的不匹配。由于旅游产品具有生产和消费的同一性的特点，这决定旅游者通常会提前几天、几个月或一年，通过各种渠道收集有关旅游目的地的信息，如网上旅游评论、旅游目的地广告以及亲朋推荐等。旅游者将自己所收集到的信息经过整理、分析并结合自身过去的经历、个人喜好等形成对

旅游目的地的预期。当旅游者到达旅游目的地后，旅游目的地真实的情况呈现在旅游者面前，旅游者会不自觉地将自己对旅游目的地（旅游产品、旅游服务）真实体验和感受与先前已形成的预期进行比较。如果环境体验与个人预期相同，即个人与环境匹配（match），旅游者会感到满意；反之如果差距很大，个人与环境不匹配（mismatch），旅游者会感到不满意、失落、灰心等，则容易导致旅游者投诉行为的发生。

②游客感到没有被旅游企业公平地对待。从 20 世纪 90 年代以来，从事市场营销研究的学者们认为消费者（旅游者）对公平的感知是影响消费者（旅游者）评价的关键变量。当旅游服务失误发生时，旅游者根据自己的个性特征、价值观衡量自己是否得到合理的补偿，是否得到旅游企业员工的尊重，是否自己的意见被及时处理等。如旅游者感到被公正地对待，其不满的情绪会逐渐得到平复；反之，如感觉没有被公平地对待，则会产生投诉行为。

③将服务失误归结为旅游企业。当旅游企业服务发生失误后，旅游者会不自觉地对自己这种不满意情绪产生的原因进行解释。如旅游者把这种错误归因于旅游企业或旅游组织等外部因素时，旅游者会产生愤怒等外部情感，在这种情况下，旅游者更可能直接向旅游企业或第三方进行投诉；相反当旅游者把这种失误归结为自身或部分自身因素时，旅游者则会产生自责、害怕、内疚等内部情感，在这种情况下，旅游者更倾向于向亲朋或在网上抱怨等，从而形成对旅游目的地的负面口碑。

（3）客户投诉的处理

投诉是服务业中永恒的话题。当客户没有得到预期的服务就会产生不满，从而引起抱怨。对于旅游接待企业来说，正确处理投诉可以及时发现本企业在管理过程中出现的疏漏和不足，通过有效沟通能够加强旅游企业与客户之间的感情联系，恢复客户对旅游企业的信赖感，从而改进本企业的服务质量水平。总之，"一份投诉也是一次机遇"，不管客户投诉的原因和目的是什么，都要认真对待，及时、妥善地予以处理。

①认真聆听、积极回应。在处理投诉过程中，旅游企业接待人员尽量不要打断客户的讲话，认真聆听客户说话，不伤害客户的自尊心和价值观。在聆听时需要注意用眼神关注客户，使他感觉到自己的意见被重视。另外，客户在投诉时，希望自己能够得到同情、尊重或理解。因此，在处理投诉过程中，旅游企业接待

人员在聆听客户讲述时，不时点头、不时用"是的""我明白""我理解"等话语并积极地回应客户所说的话，这样会使客户觉得自己的行为或感受被认同，这样会使客户的不满意情绪得到有效的疏解。

②详细记录投诉要点，判断客户投诉是否成立。详细地记录客户投诉的全部内容，如投诉人、投诉时间、投诉对象、投诉内容、投诉要求、客户的联系方式……并严格存档备案，对有过一次以上投诉记录的客户做好登记。在记录投诉的同时，要判断客户投诉的理由是否充分，以及投诉要求是否合理。如果客户投诉不成立，则要将不成立的原因告知客户，并耐心解释，取得客户的谅解，消除误会。如果客户投诉成立，企业确实有责任，应首先感谢客户，如"谢谢您对我说这件事……""非常感谢我有机会为您弥补损失……"等类似话语，要让客户感到他的投诉是受欢迎的，他所提的意见企业是非常重视的。

③迅速提出解决方案，与客户达成共识。道歉之后，就需要着手为客户解决问题。根据实际情况及经验，迅速制定客户投诉的处理方案，并与客户达成共识。如果客户投诉的问题属于常见的问题，则应该从已有的备选方案中选择处理。而当客户投诉问题较为复杂时，则不必急于一时，通知客户稍加等待并承诺对方即将回复，从而记录好联系方式，放下电话后迅速向有经验的同事、主管、其他部门寻求解决方案。在这一环节中，与客户的共识十分重要，也是客户投诉处理成功的关键，旅游企业客服人员需要时刻记得，客户投诉处理的关键是取得客户的谅解，维护忠实客户。

④对投诉处理的情况进行跟踪。跟踪服务体现企业对客户的诚意，会给客户留下很深、很好的印象。对投诉处理的跟踪，可以通过打电话或发信息，甚至登门拜访等方式了解事情的进展情况，如客户对投诉的处理是否满意、客户对投诉处理方案的意见等，如果客户仍然不满意，就需要对处理方案进行修订，重新提出令客户接受的新方案。

（三）客户关系的恢复

客户关系由于企业、客户或其他外界原因可能随时发生破裂，出现客户关系夭折或终止的问题。如果企业没有及时采取有效措施，将会造成客户的永远流失。客户关系的恢复是指当企业出现客户流失现象时，企业采取措施挽救破裂的客户关系，从而挽回客户的过程。通过企业实施及时、有效的挽救措施，能够使已流失或将要流失的客户"浪子回头"，与企业"破镜重圆""重归于好"。

1. 客户流失

客户流失是指客户由于种种原因对原有企业不再忠诚，而转向购买其他竞争企业的产品或服务的现象。

2. 客户流失的原因

随着科技的发展和企业经营水平的提升，旅游接待企业产品和服务的差异化程度越来越小，相似或雷同的产品和服务越来越多，这导致客户对某一企业或品牌的依赖性减少，因改变品牌所承受的风险也大为降低。所以，在旅游接待业企业普遍存在客户易流失的现象。客户流失的原因主要有旅游接待企业原因和客户自身原因。

（1）旅游接待企业自身的原因

①旅游接待企业产品不达标或服务失误，导致客户流失。

②旅游接待企业员工服务态度差或服务方式存在问题，导致客户流失。

③旅游接待业企业广告过分夸大，导致客户体验与预期存在差距，造成客户的期望没有满足，导致客户流失。

④旅游接待企业产品或服务老化，不能满足客户需求，导致客户流失。

（2）客户自身的原因

①客户旅游需求发生改变。

②客户对旅游接待企业产品或服务的差异性不敏感。

③客户自身经济条件限制及人员的变动等。

3. 客户关系恢复的策略

（1）正确对待，尽力争取

在当今的社会中，企业客户流失的问题是不可避免的。在资源有限的条件下，企业应该根据客户的价值大小来分配挽回客户的资源，对不同级别客户的流失采取不同的态度。对于能够给企业带来较大价值的 VIP 客户和关键客户，企业需要重点挽回；而对于普通客户，因其有升级为关键客户的可能性，企业需要尽力挽回，使其继续为企业创造价值。而对于客户价值低且数量多的"小客户"的流失，企业可根据"小客户"对于本企业的态度而见机行事。

（2）调查原因，亡羊补牢

当客户出现流失问题时，特别是 VIP 客户和关键客户，企业应该及时与流失客户联系，虚心听取他们的意见和要求，了解并弄清客户流失的原因，发现本企业经营管理过程中存在的问题，积极采取有效的措施，纠正存在的问题，避免其他客户的再流失。

（3）"对症下药"，争取挽回

企业客户关系的建立和维护都需要采取一系列的组合策略，即需要打"组合拳"。而客户关系的恢复与前二者不同，企业可以从"点"上入手，找出客户流失的原因及关系破裂的症结，然后对症下药，制定相应的对策，以挽回流失的客户。

第二节　旅游接待服务质量管理

一、旅游接待服务质量概述

（一）旅游服务质量的内涵

服务质量的内涵应该包括以下内容：①服务质量是顾客感知的对象；②服务质量既要有客观方法加以制定和衡量，更多地要按顾客主观的认识加以衡量和检验；③服务质量发生在服务生产和交易过程之中；④服务质量是在服务企业与顾客交易的真实瞬间实现的；⑤服务质量的提高需要内部形成有效管理和支持系统。

服务质量内涵的第一点强调服务质量是顾客感知的对象，所以，首先要了解目标顾客。随着经济的发展和市场的日益成熟，市场的划分越来越细，导致每项服务都要面对不同的需求。旅游接待企业应当根据每一项产品和服务选择不同的目标顾客。其次顾客对服务质量的感知具有很强的主观性，顾客根据自己的需求或期望，评价服务质量是"什么"，就是"什么"，因此，旅游接待企业要充分了解顾客的需求和期望，并以顾客的需求和期望作为定义服务质量的标准，确定以顾客为导向来定义服务质量的观念。

服务质量内涵的第二点明确了服务质量除了从顾客的主观角度来定义，还需要客观的衡量标准。这要求旅游接待企业自行定义服务质量特性并制定标准的服务流程。员工应按照旅游接待企业制定的服务特性标准进行生产，并且通过经验的积累，实现服务生产效率的提高。当然，旅游接待企业制定的服务特性和标准需要根据目标顾客需求和期望加以调整和改善，从而提供顾客期望的优质服务。

服务质量内涵的第三点和第四点说明了服务在交易过程中是不可或缺的，与生产和消费具有不可分离性，而且具有顾客参与性。服务质量需要得到顾客的识别和认可。

服务质量内涵的第五点保证了服务质量的连贯性。它要求服务提供者在任何时候、任何地方都要保持同样的优良服务水平。服务标准的执行是最难管理的服务质量问题之一。对于一个企业而言，服务的分销网络越分散，中间环节越多，保持服务水平的一致性就越难。服务质量越依赖于员工的行为，服务水平不一致的可能性就越大。企业对员工的有效管理和支持能帮助保持服务质量的一致性和优质性。

（二）旅游接待服务质量的构成

根据服务质量的内涵和特征，服务质量的构成主要包括技术质量、职能质量、形象质量和真实瞬间。

1. 技术质量

技术质量是指服务过程的产出，即顾客从服务过程中所得到的东西，主要指某服务带给顾客的价值，包括使用的设备和作业方法等技术层面的内容。例如，酒店为顾客提供干净的房间和床上用品，餐厅为顾客提供的菜肴和饮料，旅游公司为顾客提供的旅游线路等。对于技术质量，顾客容易感知，也便于评价。

2. 职能质量

职能质量是指服务推广的过程中顾客所感受到的服务人员在履行职责时的行为、态度、穿着、仪表等给顾客带来的利益和享受，即顾客接受服务时的感觉、顾客对服务的认知态度。职能质量完全取决于顾客的主观感受，难以进行客观评价。技术质量与职能质量构成了感知服务质量的基本内容。

3. 形象质量

形象质量是指旅游接待企业在社会公众心目中形成的总体印象。它包括企业的整体形象和企业所在地区的形象两个层次。企业形象包括产品形象、媒介形象、组织形象、标识形象、人员形象、文化形象、环境形象和社区形象。顾客可以通过视觉、听觉、触觉、味觉等各种感觉器官在大脑中形成关于某种事物的整体印象，简言之是知觉。因此，企业形象是顾客对企业的整体感觉、印象和认知，是企业状况的综合反映。如果企业拥有良好的形象质量，顾客会对企业持肯定的态度，更愿意购买该企业的产品或接受其提供的服务；反之，顾客会对企业持否定的态度，将不会购买该企业的产品，也不会接受其提供的服务。

4. 真实瞬间

真实瞬间指顾客在接受服务过程中同企业或服务提供者之间发生各种接触的时候，这也是顾客最为敏感的时刻。这个过程是一个特定的时间和地点，这是企业向顾客展示自己服务质量的时机。真实瞬间是服务质量展示的有限时机。一旦时机过去，服务交易结束，顾客对服务质量的感知结束，企业就无法建立其想要建立的服务质量体验结果；当然，如果在这一瞬间服务质量出了问题，其结果也很难补救。

二、旅游接待服务质量管理策略

（一）服务质量管理

1. 质量管理体系

质量管理体系（quality management system，QMS）是指在质量方面指挥和控制组织的管理体系。质量管理体系是组织内部建立的、为实现质量目标所必需的、系统的质量管理模式，是组织的一项战略决策。根据国际标准化组织的质量管理和质量保证技术委员会制定的 ISO 9000 族系列标准，2015 版质量管理体系的质量管理原则包含以下七个方面：①以顾客为关注焦点；②领导作用；③全员参与；④过程方法；⑤改进；⑥循证决策；⑦关系管理。

2. 精益质量管理

精益质量（lean quality）管理模型包括五个方面：员工职业化、生产系统化、工序标准化、度量精细化和改进持续化。

（1）员工职业化

员工职业化是精益质量管理的首要关键因素。从企业角度看，包括文化理念、任职资格、组织管理、激励机制、考评机制、职业发展。从员工角度看，包括职业资质、职业意识、职业心态、职业道德、职业行为、职业技能。

（2）生产系统化

生产系统化要求从作业系统全局寻求影响质量、效率、成本的全局性关键因素，采用系统化的方法寻求问题的根本解决，以达到作业系统质量、效率、成本的综合改善。

（3）工序标准化

工序标准化也是生产系统化的重要组成部分，主要受六方面因素的影响，即人、机器、材料、方法、环境、测量（5M1E 分析法）。

（4）度量精细化

度量精细化主要包括六类指标：西格玛水平（Z）、工序能力指数（Cpk）、合格率（FTY、RTY）、不良质量成本（COPQ）、价值识别度量、浪费识别度量。

（5）改进持续化

改进持续化主要包括六类要素，即市场意识、领导作用、全员参与、工具方法、测量评价、奖惩措施。这六类措施是改进持续化的保障条件。

3.六西格玛管理

六西格玛管理（six sigma management）是 20 世纪 80 年代末发展起来的一种新型管理体系。六西格玛管理重视人的因素，创造了绿带、黑带、黑带主管等（GB、BB、MBB）资质体系，以促进企业人才的培养和六西格玛的推行。黑带主管是六西格玛管理专家的最高级别，其一般是统计方面的专家，负责在六西格玛管理中提供技术指导。黑带由企业内部选拔出来，必须完成 160 小时的理论培训，由黑带主管一对一地进行项目训练和指导，全职实施六西格玛管理，在接受培训取得认证之后，被授予黑带称号，担任项目小组负责人，领导项目小组实施流程变革，同时负责培训绿带。绿带的工作是兼职的，培训一般要结合六西格玛具体项目进行 5 天左右的课堂专业学习，包括项目管理、质量管理工具、质量控制工具、解决问题的方法和信息数据分析等，经过培训后，将负责一些难度较小的项目小组，或成为其他项目小组的成员。

六西格玛管理的实施流程主要包括：①辨别核心流程和关键顾客。②定义顾客需求。③辨别优先次序，实施流程改进。④扩展、整合六西格玛管理系统。

（二）旅游接待服务质量管理中的关键问题

旅游接待企业在进行旅游接待服务管理模式构建过程中，为了保证服务质量，提高顾客满意度，应该以服务质量管理模型为基础，同时，注意以下几个方面。

1.明确服务理念和管理理念

旅游接待企业需要在科技创新理念指导下提高旅游产品的科技含量，实施有形化和标准化的旅游服务；基于重视顾客需求和期望的服务理念，根据旅游消费习惯、习俗、心理和外部环境，开发和提供令顾客满意的个性化服务；按照服务质量管理的管理理念，确保各个真实瞬间"零缺陷"，使顾客享受超值服务；按照可持续发展的理念，提供绿色产品和服务并增强旅游接待企业的生态环保意识，明确企业的社会责任，积极为社会发展作出贡献；按照和谐发展的理念，平衡旅游消费者的利益、员工的利益和企业的利益，以及企业和各利益相关者之间的利益，促进企业内外部的交流、沟通，使企业健康高效的发展。

2.旅游服务系统的设计

旅游服务系统是一个向顾客传递服务的复杂过程，良好的设计可以优化旅游服务、提高服务质量。顾客在接受服务过程中，一方面是希望得到专业化的服务，另一方面希望得到快捷便利。因此，在服务过程中，服务系统的设计最基本的核心是为顾客提供便利。旅游接待企业在服务系统设计的过程中，保证"真实瞬间"的标准化，可以使服务更快捷便利。在旅游接待服务中，主要通过以下几个方面保证标准化的"真实瞬间"，即语言标准化、动作标准化和态度标准化。

（1）语言的标准化

语言的标准化是指旅游接待企业需要通过标准化的语言聚焦顾客，将一些专业知识语言以顾客追求的利益诉求方式传递给顾客，向顾客给予反馈。例如，旅游接待企业表现房间的干净，"干净"是专业知识语言，可以转化为"在房间里摸不到一点灰尘"，这样可以使顾客能够更加明确地把握产品利益。

（2）动作标准化

动作标准化的基础是对时间动作的研究，最早是由泰勒提出的，试图为人们工作的每一个构成环节制定一种科学方法，确定完成每项工作的最佳方式。研究者对劳动者在劳动过程中的各种动作进行分析，取消无用的多余动作，使剩余的动作都成为必要的良好的标准动作，通过这种科学的研究来提高工作效率和工作质量。旅游接待企业在设计服务动作时，一定要注意明确动作时间，而且动作时间和标准是可测量的，也要去掉会引起顾客不满和误解的动作。例如，擦桌子的动作，基于顾客的期望"干净"，这个动作的设计必须体现干净，而且这种保持干净的动作是可以被顾客看到和测量的。

（3）态度标准化

服务态度是服务人员对顾客的思想情感及其行为举止的综合表现，也是旅游接待企业的企业文化的表现。一般服务态度体现了企业文化的核心价值，例如敬业、礼貌、主动、热情等。服务态度是要转化为服务员的具体行为的，因此，企业可以对服务员的行为作出标准化的规定。例如，对"服务热情周到"的规定，可以要求服务员向顾客尽可能多地微笑，在顾客允许的情况下为其提行李，在顾客进房时对房间内顾客必需的设备进行介绍等。

3.旅游服务质量评价体系

旅游接待企业需要建立服务质量评价体系来检查服务是否符合标准。评价体系主要包括以下几个步骤：①成品（客人满意）检查。②客人投诉分析。③恳请客人提供反馈。④客人评议卡、抽样调查。⑤观察服务环节的过渡。⑥聘请专家检查服务全过程。⑦经营内部核对与经营统计。

旅游接待企业也可以在服务过程中对顾客的满意度进行检查，但是片面依赖顾客对服务质量的评定，可能会导致错误的结论。例如，只有4%的不满顾客愿意提供对服务质量的看法，而96%的不满顾客在不给出允许采取纠正措施的信息之前就停止消费服务。因此，旅游接待企业要采取有效的方法尽可能地收集到顾客的反馈信息。例如，顾客可以在住店期间或结账时，花费十分钟的时间回答有关旅馆的友好度、清洁度和价值等问题。一般顾客反馈率可以达到60%就具有足够的可信度来衡量服务过程的质量。

在内部经营统计的过程中，旅游接待企业可以采用统计过程控制（statistical process control，SPC）进行服务质量评价。统计过程控制是一种借助数理统计方法的过程控制工具。它对生产过程进行分析评价，根据反馈信息及时发现系统性因素出现的征兆，并采取措施消除其影响，使过程维持在仅受随机性因素影响的受控状态，以达到控制质量的目的。统计人员有目的地选择样本大小，计算样本的总体平均值，若总体平均值在控制范围之内，则服务过程良好；若总体平均值在控制范围之外，则服务过程失控，需要分析原因，进行改善。例如，一间拥有500间客房的酒店想调查目前自身的服务水平，连续7天收集到客房的及时清扫情况。经过SPC过程分析，可以得到客房清扫不合格的百分数。

4.旅游服务质量管理人才培养

　　基于旅游接待企业对服务质量管理人才的需求，人才培养需要注重以下几个方面：一是具有旅游发展的全局观念。旅游服务管理者需要真正了解旅游业和旅游接待企业的经营环境，具有目的地旅游发展的全局观念，才能进行旅游服务系统的设计，从而更好地为顾客提供他们需要的服务。二是具有较强的创新能力和管理能力。随着消费的全面升级，个性化的需求将成为未来旅游发展的趋势，在此情况下，创新能力将成为旅游接待企业成败的关键，创新能力将成为旅游接待企业服务竞争力的主要来源。就管理能力而言，旅游人才需要具备决策能力、应变能力和人际沟通能力。没有这些能力，服务人员无法在服务过程中快速地解决问题、满足顾客的需求、开发新的顾客市场。三是掌握旅游业发展所需要的"语言"。旅游业是一个开放的国际化行业，作为中国旅游业发展培养的国际化人才，旅游服务管理人才应熟练地掌握至少一门国际语言，如英语、日语、法语等；掌握专业语言，包括旅游管理专业的专业术语、概念、知识等；掌握网络语言，能高效、及时、全面、准确地获得信息、传播信息、作出决策。

第十章 旅游接待信息系统与风险管理实践

第一节 旅游接待管理信息系统

一、旅游接待管理信息系统概述

（一）信息的概念和特点

1.信息与数据

信息是管理上的一项极为重要的资源，一个管理人员每天的大部分工作内容是在收集、保存、处理以及传送信息，管理工作的成败取决于能否做出有效的决策，而决策的正确程度则在很大程度上取决于信息的质量。

信息和数据之间是相互联系的。数据是事实或观察的结果，是对客观事物的逻辑归纳，是用于表示客观事物的未经加工的原始素材。数据是反映客观事物属性的记录，是信息的具体表现形式。数据经过加工处理之后，就成为信息；而信息需要经过数字化转变，成为数据后才能存储和传输。它们是旅游接待管理信息系统中两个最基本的概念。

我们可以定义信息为：信息是对原始数据进行处理或解释之后得到的对客观世界产生影响的数据，它对接收者有用，它对决策或行为有现实或潜在的价值。

2.信息的特性

信息的特性即信息的属性和功能，包括事实性、层次性、价值性、共享性、目的性和扩散性。

①事实性。事实是信息的中心价值，不符合事实的信息不仅无益，而且有害。事实性是信息的第一性质。

②层次性。企业的管理信息通常分为战略性、战术性、日常性三个层次。其

中，战略性信息是指高层管理者需要的关系到企业全局和长远利益的信息，如企业营销策略、市场需求等。战术性信息是指中层管理者需要的关系到企业局部和中期利益的信息，如资源分配计划、工作进程等。日常性信息是指某基层管理者需要的关系到企业各种具体业务的信息，如酒店每天的住客率、营业额等。

③价值性。信息是经过加工后对企业生产经营活动产生影响的数据，能够指导人的决策和行动，因而具有价值。如旅游酒店前台提前知道某旅游团预订客房的基本情况和到达机场的具体航班号等信息，就可及时安排客房、用餐及其他事项。

④共享性。能量和物质交换遵循守恒定律，一方失去的正是另一方得到的。信息与其他物质资源相比，具有非消耗的属性，可以被若干个主体共同占有或共同享用，这是信息的最基本特性之一，是信息不同于其他物质的一个显著特性。例如，某旅游网站的旅游资讯可被游客、企业、政府管理部门共同享有。

⑤目的性。信息的目的性是指任何信息的收集和整理工作都是为了某个具体工作服务的，具有明显的目的性。收集和整理管理信息的最终目的就是帮助人们认识和了解企业经营过程中出现的问题，为决策提供各种科学准确的依据。

⑥扩散性。信息的扩散性是指信息可以通过多种传输渠道向各个方向自然传播扩散。信息的扩散性与信息传递技术的发展密切相关，信息的扩散速度与传递技术的发展成正比，即传递技术发展得越快信息扩散的速度越快。

（二）旅游接待管理信息系统的概念及功能

1.旅游接待管理信息系统的概念

旅游接待管理信息系统是为旅游接待企业或旅游管理部门等提供的计算机化的管理信息系统，它具有信息系统的数据处理功能。旅游接待管理信息系统不仅对管理活动中发生的信息进行收集、传递、存储、加工、维护和使用，同时为管理决策提供服务。它能如实记载旅游接待企业各种活动的运行情况，又能利用已经产生、存储的数据预测未来，提供决策依据，利用信息控制旅游接待企业行为，帮助旅游接待企业实现规划目标。

2.旅游接待管理信息系统的功能

（1）数据处理功能

数据处理功能包括对旅游接待企业各种形式的原始数据进行收集、输入、传输、存储、加工处理和输出，这是旅游接待管理信息系统的基本功能。

（2）预测功能

旅游接待管理信息系统运用数学、统计或模拟等方法，根据过去的数据预测未来的情况，例如酒店根据前几个月的销售数据预测后几个月的销售额。

（3）计划功能

旅游接待管理信息系统计划功能即合理安排各职能部门的计划，并按照不同的管理层提供相应的计划报告，例如酒店管理信息系统根据员工的数量及值班时间的信息和数据，生成员工值班计划表。

（4）控制功能

旅游接待管理信息系统根据各职能部门提供的数据，对计划的执行情况进行监测、检查，比较执行情况与计划的差异，并分析其原因，辅助管理人员及时用各种方法加以控制。

（5）辅助决策功能

企业决策是通过对企业内部信息和企业外部信息的了解做出正确的判断和决策。所以，决策和信息有着非常密切的联系。旅游接待管理信息系统能根据企业内、外部信息，运用数学模型，推导出有关问题的最优解，辅助各级管理人员进行科学决策。

3.旅游接待管理信息系统的结构

旅游接待管理信息系统的结构是指旅游接待管理信息系统各个组成部分所构成的框架结构。从不同角度理解管理信息系统，于是就形成了不同的结构方式，其中最主要的有概念结构、层次结构、功能结构。

（1）概念结构

旅游接待管理信息系统从概念上看是由四大部件组成的，即信息源、信息处理器、信息用户和信息管理者。

信息源是信息的产生地；信息处理器是对信息进行传输、加工、保存等处理的设备；信息用户是信息的使用者，可以应用信息进行决策；信息管理者负责信息系统的设计实现，并在实现以后负责信息系统的运行和协调。

（2）层次结构

旅游接待管理信息系统是为管理决策服务的。管理是分层次的，横向上可以分为基层管理（作业处理）、中层管理（管理控制）和高层管理（战略计划与决策）三个管理层次。另外，旅游接待管理信息系统又可在横向层次上从纵向分为市场销售子系统、人事管理子系统、财务管理子系统和其他子系统等。每个子系统都支持从基层管理到高层管理的不同层次的管理需求。基层的数据处理量大、加工方法固定，高层的数据处理量小、加工方法灵活，但比较复杂，所以就组成了纵横交织的旅游接待管理信息系统的金字塔结构，如图10-1所示。

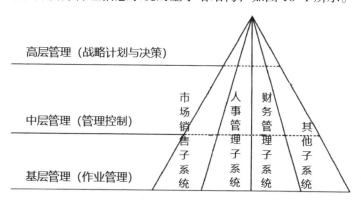

图 10-1　旅游接待管理信息系统的金字塔结构

（3）功能结构

旅游接待管理信息系统应该具有一个目标，支持整个组织在不同层次上的各种功能，各种功能之间又有各种信息联系，构成一个有机的整体，形成一个功能结构。

二、旅游接待管理信息系统技术基础

信息通信产业与旅游业都是21世纪的朝阳产业，信息通信技术的发展伴随着旅游业的发展，旅游业的发展同样也伴随着信息通信技术的发展。进入21世纪，旅游业的发展越来越依赖于新一代信息通信技术，出现了智慧饭店、智慧旅行社、智慧景区等。

（一）信息通信技术

1. 信息通信技术（information and communication technologies，ICT）的概念

ICT 的概念最早由英国电信提出，其对 ICT 服务的核心阐述是："CT（通信技术）与 IT（信息技术）相结合，CT 促成了超越时空的快速信息交换"。我们可以从企业管理和应用的角度对信息通信技术下这样的定义：信息通信技术是指

能帮助企业实现战略地管理其信息、功能处理企业与相关利益团体之间的互动沟通关系，使企业实现其经营宗旨的一切电子工具，其中包括各种硬件、软件、电子通信、网络件、群组件和人件的集合，如表 10-1 所示。

表 10-1　信息通信技术的具体含义

术语栏	酒店业的例子
硬件：各种物理实物设备，包括各种类型的计算机、输入设备、输出设备、移动设备等	电脑、打印机和酒店餐厅终端
软件：在硬件上运行的控制其发挥作用的指令程序，包括各种系统软件、应用软件、数据库软件、通信软件和协议	使酒店能控制其资产，是为各部门记录收支情况和为客人记账的饭店管理系统
电子通信：利用广播、电视电话及其他通信技术手段实现的远距离信号传输，包括数据、图像和声音	电话中心、传真系统

简单来说，信息通信技术是信息技术（IT）与通信技术（CT）的结合。IT 技术注重的是工作流、业务流，CT 技术注重的是交流、沟通，IT 技术和 CT 技术相融合的 ICT 服务，为企业提供的不再是简单的通信管道或信息渠道，而是集网络通信、可管理服务、无线数据和语音、视频会议、应用托管、软件及系统维护、安全、外包等一体化的信息和通信技术融合的服务。也有学者认为信息通信技术是促进企业内部和企业间信息流通的机制和技术的结合。

20 世纪 70 年代以来信息通信技术的快速发展和 20 世纪 90 年代以来互联网的迅速普及，给整个社会带来了变革的同时，也给所有企业都带来了深远的影响。在这么一个信息化、数字化和网络化的时代，如何保持并扩大自己的市场份额，在全球范围内占领市场，并获得竞争优势是所有企业所面临的一大难题。信息通信技术能够支持企业的发展战略，使企业更有效率地管理其资源，从而加强企业内外的沟通交流，促进企业实现全球化营销，创造可持续的竞争优势。

2. 信息通信技术发展的阶段

信息通信技术的发展分为四个主要阶段，每个阶段都对企业有不同的贡献，每个阶段所支持的重点功能也不同，因此也就对企业的战略和营运产生了不同程度的影响。

第一阶段，数据处理阶段。这个阶段始于 20 世纪 60 年代，主要目的是通过自动化的信息处理提高企业的经营效率。主要采用的设备是大型计算机和微型计算机，计算机当时主要用于航空公司，硬件和编程非常昂贵，只适于日交易处理量非常大的企业。

第二阶段，管理信息系统阶段。这个阶段始于 20 世纪 70 年代，主要应用是通过满足企业对信息的需求达到提高企业的管理效率和效益的作用。这个阶段信息技术通过当地的数据处理系统和信息源相连接支持企业决策程序。信息系统主要用于满足其企业内部管理和协调的需要。同时这个阶段的特点主要是增加了信息技术处理行政事务和文员事务的功能，尤其是在财务和库存管理方面。

第三阶段，战略信息系统阶段。这个阶段始于20世纪80年代，主要目标是通过转变企业经营机制实现提高企业竞争力的目的。利用互联的信息技术网络实现企业的战略目标，提高经营业绩，把相关活动融进企业的功能和生产流程中去，同时支持企业与外部机构的互动，使企业获得竞争优势。因此战略信息系统主要用于支持和形成企业的竞争战略，并帮助企业提高保持这种竞争优势的能力。

第四个阶段，网络阶段。这个阶段始于20世纪90年代末，这个阶段的特征是企业内部和企业间网络的大量涌现。局域网（LAN）和广域网（WAN）以及互联网、内部网和外部网给企业的沟通领域带来了一次革命，促成了多层次、多方面的互联互动和有效的协作。此外，这些网络也促成了计算机处理的集中化和分散化，使现有资源的效益最大化。在这个阶段，企业在全球市场上的竞争能力发生了改变，企业的地理位置和产品发送程序的规模变得越来越不重要了。信息通信技术成了从生产到营销几乎所有企业功能所必不可少的工具。

互联网的发展同时产生了电子商务（e-commerce），电子商务的发展带动了一种新的全球经济，在这里所有企业都是互联互动的，而且竞争是全世界范围的。价格和产品的透明化带来了全球竞争。因此可以说信息通信技术推动了全球化进程和大部分企业的流程再造。

（二）旅游接待企业中的信息通信技术

信息通信技术与网络是旅游接待企业信息化管理与服务的基础技术，有了这些技术，旅游接待企业中的供需各方可以便捷地交流，企业各种业务也可以便捷地处理和实现。在今天的旅游接待企业中，只有把这些新的技术与平台充分利用起来，不断地改进产品与服务，才能在未来竞争更加激烈的市场中存活下来，并求得发展空间。

1.旅游接待企业的硬件应用

在旅游接待企业的硬件应用中，主要包括以下一些硬件系统和类型：个人电脑和移动电脑；键盘、鼠标、扫描仪、条码阅读器等输入设备；互动数码设备、

U 盘存储设备等移动设备；集线器、路由器、交换器、防火墙等企业内网络设备；蓝牙设备、无线接收设备、手机或对讲机等无线移动通信设备。

2. 旅游接待企业的软件应用

软件是在硬件设备上运行的，能帮助用户解决各种问题，完成各种任务要求的指令集合，它和硬件相结合才能使整个系统发挥出应有的强大功能。旅游接待企业中的软件主要有以下一些应用类型。

（1）日常办公类软件

操作系统类软件如 Windows 系列，它主要用来管理计算机系统的硬件资源、软件资源和数据，协调各部件、各系统，使它们能一起有效地工作；文字处理类软件如 Microsoft Word，用于管理旅游接待企业经营中的电子文档；电子表格类软件如 Microsoft Excel，主要功能就是对旅游接待企业数据进行汇总、运算、排序等操作；图像、图片处理类软件如 Photoshop，用于对旅游接待企业网页或营销宣传的原始图像进行效果上的加工处理；工具类软件，如压缩软件、防病毒软件、磁盘管理类软件等。

（2）电子邮件和通信类软件

旅游接待企业需要与客户、供应商等所有的利益相关者进行沟通，交换相关信息，同时联络感情。电子邮件和其他通信类的软件就是满足旅游接待企业此类需求的，它们是旅游接待企业与各方相关者进行互动所使用的常用工具类软件。

（3）财务管理类软件

财务管理类软件能够帮助旅游接待企业收集、分析、处理各种财务数据信息，帮助企业掌握销售、利润等方面的情况。如用友、金蝶等财务软件。

（4）前台接待类软件（饭店接待系统、旅行社接待系统等）

旅游接待服务往往有前台和后台之分，前台指直接与客户相关的部门与服务。前台的接待业务往往是客户进入旅游接待企业后，旅游企业为客户所提供的第一步面对面服务，因此它对于旅游企业而言是十分重要的环节。接待业务是否快速、准确、热情，能决定旅游接待企业在客户心目中的第一印象的好坏，也就是说它能决定潜在的客人能否成为实际的顾客。因此前台接待类软件对于旅游接待企业而言是非常重要的，它的质量和性能都会对旅游接待企业的经营效益产生巨大的影响。

（5）后台管理类软件

后台是指与客户没有直接关联的部门与服务。在旅游接待企业中，后台系统是支持前台（如酒店前台接待）经营的重要系统，它能保障前台各部门为客户提供满意的服务。由此可见，后台管理类软件对于旅游接待企业而言也是至关重要的。比如人力资源管理系统可以为旅游接待企业提供训练有素、合格的服务和管理人员。而工程设备管理则主要对酒店或景区等旅游接待企业中的能源和设备进行管理与维修。这些后台管理类软件都为旅游接待企业的成功运营发挥着各自不可替代的作用。

（6）数据管理类软件

这类软件主要包括数据库、数据库管理系统以及数据仓库。其中，数据库是用来存放旅游接待企业经营数据的，而数据库管理系统则是建立、操作、管理、维护数据库的平台。数据仓库是随着数据应用的高要求而发展起来的最新技术，它能对原始数据进行组合与分析，从中挖掘出有价值的信息。这类软件目前都是网络化使用并实现管理。

（7）知识类软件（专家系统、知识工作系统、数据挖掘等）

在当今的知识经济时代，知识已经越来越受到企业的重视，知识管理也成为企业越来越倾力关注的一项重要工作。因此知识类的软件在旅游接待企业中的作用越来越大，地位也在逐渐提高。如知识类软件中的专家系统能协助企业员工解决专业领域中的问题；而知识工作系统能使知识（如企业的方案、策划、制度等）在整个企业范围内得到收集、传播与共享；数据挖掘则能从数据库中深入挖掘出隐藏着的有意义的客户信息、旅游市场信息等。

（8）网站类软件（发布、分析、商务处理等软件）

互联网的高速发展使得网络应用在企业中已经基本普及了。旅游接待企业为了更好地传递企业的信息，掌握更大的自主权，往往会建立自己的网站。这就需要用到很多网站类的软件，如最基本的 HTML 编辑器，Dreamweaver、FrontPage、Flash 等互动网页制作工具。

（三）旅游接待企业的信息通信网络

信息通信除了丰富的软件以外，还需要多种类型的应用网络支持。信息通信与网络在旅游接待企业中应用的巨大作用是显而易见的，简单来说，它能加强旅游接待企业与消费者及合作伙伴之间的沟通，从而提高效率、节省时间和降低成本。

1. 内部网（Intranet）

内部网是指在旅游接待企业或部门内部，"封闭的""受控的"，由"密码"或"防火墙"保护的网络系统。内部网采用的是互联网的标准协议，可以提供用户友好的多媒体界面，让有授权的人进入其中获得整个旅游接待企业的相关信息知识和程序，以便更有效地完成自己的工作任务。内部网所使用的硬件和软件与互联网类似，但它通过防火墙禁止无授权的人进入，即通过硬件和软件的设置识别用户，阻止外人侵入网络获取信息。内部网利用互联界面，通过让旅游接待企业的各级人员共享丰富的数据资料改善企业的内部管理。

2. 外部网（Extranet）

越来越多的旅游接待企业认识到与生产和服务的生产价值链上的其他企业结成紧密的合作关系的重要性，于是外部网得到了开发。

外部网使用与内部网相同的原理、设备和网络，使一部分人能通过网络连接到一些预先选定的企业信息、数据和程序。外部网通过使旅游接待企业数据和程序的共享形成一种低成本的、用户界面友好的电子商务安排，增进旅游接待企业与其信任的任何伙伴之间的互动性和透明度。因此可以说外部网通过增进旅游接待企业与其合作伙伴之间的透明度和互动性促进了相互之间的合作，合作双方可以实现互利互惠，增加双方的效率、生产率和效益，同时又能保障双方企业的安全和保密性。

3. 互联网（Internet）

如今，随着时间的推移，互联网已经发展成为覆盖全球的计算机网络体系，它以一种简单而低成本的方式将全球数亿的计算机连接起来，集各个领域的信息资源为一体，供网络用户共享。互联网具有平等、自由和开放的特性。任何一个用户都可以通过自己的计算机自由接入互联网，跨越空间访问网络上其他用户的共享资源，而不必关心其地理位置。另外，互联网的费用低廉且功能强大。互联网上的信息不仅容量大，而且可以图片、声音、影像等多种形式表现，同时其信息流动不受时空限制。

由此可以看到，具有共享性、开放性和协作性的互联网已经成为传递旅游信息的最理想选择。随着它的不断发展完善，其在旅游方面的应用领域也在不断地扩大。目前它主要的应用领域包括电子邮件、文件传输、远程登录、万维网、电子公告牌、新闻组、搜索引擎、电子商务、在线聊天等。

总的来说，互联网是旅游接待企业与客户或消费者进行联系的平台，内部网是旅游接待企业内部员工和管理者沟通交流的平台，而外部网是旅游接待企业与授权的合作伙伴开展互动的平台。互联网、内部网、外部网三者都是企业构建电子商务系统的基本网络，它们之间可以相互无缝交换数据、无缝处理业务，是业务协同的主要网络平台。最近几年移动互联网的出现和普及，为移动电子商务和基于位置的移动服务奠定了技术基础，已成为旅游信息化中主要的信息通信网络形式。

三、旅游目的地管理信息系统

目的地是旅游业存在的理由，目的地的景点是推动旅游的主要动机。旅游目的地是当地所有相关旅游产品、设施和服务的综合体，这些产品和服务构成了"整体旅游产品"或"旅游体验"。例如，巴黎作为一个全球知名的旅游目的地综合了很多可见要素（如当地景点、博物馆、剧院和公园），以及不可见要素（如氛围、文化、艺术）和设施（如饭店、餐厅和巴士、出租车、地铁等交通设施）。所有这些要素构成了目的地的形象和品牌。传统上，目的地规划、管理、营销和协调开发是由公共部门（国家、地区或地方）或利益团体与当地旅游行业合作进行的。

旅游目的地管理信息系统（DMS）利用ICT将整个旅游行业数字化，结合行业价值链的所有环节，成为目的地开发和管理的重要工具。目的地管理机构正逐渐认识ICT的发展给目的地带来的潜在机会，包括可以改进管理职能和有效帮助目的地进行全球促销。那些能提供及时恰当和准确信息的目的地更有可能被旅游者选中。旅游目的地管理信息系统满足消费者出游信息和预订需求、在线提供恰当准确信息服务的能力将直接影响到目的地的吸引力。因此ICT和DMS将有力地支持目的地加强其竞争力。

（一）旅游目的地管理信息系统的概念

旅游目的地管理信息系统是旅游目的地营销和促销的新工具，它利用ICT传播信息，支持旅游产品、服务的预订。DMS有很多种定义，总的来说，它是一个关于目的地的、可以互动接入的电脑信息系统。DMS一般包括关于景点和设施的信息，并带有一定的预订功能。DMS 一般由目的地管理机构（DMO）管理，DMO 可能是公共部门也可能是私营部门，或两者的合作体。

（二）旅游目的地管理信息系统的功能

DMS 常用于整合整个目的地供给，其战略管理和营销功能表现在协调目的地各利益团体的利益，使目的地以较低的成本更有效地出现在全球市场上。DMS 通常包括产品数据库、客户数据库和连接两者的运行机制。较先进的 DMS 系统还会提供一些其他的服务，主要功能如下：

①按类别、地域、关键词搜索信息。

②客户自行安排行程。

③预订客户 / 联系方式数据库管理。

④客户关系管理功能。

⑤市场调查和分析媒体的公关材料。

⑥节事活动规划和管理。

⑦营销和产出管理。

⑧数据编辑和管理。

⑨财务管理。

⑩信息系统管理和业绩评估。

⑪经济影响分析。

⑫第三方信息源如天气预报网站、交通部门网站、目的地剧院和节庆活动票预订网站。

（三）旅游目的地管理信息系统的作用

1.提高目的地信息质量和数量

到目前为止，主要的 DMS 开发都是由地方政府和地方旅游管理机构主持的，基于地方旅游局的政府背景，只有目的地管理信息系统才能够整合目的地各类旅游资源信息和旅游企业产品信息，并能保证信息的权威性和准确性，这是其他企业和机构的信息系统都无法做到的。所以 DMS 能提高目的地信息质量和数量，并通过科学的信息组织和呈现形式让游客方便快捷地了解目的地的各方面信息，帮助游客更好地安排旅游计划并形成旅游决策。

2. 建立目的地营销平台

DMS 对于目的地和中小旅游企业来说都是重要的促销、分销和营运工具，通过 DMS 的旅游舆情监控和数据分析，挖掘旅游热点和游客兴趣点，引导旅游企业策划对应的旅游产品，制定对应的营销主题，从而推动旅游行业的产品创新和营销创新。同时还可以通过 DMS 新媒体平台，充分利用新媒体传播特性，吸引游客主动参与目的地旅游的传播和营销，积极与消费者互动，提高营销效果。

3. 优化旅游地业务流程

旅游目的地存在多种接待业务流程，如景区游览接待流程、旅游交通接送流程、住宿接待流程以及餐饮接待和购物环节流程等。这些业务接待流程环节上集聚了旅游目的地的各种旅游服务企业，它们相互之间可能也存在争夺客源的情况，或者存在价格竞争的情况。由于旅游活动是个动态过程，存在许多不确定性，在没有管理信息系统支持的条件下，旅游企业要掌握这些不确定性的情况是非常困难的。旅游目的地构建的管理信息系统，可以解决业务流程上的不确定性，优化目的地的各种业务流程，实现对游客量的预测、对客源的统一调配以及对服务规范的统一，从而提升旅游目的地接待能力。

4. 加强了旅游目的地的管理创新

通过目的地管理信息系统，可以及时准确地掌握游客的旅游活动信息和旅游企业的经营信息，实现旅游行业监管从传统的被动处理、事后管理向过程管理和实时管理转变。同时目的地管理信息系统支持旅游企业广泛运用信息技术，改善经营流程，加快推进旅游企业的数字化改造和转型升级，从而提高管理水平。

5. 提升旅游目的地竞争力

目的地管理信息系统帮助旅游目的地提升竞争力体现在三个方面：一是目的地管理信息系统构建了目的地统一的信息、服务和管理平台，提高了目的地管理机构及目的地旅游企业运行效率，降低了运行和管理成本。二是利用目的地管理系统的大数据分析能力，根据游客需求创新产品和服务，实现目的地旅游产品的差异化和个性化，从而提高竞争力。三是目的地管理信息系统利用电子分销系统、目的地网站、App 等渠道和平台开展目的地旅游形象传播和网络营销，能有效地提升旅游目的地的知名度。总体上来讲，目的地管理系统是目的地的智慧管理平台、智慧服务平台和智慧营销平台，是提高竞争力的重要工具。

（四）目的地管理信息系统开发的步骤

旅游目的地管理信息系统是一个综合性的系统，除了连接目的地政府旅游管理部门的行业管理系统外，还要连接目的地所有旅游企业系统，同时其网站是目的地的门户和窗口，是旅游目的地的形象工程，又是旅游目的地的营销工程。依据软件工程和商务工程的原理，其系统开发建设需要经过设想、准备、调研、设计、建设和营销等步骤。具体包括以下步骤：

①提出目的地旅游产品的战略设想、品牌、外观和感受。

②制定智慧旅游目的地战略。

③招募 ICT、营销和 DMS 方面的专家。

④与所有利益团体进行协商并听取建议，包括景区、酒店、旅行社等当地旅游企业和当地旅游行业协会等组织。

⑤确定目的地网站的商业模型和功能指标。

⑥确定技术指标、采购和更新程序。

⑦向卖方询价并确定项目的合作方。

⑧选择系统供应商和软件开发商。

⑨组织目的地旅游资源、旅游产品等信息的收集和内容录入。

⑩ DMS 和网站的建立和试运行。

⑪DMS 和各相关网站的管理和维护。

⑫ 目的地信息系统项目的实施管理。

⑬ 在搜索引擎上登记目的地网站并保持其排名。

⑭ 分析用户及其对目的地网站的使用情况。

⑮ 开发反馈机制并建立持续改进的程序。

⑯ 根据技术升级情况确定长期战略。

⑰ 定期监测、评估和检查程序。

四、旅游接待企业管理信息系统

旅游接待企业管理信息系统是将信息通信技术和互联网应用于旅游接待企业的经营管理中，并对企业信息进行综合管理和充分共享，改善企业管理流程，以提高企业经济效益为目的的过程。因此，旅游接待企业管理信息系统是一个动态过程，是企业管理与服务不断创新的过程。企业通过发挥新技术应用的优势，形成一种新的经营管理模式，这种模式可为旅游接待企业带来更大的商机、更低的成本和更多的利润。

（一）信息系统是企业面对挑战和问题时的解决方案

在当今组织体系里，企业的信息系统和业务能力之间的相互依存度日益增长。战略、制度和业务流程的变化越来越依赖于硬件、软件、数据库和通信及网络的改变。当前，企业想做什么，通常将取决于其信息系统允许它做什么。随着旅游业的快速发展以及旅游业转型升级的需要，旅游接待企业积极建设管理信息系统，提高企业数字化水平，并通过数字化提升创新管理与服务已成为旅游发展中的必然选择。

（二）旅游接待企业管理信息系统的作用

旅游接待企业管理信息系统对于旅游接待企业的运作有着非常重要的作用，不但能改进管理与服务，提升企业的经营能力，还能不断地创造市场机会，在满足客户需求的情况下，产生新的数字经济效益。具体来说，旅游接待企业管理信息系统的作用有以下五个方面。

1. 树立企业良好形象

旅游接待企业通过在网站、微博、微信、抖音等新媒体工具上把企业自身的优势充分地展示出来，把企业的管理、经营理念和策略向公众很好地进行宣传，及时调整企业经营战略，为顾客提供受欢迎的旅游产品和优质的服务。

2. 降低运营成本，再造企业流程

管理信息系统对于旅游接待企业降低运营成本是行之有效的途径，具体表现有：①利用互联网可以降低交通、通信和沟通成本。②通过OA（办公自动化系统）的应用，可以实现无纸化办公，降低企业办公费用。③通过再造企业流程（如智能客服）节省人力成本。

3. 创新营销，提高营销效益

旅游接待企业管理信息系统可以实现个性化营销策略，精细化客户画像，实现精准人群触达，为不同客户推送个性化内容和商品信息。同时通过管理信息系统的自动流程场景工具提升营销效率，丰富营销活动，加强与消费者的互动，增加黏性。

4.创造新的市场机会

旅游接待企业通过管理信息系统的大数据分析，调研及数据发掘，能更好地了解消费者的需求；通过客户管理系统可以了解客户新的要求和服务需求；利用信息技术，旅游企业可以为顾客提供定制服务，最大限度地细分市场，创造更多新的市场机会。

5.提高顾客满意程度

管理信息系统可以从以下几个方面让顾客更加满意：①提高顾客消费前的信息服务。②提高为顾客服务的效率。③为顾客提供满意的售后服务。④信息系统通过数据分析为顾客提供个性化的产品和服务。⑤通过信息系统智能化地实施顾客忠诚度计划，帮助企业实施一对一的市场营销。

（三）旅游接待企业管理信息系统的类型和应用

旅游接待企业管理信息系统是指那些跨越旅游接待企业组织职能领域的系统，主要用于执行贯穿旅游接待企业的各类业务流程，及各层级的管理工作。其作用是使旅游接待企业业务流程之间更密切地协调合作,使各业务流程得以集成，从而提升旅游接待企业资源管理和客户服务效率，帮助旅游接待企业提高效率和效益。

现阶段旅游接待企业管理信息系统有以下几种应用类型。

1.旅游接待企业资源计划系统（ERP）

旅游接待企业资源计划系统是指建立在信息技术基础上以系统化的管理思想为旅游接待企业及员工提供决策运行手段的管理平台。ERP 是一种可以提供跨地区、跨部门甚至跨公司整合实时信息的企业管理信息系统。ERP 不仅仅是一个软件更重要的是一个管理思想，它实现了旅游接待企业内部资源和企业相关的外部资源的整合。通过软件把旅游接待企业的人、财、物、产、供销及相应的物流、信息流、资金流、管理流、增值流等紧密地集成起来实现资源优化和共享。旅游接待企业资源计划系统的作用：①理顺、规范企业内部跨职能的业务流程。②减少差错，提高运营效率。

2.旅游接待企业供应链管理系统（SCM）

旅游接待企业 SCM 系统是旅游接待企业通过与旅游供应商（旅游景区、酒店、餐饮、旅游交通）、分销商（旅行社、OTA）之间共享关于客户订单、库存状态，以及产品和服务递送的信息系统。旅游接待企业供应链管理系统的作用：①有效地管理旅游接待企业资源、协调产品配送和服务，缩短旅游产品供销周期，降低库存成本、时间成本和管理成本。②实现对各要素旅游接待企业的动态监控和各种资源的优化配置，进一步提高旅游接待企业效率和供应链整体效率，从而获取市场竞争力。

3. 旅游接待企业客户关系管理系统（CRM）

旅游接待企业客户关系管理系统是利用相应的信息技术以及互联网技术协调旅游接待企业与客户间在销售、营销和服务上的交互，从而提升其管理方式，向客户提供创新式的、个性化的客户交互和服务的过程。旅游接待企业通过履行承诺、建立、保持、加强客户关系，最终达到吸引新客户、保留老客户以及将已有客户转为忠实客户，增加市场份额的目标。旅游接待企业客户关系管理系统的作用：①不断提升业务收入、客户满意度和客户忠诚度。②帮助企业识别、吸引、保留最有价值的客户。③为现有客户提供更好的服务，从而提高销售额。

4. 旅游接待企业知识管理系统（KMS）

旅游接待企业知识管理系统是使旅游接待企业组织能够更好地管理与知识经验获取和应用有关的流程的系统，收集旅游接待企业范围内所有相关的知识和经验，并使这些知识和经验在需要的时候能够随时随地被员工获取，从而改善业务流程和管理决策。旅游接待企业知识管理系统的作用：①构建旅游接待企业知识库，对纷杂的知识内容（方案、策划、制度等）和格式（图片、Word、Excel、PPT、PDF 等）分门别类管理。②充分发动每个部门、员工，贡献自己所掌握的企业知识，积少成多，聚沙成塔。③重视企业原有知识数据，进行批量导入，纳入管理范畴。④帮助旅游接待企业评估知识资产量、使用率、增长率。⑤创建旅游接待企业知识地图，清晰了解企业知识分布状况，提供管理决策依据。⑥让知识查询调用更加简单，充分利用知识成果，提高工作效率，减少重复劳动。⑦依据知识库构建各部门各岗位的学习培训计划，随时自我充电，成为"学习型团队"。

5. 旅游接待企业电子商务

旅游接待企业电子商务指利用先进的计算机网络及通信技术和电子商务的基础环境，整合旅游接待企业的内部和外部的资源，扩大旅游信息的传播和推广，实现旅游产品的在线发布和销售，为旅游者与旅游接待企业之间提供一个知识共享，增进交流与交互平台的网络化运营模式。旅游接待企业电子商务的作用：①开拓出新的网上旅游市场流通渠道。②创造出新的旅游产品销售平台与方法。③降低了旅游接待企业的各种经营成本。④扩大了旅游接待企业规模经济性与范围经济性。

6.旅游接待企业社会化商务（协作）系统

旅游接待企业社会化商务是指应用社交网络平台，包括微信、微博以及旅游接待企业内部社会化工具等，来增强企业与员工、客户以及供应商之间的交流互动，使员工能够建立个体档案、建立组群，以及"跟踪"其他人的状态更新。专业的协作软件有许多，如钉钉等。旅游接待企业社会化商务系统的作用是加深旅游接待企业内外群体之间的交互，促进和提升信息共享、创新和决策。

（四）旅游接待企业管理信息系统的开发

旅游接待企业管理信息系统的开发建设是涉及企业组织、管理、技术等多方面的系统工程，同时管理信息系统开发投资巨大，历时很长，绝不只是购买硬件和软件的问题。所以管理信息系统开发建设必须具备一定的基本条件和准备工作，才能进行。要不然在条件不具备的情况下开发，不仅造成直接的软硬件投入损失，由此而引起企业运行不畅的间接损失可能更大。

1.开发的基本条件

①高层高度重视，中层积极支持，业务人员踊跃参与。

②必须有建立新信息系统的实际需求和迫切性。

③必须要有一定的科学管理基础。

④必须有必要的投资保证。

⑤企业有必要的技术人才。

2.开发前的准备工作

①管理基础准备。

②组织准备。

③技术准备。

④开发方式的准备。

3.信息系统开发的方法

信息系统开发的方法是指在信息系统开发方法中的指导思想、逻辑、途径以及工具等组合。一个信息系统开发的成败与采用的开发方法有直接的关系。

①信息系统传统开发方法：传统生命周期法（systems life cycle）、原型法（prototyping）、终端用户开发（end-user development）、应用软件包（application software packages）、外包（outsourcing）。

②数字化时代信息系统开发的新方法：快速应用开发（RAD）在很短时间内创建可使用的系统的流程；联合应用设计（JAD）用来加快系统信息需求的产生和系统的设计；敏捷软件开发将一个大的项目分解为一系列小的子项目，可使软件开发快速完成；DevOps基于敏捷软件开发原则构建的组织策略。

（五）旅游接待管理信息系统的发展新趋势

随着新一代信息通信技术的不断发展，会给旅游接待企业提供更多、更新的企业管理信息系统工具，同时旅游接待企业也会积极结合企业自身特征和旅游者需求，进一步引入新技术，深入信息化和数字化。未来旅游接待企业管理信息系统将呈现以下发展趋势。

1. 集成化

基于物联网技术，旅游接待企业的设备，如景区的感知设备、采集设备、通道闸机、自助终端、车牌识别相机、视频监控终端等硬件和酒店客房中的电话、电视、网络、空调、门锁等设备，未来都由企业管理信息系统集成一体化控制，以实现集中、高效、便利的管理。

2. 协同化

传统旅游接待企业管理软件不只有一套信息系统，而是多套系统各自为政，这是很多企业目前信息化的现状。单个系统单独操作，不仅浪费人力、财力资源，同时系统割裂还会造成信息孤岛现象。所以能够整合各个系统、协同这些系统共同运作的集成软件将愈来愈受旅游接待企业的欢迎。未来旅游接待企业管理软件将向协同统一平台转型,整合旅游接待企业中已存在的企业资源计划系统（ERP）、供应链管理系统（SCM）、客户关系管理系统（CRM）、财务等多套系统存储的企业经营管理业务数据，业务间通过协同管理信息系统地进行紧密集成和协同，一套系统即可掌控全局，将资源有效整合。

3. 共享化

当前多数旅游接待企业的业务发展都依赖于旅游产业链上的伙伴，包括旅游产品供应商、经销商等。随着旅游接待企业业务的日趋发展、企业内部信息化建设不断推进，这些外部对象与企业内部存在的信息孤岛亦正在凸显。因此，未来旅游接待企业信息系统需要有效、安全地共享企业现有的资源给到这些上下游合作伙伴，缩短相互之间的沟通半径、减少沟通成本。

4."云"端化

随着云计算技术的不断发展和应用，云计算服务商会给旅游接待企业提供更多 SaaS（软件即服务）软件，可以无须旅游接待企业购买软硬件、建设机房、招聘 IT 人员即可通过互联网使用管理信息系统。企业采用云服务模式在效果上与企业自建信息系统基本没有区别，但节省了大量用于购买 IT 产品、技术和维护运行的资金，且像打开自来水龙头就能用水一样，方便地利用信息化系统，从而大幅度降低了旅游接待企业信息化的门槛与风险。

5.移动化

移动互联已经深入人们生活，变为一种生活工作方式，无论是 OA、客户管理系统还是社会化商务（协作）系统等旅游接待企业管理信息系统，未来都会有更多移动端的应用，可以使旅游接待企业员工不受任何时间、任何地点的限制，打开手机 App 即可办公和处理业务，实现移动互联互通办公和处理业务。

6.智能化

人工智能技术的深入发展，为旅游接待企业管理信息系统提供了智能化的条件。像旅游智能客服、AI 旅游大数据分析、旅游决策支持系统、智能旅游代理系统等，可以引入人的一些特质，从而提供旅游接待企业智能化的决策方法和智能客户服务系统。

第二节　旅游接待风险管理

一、旅游接待风险管理概述

（一）风险管理的概念和内涵

风险管理作为一门新兴的管理科学，在其形成和发展过程中，学者们对其出发点、目标和运用范围等强调的侧重点不同，对风险管理的定义提出了各种不同的学说，并随着时代的发展而不断演变。

通过国内外学者们对风险管理下的定义，本书总结出风险管理具有以下五个方面的内涵：

①风险管理是一门新兴的管理学科，而不仅仅是一门技术或管理方法，它以观察、实验、分析历史资料为手段，运用数理统计等方法，综合研究风险管理理论、组织结构风险和风险所致损失发生的规律。

②风险管理的目标是以最低成本获得最大的安全保障。

③风险管理是由风险识别、风险估测、风险评价、风险控制和风险效果评价等五个环节组成，是由管理、计划、指导、控制等过程组成的一套系统而科学的管理方法。

④风险管理的主体可以是个人、家庭，也可以是企业、政府机构、国际组织等。

⑤风险管理的对象包括静态风险和动态风险的处置。

（二）旅游接待风险管理的概念

旅游接待风险管理是指为避免和减轻风险事件给旅游接待业所带来的严重威胁，旅游目的地政府主管部门及旅游接待企业管理者对旅游接待过程中可能产生的风险因素采取预防或消除措施，以及在风险发生后采取弥补措施的科学管理活动，它包括风险识别、风险衡量、风险处理、风险管理评估以及风险预警机制的建立等过程。

其中，风险识别和风险衡量是旅游接待风险管理的基础，合理的风险处理手段是风险管理的关键，而风险管理评估的核心是建立旅游接待风险管理过程的信息反馈机制，这些过程为风险预警机制的建立和完善提供了必要的支撑和经验积累。

（三）旅游接待风险管理模型

1.TDMF 风险管理模型

学者 Faulkner 提出的 TDMF 旅游风险管理框架被认为是目前旅游接待风险管理中采用的最普遍的模型之一。如表 10-2 所示，该管理框架主要包括三个部分：风险发展阶段、风险管理应对要素和风险管理战略。

表 10-2　TDMF 旅游接待风险管理框架

风险发展阶段	风险管理应对要素	风险管理战略
1. 事前阶段 采取行动阻止或减轻潜在风险的影响	前兆：①识别相关的公共 / 私人部门机构 / 组织；②建立合作 / 协商框架和沟通系统；③建立、记录和沟通灾难管理战略；④教育旅游产业股东、员工、顾客和社区居民；⑤同意草案或承诺协议；⑥建立一个联合的行业 / 政府灾难协调委员会	风险评估：①对潜在灾难及其发生的可能性进行评估；②潜在灾难的成因和影响及其系列发展；③建立灾难统一规划；④形成预测能力；⑤识别可能的公共部门政策应对
2. 前兆 风险即将来临	动员：①警告体系（包括大众传媒）；②建立灾难管理命令中心	灾难一致性规划：①确认可能的影响及处于危险境地的人群；②评价社区和顾问处理影响的能力；③清楚阐述各个（具体的灾难）一致性规划的目标；④确认各个阶段可以避免或最小化消极影响所应采取的必要行动；⑤修正以下各个时期战略的优先轮廓——前兆、紧急情况、风险中间阶段、长期恢复；⑥依据以下几点继续回顾和修正——经验、组织结构改变和人事变动、环境改变；⑦事件过去以后对风险评估进行回顾
3. 紧急情况 人们已经感觉到风险的影响，采取措施保护自身的生命财产安全	行动：①救援 / 评价程序；②媒体大战，以使人们恢复信心或者获得新的市场；③决定政府援助所需的水平；④其他的安全策略	
4. 风险中间阶段 此时人们的短期需求受到重视，活动的焦点集中在恢复服务和使社区生活恢复正常	恢复：①破坏程度审查 / 监视系统；②清扫和修复；③媒体沟通战略	
5. 长期恢复 前面阶段的延续，那些不能很快顾及的项目在这个阶段会得到处理，事后的调查分析、自我分析、复原	再造和重新评估：①对被破坏的地区和设施进行修复和复原；②安慰受害者；③恢复商业、消费者信心，发展投资计划；④听取修改后的战略汇报；⑤公共部门资金支持需要	
6. 解决阶段 秩序恢复或者新的更好的秩序状态形成	回顾政策的失败或成功，改正任何缺点	

2.PPRR 风险管理模型

PPRR 理论是风险管理应用比较广泛的模型之一，该管理模型由预防阶段（prevention）、准备阶段（preparation）、反应阶段（response）和恢复阶段（recovery）等组成。

（1）预防阶段

在风险爆发前，旅游接待管理者对任何可能会发生的风险予以排除，防患于未然。预防主要包括：对外部环境进行分析、找出可能导致风险产生的关键因素。

（2）准备阶段

在此阶段，旅游接待管理者对可能导致风险产生的关键因素进行分析，提前设想风险爆发的方式、规模，并制订多个应急计划。

（3）反应阶段

在此阶段，旅游接待管理者对风险做出适时反应是风险管理中最重要的内容。针对风险事件的爆发，需要注意以下三点：一是遏制风险；二是防止风险扩大或扩散；三是加强媒体管理，防止虚假信息传播。

（4）恢复阶段

在风险过后，旅游接待管理者需要对旅游目的地的旅游业进行恢复或重建。

3.William Benoit 风险管理模型 [①]

William Benoit 认为企业是追求声誉最大化的，它们总是不断提高自己的声誉和减少负面的影响。当企业风险发生并开始传播，媒体作为沟通企业和公众的中间因素，对引导舆论和公众观念有着重要的作用。为此，William Benoit 提出风险管理的五大战略，主要应用于企业对社会舆论的应对以及对公众观念的引导，具体如下：

（1）"不论"战略

此战略的实施可以分为"简单地否认"和"转移视线"两种。所谓"简单地否认"是指直接表示没有或不存在，企业不应该承担责任；所谓"转移视线"就是转移公众的视线，强调此行为仅代表某一个人的意见而不代表企业。

（2）"逃避责任"战略

根据此战略，企业可采取被激怒后的行为、无法完成的任务、事出意外、纯

[①] Benoit,M..（2011）.Table des illustrations.Sir William Jones et la représentation de l'Inde.

属意外等四种方法进行操作。其中，被激怒后的行为是指此风险是企业对外界挑衅的正当防御，是可以被公众谅解的。无法完成的任务是指企业不是不愿意处理该风险事件，而是自身能力有限，希望将该风险及相应的责任分给其他相关企业或组织。事出意外是指企业承认自己的行为但是并非有意为之，希望得到公众的理解并愿意承担相应的责任。纯属意外是指企业的行为完全出于善意，只是没有想到后果会是这样，但企业还是愿意承担一部分的责任。

（3）"减少敌意"战略

如果该风险事件是由于企业自身的错误所导致的，企业要向公众明确是自己的错误导致的风险，这样做可以减少公众的敌意或负面舆论，以保护企业自身的声誉和形象。具体策略有：支援与强化、趋小化、差异化、超越、攻击原告、补偿等。

①支援与强化。支援与强化是指企业答应承担必要的责任，同时强化企业原有的社会贡献或业绩，赢得公众的同情和支援，并借此抵消公众对企业的负面情绪。

②趋小化。趋小化是指企业尽量将风险事件导致的公众舆论控制在最小范围内，防止风险事件的后果进一步扩大。

③差异化。企业以其竞争对手为参考，表明自己对风险事件的处理能力和方式与竞争对手的差异性，并表明自己企业做得更好，从而希望得到公众的谅解。

④超越。在风险管理阶段，让公众明白企业对社会的贡献及价值超越其所犯的错误。

⑤攻击原告。企业将原告作为攻击对象，让其对自己不实言论向企业道歉。

⑥补偿。企业承担责任，对受害者进行补偿。

（4）"亡羊补牢"战略

风险事件发生后，企业制定相关规定或采用相关措施，减少以后类似风险事件的发生。

（5）"自我检讨"战略

企业可以通过在媒体上向公众公开道歉、忏悔等行为，寻求公众的宽恕。

二、旅游接待风险管理内容

（一）旅游接待风险识别

风险识别是风险管理的第一步，同时也是风险管理的基础和重要组成部分，其目的在于能够"防患于未然"，以利"未雨绸缪"，衡量风险并规避风险。风险识别是对有关企业面临或潜在风险加以判断、归类和鉴定风险性质的过程。只有正确地识别自身所面临的风险，人们才能主动选择适当、有效的方法进行处理。

旅游接待风险识别是指对旅游接待企业可能面临的各类风险源或不确定因素，按照其产生的背景、表现特征和预期后果进行界定和分析，并根据这些风险的特性进行科学分类。旅游目的地和旅游接待企业面临的风险是多样的，也是复杂的，既有外部环境风险也有内部环境风险，既有动态的风险也有静态的风险。旅游接待风险识别的主要任务就是从错综复杂的环境中找出旅游目的地、旅游企业或旅游者所面临的主要风险，并寻找和确定引起这些风险的因素。引起旅游接待风险事件的因素是多样的，从旅游接待企业的风险管理角度来看，导致风险产生的因素主要来自外部宏观环境和内部微观环境两个方面。

1. 外部宏观环境因素

（1）自然灾害

自然灾害主要包括气象灾害、海洋灾害、洪水灾害、地质灾害、地震灾害、生物灾害和极端天气等。由于暴雨、飓风、海啸等自然灾害引发的风险事件都将对旅游目的地基础设施造成破坏，导致游客及旅游接待人员的生命及财产受到损失。自然灾害风险类型及具体表现形式如表10-3所示。

表 10-3　自然灾害风险类型及具体表现形式

风险源	主要类型	具体表现
自然灾害	气象灾害	暴雨、洪涝、干旱、冻雨、龙卷风等
	海洋灾害	风暴潮、海啸、海浪、海冰、赤潮等
	洪水灾害	暴雨洪水、山洪、溃坝洪水等
	地质灾害	崩塌、滑坡、地面塌陷、地裂缝等
	地震灾害	构造地震、矿山地震、水库地震等
	极端自然天气	极高温、极低温等

（2）事故灾难

事故灾难是指由于事故的行为人出于故意或过失的行为，违反相关管理法规和有关安全管理的规章制度，造成物质损失或者人员伤亡，并在一定程度上对社会或内部单位，或居民社区的治安秩序和公共安全造成危害的事故。事故灾难主要包括旅游交通运输事故、公安设施和设备事故等。事故灾难风险类型及具体表现形式如表 10-4 所示。

表 10-4　事故灾难风险类型及具体表现形式

风险源	主要类型	具体表现形式
事故灾难	火灾爆炸	吸烟、纵火、电气故障、煤气泄漏等导致的事故
	旅游交通事故	道路、航空、水上交通、缆车等事故
	涉水安全	漂流船和竹排等颠簸倾覆、游泳溺水等
	坠落事故	设施故障坠落、醉酒坠落、意外坠落等
	设施设备故障	设备老化、设备故障、设备使用不当等
	其他事故	动物伤人等

（3）公共卫生风险

公共卫生风险是指突然发生的，造成或可能造成旅游者及旅游接待人员健康严重损害的重大传染病疫情、群体性不明原因疾病、重大食物中毒及其他严重影响公众健康的风险事件，主要包括人员及动物的疾病传播、重大食物中毒、疾病急症等影响旅游者及旅游接待人员生命健康及安全的事件。公共卫生风险类型及具体表现形式如表 10-5 所示。

表 10-5　公共卫生风险类型及具体表现形式

风险源	主要类型	具体表现
公共卫生风险	传染病	鼠疫、霍乱、H1N1、登革热、新冠肺炎等
	重大食物中毒	食物中毒、人为投毒等
	生物灾害	虫害、鼠害等
	其他卫生风险	群体性不明原因疾病等

（4）社会风险

社会风险是指由于游行示威、恐怖主义、刑事案件、群体性事件、金融风险、网络舆情等政治、经济、社会等因素影响，对旅游目的地、旅游接待业产生负面影响的风险事件。社会风险类型及具体表现形式如表 10-6 所示。

表 10-6　社会风险类型及具体表现形式

风险源	主要类型	具体表现
社会风险	刑事案件	偷盗犯罪、打架斗殴、抢劫、黄赌毒等
	恐怖主义	自杀式爆炸、劫机等
	群体事件	游行、示威、维权、踩踏等导致的风险
	金融与经济安全	金融风险、经济动荡等
	国际关系安全风险	外交关系等
	网络舆情风险	内容失实的网络报道、网络负面信息等
	其他社会安全关系等	文化冲突、信仰冲突、民族意识冲突等

2. 内部微观环境风险

（1）战略风险

战略风险可理解为内部和外部环境因素变化带来的不确定性而造成企业整体损失的不确定性。战略风险是影响整个企业的发展方向、企业文化、信息和生存能力或企业效益的因素。战略风险因素也就是对企业发展战略目标、资源、竞争力或核心竞争力、企业效益产生重要影响的因素。旅游接待企业的战略风险主要有战略缺失、战略混乱（目标不明晰，或者有几个战略而相互矛盾）和战略滞后等。

（2）财务风险

财务风险是指由于企业筹资、投资、资金回收以及收益分配等原因导致旅游接待企业财务损失的风险。例如旅行社因为现金、账目、备用金、保证金等管理混乱或不合理管理而引发的旅行社与旅游者或旅游供应商之间的财务纠纷。

（3）运营风险

运营风险是指因信息系统或内部控制不充分而导致意外损失的风险，包括旅游产品生命周期风险、人员流失风险、法律责任风险和道德商誉风险等。

（二）旅游接待风险处理

风险处理是风险管理的关键环节，是通过各种管理方法或技术对风险事件进行控制，尽量减少企业的风险暴露、降低损失频率和减少损失幅度。在处理风险时，通常可采用以下具体风险处理策略。

1. 风险避免

风险避免是指旅游接待企业对于超出自己承受能力的风险，通过停止或者放弃与该风险相关的活动以避免和减轻损失的策略。风险避免通常有两种方法：一是根本就不从事可能产生某种特定风险的任何活动；二是中途放弃可能产生某种特定风险的活动。该风险处理策略通常应用于损失频率或损失幅度高的风险事件，以及处理成本大于其产生效益的风险事件。例如某旅行团临行前获知了台风警报，据此原因旅行社取消了该项旅游活动，免除可能导致的责任风险。

2. 抑制风险

抑制风险是指在风险损失出现时或出现后，旅游接待企业采取相应措施或技术手段减少风险损失程度或降低发生后果的概率。该风险处理策略通常应用于损失幅度高且又无法避免或转移的风险事件。例如旅游酒店公共区域和客房安装自动喷淋设备，以降低酒店发生火灾的概率。

3. 转移风险

转移风险又叫合伙风险，是指旅游接待企业为了避免承担风险损失，有意识地将损失或与损失有关的财务后果转嫁给企业以外的经济实体或个人的风险管理方式。转移风险不能降低风险发生的概率和减少风险导致的损失大小，企业采取这种策略所付出的代价取决于其面临风险的大小。例如旅游接待企业通过合同条款、保险或担保等措施将责任转移。

4. 自留风险

自留风险也称为风险承担，是指旅游接待企业自身承担的风险，并用其内部的资源来弥补损失。该风险处理策略通常应用于损失小、发生概率小的风险事件。

5. 预防或缓解风险

预防或缓解风险是指在风险损失发生前为了消除或减少可能引发损失的各种因素而采取的处理风险的具体措施。如通过法律法规、土地使用管理、人员或财产的重新安置、工程策略等对预知风险进行预防或缓解。该风险处理策略通常应用于损失发生概率高且损失程度低的风险事件。例如旅游景区在危险景点和危险路段设置牢固可靠的护栏、护墙或铁链，以及标示牌、警告牌等明显标志提醒游客注意安全，达到预防和缓解风险的目的。

（三）旅游接待风险管理评估

旅游接待风险管理评估是指旅游接待企业在风险管理过程中建立反馈机制和信息循环机制，对风险管理技术适用性及其风险管理效益性情况进行分析、检查、修正和评估。风险管理评估有助于旅游接待企业的管理者能够及时完善风险管理措施，并将其融入企业内的日常运作之中。

1. 风险管理技术适用性评估

旅游接待企业可以通过对风险管理技术手段的适用性评估，来判断所制定的风险管理应对策略是否具有可行性和有效性。

（1）风险管理技术手段与企业风险理念（愿意接受的风险程度和数量）及企业整体管理目标等是否一致。

（2）风险管理技术手段的运用是否能提高企业选择风险应对策略的准确性。

（3）风险管理技术手段的运用是否有助于识别和管理企业面临的多重风险。

2. 风险管理效益性评估

风险处理对策是否最优，可通过评估风险管理的效益来判断。风险管理效益的大小，取决于是否能以最小的风险成本取得最大的安全保障。具体而言，可以从以下三个方面来判断风险管理的效益。

①通过风险管理应对措施的实施，旅游接待企业管理者识别潜在风险和应对风险的能力是否加强，即经营意外和损失发生的概率及成本是否降低。

②通过风险管理应对措施的实施，旅游接待企业管理者识别和把握机会的能力是否加强。

③通过风险管理应对措施的实施，旅游接待企业管理者有效评估总体资本需求并改善资本配置的能力是否得到改善。

（四）旅游接待风险预警机制

1. 旅游接待风险预警的概念

旅游接待风险预警是指根据有关风险事件过去和现在的数据、情报和资料，运用逻辑推理和科学预测的方法、技术，对某些风险事件出现的约束性条件、未来发展趋势和演变规律等作出估计与推断，并发出确切的警示信号或信息，使旅游目的地政府部门、旅游接待企业或游客提前了解风险发展的状态，以便更及时采取应对策略，防止或消除不利后果。

2. 旅游接待风险预警机制的建立

（1）树立风险意识，提升风险管理水平

当前，旅游接待业面临着不断变化的外部环境，全球化、数字网络、技术创新、企业重组、旅游者需求和偏好的多样性等成为其发展过程中不可避免的风险考验。所以，树立"居安思危"的风险意识已经成为旅游接待日常管理的必然选择。

①培养旅游接待人员"安全第一"的理念。安全是行业发展和社会稳定的基石，在日常岗位培训中应首先加强旅游接待人员获知游客安全需求的技能，全面认识游客所需的人身安全、财产安全、心理安全等安全需要的程度与类型，提高发现和处理风险隐患的能力。

②培养旅游接待人员"风险事故应急防范"理念。对于旅游接待管理人员来说，风险事故应急防范能力的大小取决于其心理抗压能力、事故防范的技能和对风险事故的反应速度。

③培养旅游接待人员的"分工合作"理念。旅游接待业在运行过程中极易遭遇各种复杂因素导致的风险事件，在这种情况下接待人员必须采取分工合作的方式才能化解相关风险。

（2）制订风险计划，提高风险应对能力

风险计划是指确定风险管理的主要目标和内部组织机构，规定风险管理人员的具体职责，制定业绩标准，推行全员风险教育和有针对性的风险培训与演习。风险计划的制订有助于减少风险决策时间和决策压力，让旅游接待企业或旅游目的地政府的管理者在风险来临之际能够快速反应，合理配置和调动应对风险的各种资源。

（3）建立风险预警系统，提高风险防范与控制

旅游接待风险预警系统是根据旅游接待业的特点，通过收集相关的资料信息，监控风险因素的变动趋势，并评价各种风险状态偏离预警线的强弱程度，向旅游目的地及旅游接待企业管理决策层发出预警信号并提前采取预控对策的系统。因此，要建立风险预警系统必须首先构建风险指标体系，并对各指标加以分析处理；其次，运用风险预警模型，对评价指标体系进行综合评判；最后，根据评判的结果采取相应对策。

参考文献

[1] 黄磊．旅游商品开发与设计 [M]．长春：吉林大学出版社，2023．

[2] 王桀．旅游接待业案例集 [M]．昆明：云南大学出版社，2023．

[3] 金蓉．旅游业高质量发展研究 [M]．兰州：甘肃人民出版社，2023．

[4] 周芳．乡村休闲旅游与农村产业经济发展 [M]．长春：吉林出版集团股份有限公司，2023．

[5] 高环成．产业融合背景下的康养旅游研究 [M]．北京：中国纺织出版社，2023．

[6] 张鹏杨．旅游目的地管理案例集 [M]．昆明：云南大学出版社，2023．

[7] 吴畏．休闲体育产业发展与体育旅游产业构建研究 [M]．长春：吉林出版集团股份有限公司，2023．

[8] 董朝霞，沈世忠．旅游地理 [M]．北京：高等教育出版社，2022．

[9] 程绍文．旅游健康教育 [M]．武汉：武汉大学出版社，2022．

[10] 孙喜林，吴凯．旅游体验理论研究 [M]．北京：旅游教育出版社，2022．

[11] 宋河有．草原旅游地创意旅游开发研究 [M]．西安：西北工业大学出版社，2022．

[12] 段兆雯．旅游接待管理与实务 [M]．西安：西安交通大学出版社，2022．

[13] 温彦平，彭红霞，刘超．旅游地理学 [M]．武汉：中国地质大学出版社，2022．

[14] 于世宏，关兵．旅游管理信息系统 [M]．2 版．北京：北京理工大学出版社，2022．

[15] 李凌，张华，周相兵．智慧旅游管理与实务 [M]．2 版．北京：北京理工大学出版社，2022．

[16] 王昆欣．旅游景区服务与管理案例 [M]．北京：旅游教育出版社，2022．

[17] 王双美．旅游资源开发与管理研究 [M]．长春：吉林人民出版社，2022．

[18] 史姗姗 . 智慧旅游管理与实践研究 [M]. 长春：吉林人民出版社，2022.

[19] 金辉 . 旅游管理理论与实践研究 [M]. 长春：吉林出版集团股份有限公司，2022.

[20] 邵秀英，刘丽娜 . 旅游管理教学案例集 [M]. 重庆：重庆大学出版社，2022.

[21] 张卫婷，杨新宇 . 生物资源及其旅游价值开发 [M]. 西安：西北工业大学出版社，2022.

[22] 董良泉，童涛 . 旅游开发与区域经济发展研究 [M]. 北京：中国商业出版社，2022.

[23] 李君 . 数字化与乡村旅游空间布局 [M]. 长春：吉林人民出版社，2022.

[24] 吕俊芳 . 旅游目的地时空错位发展研究 [M]. 北京：北京理工大学出版社，2022.

[25] 李晓琴 . 生态康养旅游理论方法与实践 [M]. 成都：四川大学出版社，2022.

[26] 王金伟 . 旅游概论 [M]. 北京：北京理工大学出版社，2021.

[27] 刘清，赵丽君，陈险峰 . 旅游企业财务管理 [M]. 北京: 北京理工大学出版社，2021.

[28] 朱飞 . 森林生态旅游研究 [M]. 北京：北京工业大学出版社，2021.

[29] 钱永红，朱娟 . 职业教育旅游类专业精品教材旅游景区管理 [M]. 北京：北京理工大学出版社，2021.

[30] 舒伯阳 . 旅游体验设计 [M]. 北京：中国旅游出版社，2021.

[31] 胡馨月 . 旅游文化教程 [M]. 武汉：华中科技大学出版社，2021.